통합사회 교육의 이해

박 상 준

교육과학사

머리말

통합사회 교육이 시작된 지 10년이 되었는데, 아직 통합사회 교육의 이론적 토대를 제시한 책이 한 권도 없는 현실이 매우 안타깝다. 그래서 필자는 처음으로 통합사회 교육에 대한 이론적 체계를 수립하기 위해 이 책을 쓴다.

미래 사회는 과거 축적된 지식의 기억보다는 인터넷과 인공지능(AI)이 하기 어려운 새로운 지식을 창출하거나 복잡한 문제를 창의적으로 해결할 수 있는 시민의 역량을 요구한다. 이러한 시민 역량을 교육하기 위해 선진국들은 수년 전부터 전통적인 교사 중심의 교육 패러다임을 학생 중심 교육 패러다임으로 전환하고 있다.

급변하는 미래 사회를 종합적으로 이해하고 복잡한 현상이나 문제를 비판적이고 창의적으로 해결하는 시민 역량을 함양하기 위해서는 통합적 관점에서 사회현상과 문제에 접근하는 교육이 필요하다. 이런 이유에서 통합적 관점에서 사회현상과 문제를 파악하도록 인간 생활과 관련된 다양한 주제와 내용을 통합적으로 구성하는 통합사회 과목이 요구되고 있다. 그래서 2015 개정 사회과 교육과정에서 '통합사회' 과목을 개설하였고, 2022 개정 통합사회에서는 통합적 관점이 더 강화되었다.

하지만 아직 안타깝게도 '통합사회' 교육의 이론적 체계를 정립한 논문이나 책은 거의 출판되지 않았다. 그래서 저자는 사범대학에서 통합사회를 강의하면서 축적한 연구와 경험을 바탕으로 통합사회에 대한 이론적 체계를 세우고 학교현장에 적용하는 방안을 중심으로 처음 책을 출판하게 되었다.

저자가 계속 연구하도록 이끌어 주신 손봉호 서울대 명예교수님과 최현섭 강원대 전 총장님께 감사의 말씀을 드린다. 또한 여러 가지로 집필에 조언을 해주시고 도움을 주신 선・후배 교수님 그리고 부록의 내용을 수정하고 좋은 아이디어를 제공해 준 대학원 조인선 선생님에게 감사의 인사를 드립니다.

2024년 3월

박 상 준

차 례

제1장 통합사회의 개념과 목표

'통합사회' 과목은 미국이나 유럽에는 존재하지 않는다. 미국은 1916년 훌륭한 시민을 기르기 위하여 사회에 대하여 연구한 지식들을 결합해 가르치는 '사회과'(social studies)를 새로 만들었다. 사회과는 시민의 역량을 함양하기 위해 사회과학 및 인문학의 내용을 결합하여 구성한 통합 교과였기 때문에, 별도의 통합사회 과목을 만들지 않았다. 그에 따라 사회과 안에 정치, 법, 경제, 문화, 지리, 역사, 가치와 도덕 관련 내용을 통합해 구성했고, '도덕' 과목이 별도로 존재하지 않는다. 프랑스는 2015년 기존의 '시민 교육'(Education Civique) 과목에 도덕을 결합하여 '도덕과 시민 교육'(Education Morale et Civique) 과목으로 변경하였다.

반면에 우리나라는 제1차 사회과 교육과정부터 고등학교 사회과를 일반사회, 도덕, 국사, 세계사, 지리 과목으로 분리하여 개설했기 때문에, 시민의 자질을 기르기 위해서 다양한 영역을 통합한 과목이 필요했다. 그래서 광복 이후 학교 교육에 사회과를 도입하면서 통합적 성격의 과목을 만들었으며, 제6차 사회과 교육과정에서 일반사회와 지리를 결합한 '공통사회' 과목이 신설되었고, 2015 개정 사회과 교육과정에서는 일반사회, 지리, 도덕 영역에서 추출한 주제와 내용을 통합적으로 구성하는 '통합사회' 과목이 만들어졌다.

그러면 '통합사회'는 어떤 특성을 가지며, 무엇을 목표로 하는가? 이 장에서는 통합사회의 개념, 성격, 목표를 간략히 살펴볼 것이다.

1. 통합사회의 개념

오늘날 사회는 정치, 경제, 법, 문화, 과학, 기술, 자연 생태계가 상호 유기적으로 연결되어 움직이는 복합사회이고, 사회생활의 영역들이 인터넷과 통신망을 통해 네트워크로 상호 복잡하게 연결되어 작동한다. 그렇기 때문에 하나의 분과 학문의 지식만으로는 복합사회가 어떻게 작동하는지를 적절하게 이해하기 어렵다.

그래서 최근 복잡한 사회를 종합적으로 파악하여 복합적인 문제를 창의적으로 해결하기 위해서 다양한 영역의 지식을 통합 또는 융합하여 교육하려는 시도가 이루어지고 있다. 이러한 시도는 통합 교육이나 융합 교육으로 발전하였다.

개별 학문의 체계에 따라 교육과정을 분과적으로 구성하는 것에서 벗어나서, '**통합 교육**'(integrated education)은 각 교과의 지식을 재구성하여 인간 및 사회생활과 관련된 주제나 문제 등을 중심으로 재구성하는 것이다. 통합 교육의 차원에서 통합사회는 '사회과 안'에서 정치, 법, 경제, 사회와 문화, 지리, 역사, 도덕에서 추출한 주제와 관련 내용을 통합적으로 구성한 것이다. 이처럼 비슷한 몇 개의 학문 또는 교과목에서 선정된 개념이나 주제를 중심으로 내용을 통합적으로 구성하여 가르치는 것이 통합 교육이다(박상준, 2017b: 2-3).

하지만 통합 교육은 여러 교과의 지식을 서로 결합했지만, 실제로는 개별 학문의 지식이 각 단원별로 별개로 구성되었고, 특정한 교과-사회과-를 넘어서 다른 교과-수학, 과학, 실과, 국어, 미술, 음악 등-와 유기적으로 융합하는 데까지 나아가지 못했다. 이런 한계를 극복하고 학생이 복잡한 현상이나 문제를 종합적으로 이해하여 비판적이고 창의적으로 해결하는 복합적 문제 해결력을 기르기 위해서는 사회과뿐만 아니라 과학, 수학, 기술 등 다양한 교과의 지식들을 융합하여 교육할 필요가 있다. 이런 필요에서 여러 교과의 지식을 융합하려는 시도들이 STS, STEM, STEAM 등의 융합 교육 등으로 나타났다(박상준, 2017b: 2).

이러한 '**융합 교육**'(conversion education)은 개별 교과로 분리된 지식들을 상호 유기적으로 융합함으로써 복합적인 사회생활을 이해하고 복잡한 문제를 해결할 수 있도록 가르치는 것이다. 이처럼 융합 교육은 정치, 법, 경제, 문화, 과학, 기술, 예술 등을 종합한 융합적 지식에 기초하여 복잡한 문제를 창의적으로 해결할 수 있는 '융합적 역량'을 기르는 것을 목표로 한다(박상준, 2017b: 3). 융합 교육은 다양한 교과에서 현대 복합사회를 이해하는 데 중요한 주제를 중심으로 관련된 내용 요소를 유기적으로 결합한 융합적 지식에 기초하여 복합적인 사회생활을 이해하고 복잡한 문제를 창의적으로 해결할 수 있는 융합적 역량을 기르는 교육이다"라고 정의할 수 있다(박상준, 2017: 3).

그런데 현재 통합사회는 통합 교육의 차원에서 '사회과 안'에서 일반사회, 지리, 역사, 도덕 과목에서 추출한 주제와 관련 내용을 통합적으로 구성된 것이다. 그러므로 통합사회는 사회과와의 관계 속에서 이해할 수 있다.

사회과가 무엇인가에 대해서는 학자에 따라 다양한 견해가 있지만, 일반적으로 사회과는 민주 사회에서 요구되는 시민의 자질 또는 역량을 기르는 교과로 받아들여진다. 사회과는 **'시민의 역량'**, 즉 '시민성'을 육성하기 위해 정치, 법, 경제, 사회, 문화, 지리, 역사, 가치와 도덕 등 여러 영역의 지식을 추출해 통합적으로 구성하고자 한다(박상준, 2023a: 19). 시민성의 육성이 사회과의 궁극적 목표라는 점에 대부분 동의하는데(강대현, 2021: 34-35, 153; 김영석, 2012: 11-12), 구체적으로 그 사회에서 요구되는 시민성이 무엇이고, 시민성을 기르기 위해 무슨 내용을 어떻게 가르쳐야 하는가에 대해서는 사회적 상황과 요구에 따라 다르게 해석된다.

'사회과'(social studies)는 1916년 미국에서 처음 만들어진 교과인데, 미국은 사회과를 어떻게 규정하고 있는지 간략히 살펴보자. 1994년 및 2010년에 미국사회과협회(NCSS)는 사회과를 시민 역량을 신장하기 위해 다양한 인문학과 사회과학을 **'통합한 교과'**(the integrated study)라고 규정했다. 시민 역량을 기르기 위해 사회과는 역사, 지리, 법학, 정치학, 경제학, 사회학 등 분과 학문의 지식을 '통합적으로 구성'하여 제공해야 한다. 시민 역량은 공공선의 관점에서 인문학과 사회과학에서 추출한 지식을 통합적으로 활용해 사회문제를 합리적으로 결정할 수 있는 능력으로 간주되기 때문이다(박상준, 2023a: 12-13).

> "사회과는 **시민 역량**(civic competence)을 신장시키기 위해 다양한 인문학과 사회과학을 **'통합한 교과'**이다. 사회과는 그런 분과 학문들을 통합하는 종합적이고 체계적인 연구 결과들을 제공한다. 사회과의 기본 목적은 젊은이들이 상호의존적 세계에서 다문화적이고 민주적인 사회의 시민으로서 공공선을 위해 지적이고 합리적 의사결정을 내릴 수 있는 능력을 개발하도록 도와주는 것이다."
>
> (NCSS, 1994: 2; 2010: 3)

그 후 2016년 미국사회과협회는 '사회과의 교수·학습 비전 성명서'에서 사회과는 민주 사회에서 대학과 직장 생활에 필요한 학문적 능력과 비판적 사고, 문제 해결력 같은 시민 역량을 기르는 교과로 규정하였다(박상준, 2023a: 14). 민주 사회의 지속과 발전을 위해서 사회과에서 시민 역량을 기르는 것이 매우 중요한 목표로 제시되었다.

> "**사회과**는 학생이 대학 수준의 학업과 직장 생활에 필요한 학문적 능력과 비판적 사고력, 문제 해결력, 협력 기능을 포함하여 중등 이후의 미래를 준비하도록 도와주는 것이다. 사회과교육은 **'시민 역량'**(civic competence)과 **'자유롭고 민주적인 사회'**의 유지와 발전에 필수적임을 미국사회과협회는 재확인한다.
>
> . . . (중략) . . .
>
> 사회과 교육과정은 학생들이 중요한 관념들을 경험하고, 학습 내용과 사전 지식 및 현재의 문제를 연결하도록 격려하고, 학습한 것에 대하여 비판적이고 창의적으로 생각하고, 학습 내용을 실제의 상황에 적용하도록 격려하는 전략과 활동을 제공한다."
>
> (NCSS, 2016: 180)

이와 비슷하게 우리나라는 제7차 사회과 교육과정(1997)부터 2022 개정 사회과 교육과정까지 사회과를 학생이 사회생활에 필요한 지식 및 기능과 기본적 가치와 태도를 지님으로써 **'시민의 자질'**을 육성하는 교과라고 규정했다. 시민의 자질은 사회현상에 대한 지식과 기능을 바탕으로 자율적으로 판단 및 행동하고 기본적 가치에 기초해 문제를 합리적으로 해결하는 능력으로 제시되었다

(박상준, 2023a: 18).

2022 개정 사회과 교육과정은 사회과의 성격과 목표를 다음과 같이 제시했다.

> 사회과는 학생이 사회생활에 필요한 지식과 기능을 익혀 이를 토대로 시·공간 속의 인간과 사회현상을 인식하고, 민주 사회의 구성원에게 요구되는 가치와 태도를 지님으로써 '**시민으로서 자질**'을 갖추도록 하는 교과이다.
>
> 사회과에서 기르고자 하는 시민은 인간과 사회현상을 **탐구**하고 지역사회, 국가, 세계의 생활에 참여하는 데 필요한 **지식**과 **기능**의 습득을 바탕으로 **자율적으로 판단하고 행동한다**. 또한 **공동체 의식**을 가지고 **타자 존중**하고 **배려**하면서 개인적·사회적 문제를 '**합리적으로 해결하는 능력**'을 갖추어 개인의 성장을 도모하고, 지역사회·국가·세계의 발전에 기여한다.
>
> (교육부, 2022b [별책 7]: 6)

앞에서 살펴보았듯이, 사회과는 처음부터 민주 사회에서 요구되는 시민의 역량을 함양하기 위해 만들어진 교과이다. 오늘날 민주 사회는 정치, 법, 경제, 문화, 지리, 역사, 가치, 과학, 기술 등이 복잡하게 얽혀 작동한다. 그래서 복잡한 사회현상과 문제를 종합적으로 이해하여 비판적으로 성찰하고 창의적으로 해결할 수 있는 시민의 역량이 요구된다. 이러한 융합적인 시민 역량을 기를 수 있도록 사회과는 인간과 사회생활의 다양한 영역에서 추출한 주제와 관련 내용을 융합적으로 구성할 필요가 있다.

지금까지 논의를 종합하여, 필자는 '**통합사회**'는 융합적 관점에서 복잡한 현상과 문제를 종합적으로 이해하여 비판적으로 성찰하고 창의적으로 해결할 수 있는 시민 역량을 함양하는 과목이라고 정의할 것이다. 이런 융합적인 시민 역량을 함양하기 위해서 통합사회는 '융합적 관점'에서 인간과 사회생활의 여러 영역에서 추출한 주제와 관련 내용을 융합적으로 구성해야 한다.

그런데 학교 현장에서 시민 역량을 지식과 대비되는 사고 능력으로 오해하는 경우가 많다. 하지만 '**시민 역량**'은 단순히 사고 능력을 의미하는 것이 아니라 현상이나 문제와 관련된 지식과 기본적 가치에 기초하여 문제를 비판적으로 성찰하고 창의적인 해결책을 선택하고 그에 따라 행동하고 책임지는 것을 모두 포함한다. 다시 말하면, 시민 역량은 사회현상이나 문제와 관련된 지식과 가치, 사고 능력을 종합적으로 활용하여 문제를 창의적으로 해결하고 책임질 수 있는 능력이다. 이런 이유에서 시민이 사회생활을 영위하고 사회문제를 해결하는 것과 관련된 시민이 사회생활을 영위하고 사회문제를 해결하는 것과 관련된 시민 역량은 지식, 가치, 사고 기능, 행위 수행이 종합적으로 상호 작용하는 '총체적 개념'이다(박상준, 2023a: 19).

역량의 구성

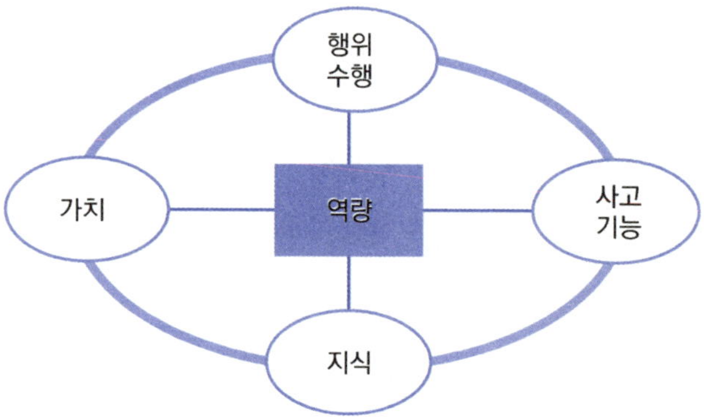

출처: (박상준, 2023a: 19. 인용)

2. 통합사회의 목표

그러면 통합사회에서 함양해야 할 시민 역량은 무엇인가? 통합사회는 구체적으로 무엇을 목표로 하는가?

통합사회는 사회과의 한 분과이므로 사회과의 목표를 살펴보면, 통합사회에서 기르고자 하는 시민 역량을 유추할 수 있을 것이다. 현재 사회과는 학생이 사회생활에 필요한 지식 및 기능과 기본적 가치와 태도를 지님으로써 시민의 역량을 함양하는 것을 목표로 한다. 이러한 시민의 역량은 사회생활에 참여하는 데 필요한 지식과 기능에 기초하여 사회문제를 합리적으로 해결하는 능력을 갖추고 행동하는 것이다(교육부, 2022b: 6).

마찬가지로 사회과의 한 분과로서 통합사회는 복잡한 사회현상과 문제를 융합적 관점에서 종합적으로 이해하여 문제를 비판적으로 성찰하고 창의적으로 해결하는 시민의 역량을 함양하는 것을 목표로 한다. 하지만 각 분과 학문의 관점에서 사회현상과 문제에 대해 파악하는 사회과의 다른 과목과 달리, 통합사회는 '융합적 관점'에서 복잡한 사회현상과 문제에 대한 종합적 이해와 기본적 가치에 기초하여 문제를 비판적으로 성찰하고 창의적으로 해결할 수 있는 '복합적인 문제 해결력'을 함양하고자 한다는 점에서 차이가 있다.

통합사회에서 기르고자 하는 '복합적인 문제 해결력'은 복잡한 사회현상과 문제에 대한 '종합적 이해', 문제 해결의 도덕적 기준으로서 '기본적 가치', 현상이나 문제에 대한 '비판적 사고'와 '창의적 사고', 문제 해결을 위한 '의사소통'과 '협력' 등으로 구성된다. 이처럼 융합적 관점에서 복잡한 문제를 해결하기 위해서는 하나의 분과적 지식과 사고 능력만이 아니라 여러 영역의 지식, 가치, 사고 능력이 종합적으로 작동하기 때문에, **'복합적 문제 해결력'**이라고 규정하고자 한다. 또한 인간 및 사회생활과 관련된 여러 영역의 지식, 가치, 사고 능력이 융합적으로 작용하여 복잡한 문제를 해결하기 때문에, 복합적인 문제 해결력을 **'융합적 역량'**이라고 이름 붙일 것이다.

그러면 복합적 문제 해결력으로서 융합적 역량을 구성하는 요소를 각각 살펴보자.

먼저 **'종합적 이해'**는 시간적, 공간적, 사회적, 윤리적, 과학적, 기술적 관점을 결합한 융합적 관점에서 복잡한 사회현상과 문제에 접근하여 사실과 가치를 종합적으로 파악하는 역량이다. 분과 학문의 관점에서 현상과 문제의 한 측면만 이해하는 것이 아니라 융합적 관점에서 어떤 현상이나 문제와 관련된 사실과 가치를 종합적으로 파악하는 인지적 기능과 성향이다. 즉, 종합적 이해는 복잡한 현상과 문제를 하나의 관점이나 측면이 아니라 융합적 관점에서 파악하려는 성향을 포함한다.

예컨대, 저출생 문제에 대해 파악하는 경우를 생각해 보자.[1] 시간적 관점은 출산율이 연도 또는 연대별로 어떻게 변해왔는지를 파악하는 데 초점을 맞춘다. 공간적 관점은 출산율이 시·도 지역별로 그리고 국가별로 어떻게 다르고, 출산율 감소가 인구 구조를 어떻게 변동시켰는지를 파악한다. 사회적 관점은 양육비 증가, 청년 실업의 증가, 결혼과 출산 문화의 변화, 비혼 문화 확산 등 출산율 감소의 원인을 파악하고 그로 인해 나타난 사회적 결과-생산연령인구 감소, 노년 부양비 증가, 소멸 위험 지역 증가 등-를 파악하는 데 초점을 맞춘다. 각 관점은 저출생 문제의 역사적 변화 추이, 지역과 국가별 차이, 사회적 원인과 결과 등 저출생의 한 측면 또는 일부분을 파악할 수 있게 해주지만, 저출생 문제의 전체적인 모습이나 구조를 종합적으로 이해하지 못한다.

저출생 문제를 종합적으로 파악하려면, 그 문제가 지닌 역사적, 지역적, 사회적, 윤리적, 과학적 측면을 종합적으로 이해하는 것이 필요하다. 이처럼 사회 현상이나 문제를 어느 하나의 영역이나 관점 측면에서 접근해 파악하는 것이 아니라 여러 영역 또는 관점에서 접근하여 그 현상이나 문제의 원인과 결과, 관련된 사실과 가치 등을 전체적으로 파악하는 것이 '종합적 이해'이다.

오늘날 다원화된 사회에서는 가치가 매우 다양해지고 시대와 사회에 따라 다를 수 있다. 하지만 '**기본적 가치**'(basic value)는 민주주의 사회에서 일반적으로 타당하게 인정되는 가치이다. 가치 상대주의에 의해 많은 도전을 받고 있지만, 인간이 존엄성을 갖고 살아가기 위해 모두가 기본적으로 인정해야 할 기본적 가치가 있다. 기본적 가치가 무엇인가에 대해서는 사회와 학자에 따라 조금씩 다를 수 있다. 1992년 미국 콜로라도의 아스펜(Aspen)시에서 사회과교육의 대표자 29명이 토론한 후, 미국 사회의 핵심 가치를 제시하는 '아스펜 선언문'을 발표했다. 이 선언문은 미국 사회의 기본 가치를 존중, 책임, 신뢰, 배려, 정의와 공정, 덕목, 시민성으로 제시했다(Josephson, 1992). 울레버와 스콧은 민주 사회에서 일반적으로 인정되는 기본적 가치를 정의, 자유, 박애, 정직, 충성, 경쟁, 협동, 관용, 타협, 타인 존중, 개인주의로 제시했다(Woolever &

1) 저출생 문제에 대해 시간적, 공간적, 사회적, 윤리적, 과학적, 기술적 관점을 결합한 '**융합적 관점**'에서 종합적으로 이해하는 방법과 사례는 제2장을 참고하세요.

Scott, 1988: 390-391).

우리나라의 경우, 1998년 서울대학교 손봉호, 황경식 등이 우리 사회의 지도층 100여 명을 대상으로 설문 조사한 결과에 의하면, 한국인이 미래에 가져야 할 가치 또는 덕목은 정직과 진실, 공정성과 준법, 사랑과 배려, 책임, 근면과 절제, 신의, 애국, 관용과 인내, 존중과 명예, 예의와 겸손, 절약으로 나타났다(손봉호 외, 1999: 103-105).

여러 학자의 의견을 종합해 보면, 민주주의 사회에서 일반적으로 인정되는 기본적 가치는 인간 생명, 자유, 평등, 정의, 평화, 다양성, 책임, 법치 등이 있다. 이런 기본적 가치는 민주 사회에서 사회문제나 쟁점, 사회적 갈등을 해결하기 위한 도덕적 기준으로 작용한다(박상준, 2023a: 270-271).

이러한 기본적 가치는 특정한 시대와 사회(국가)에 관계없이 일반적으로 인정되는 가치이다. 과거에 흑인 노예와 노비 제도가 있었다고 해서, 그 당시 사회에서 인간 생명, 자유, 평등 등이 기본적 가치로 인정되지 않은 것이 아니다. 예컨대 미국은 1865년 수정 헌법에서 노예제를 폐지했고, 1870년 인종과 피부에 의해 선거권을 제한 제도를 폐지하였다. 하지만 현실적으로 1960년대 중반까지 흑인은 정치에 참여할 자유가 없었고 공공시설의 이용에서 차별이 심했다. 백인과 흑인이 이용할 수 있는 학교, 버스와 식당의 자리, 공중화장실과 수도꼭지가 철저하게 분리되었다(박상준, 2020: 76-78).

그렇다고 해서 당시 미국 사회에서 인간 생명, 자유 등이 기본적 가치가 아닌 것이 아니라 단지 흑인과 여성의 생명, 자유, 평등이란 기본적 가치가 사회적으로 심각하게 침해당한 것이다. 20세기 중반까지 미국을 포함해 서구 사회는 흑인, 여성을 인간의 범주에 포함하여 인식하지 않았기 때문이다.

다음으로 **'비판적 사고'**는 복잡한 사회현상이나 문제를 사실과 가치로 구분하여 객관적으로 분석하고, 관련 주장의 근거가 타당한지 평가하며, 숨겨진 가정이나 의도를 확인하고, 또 다른 관점에서 바라보고 객관적으로 평가하는 능력이다. 한마디로 비판적 사고는 현상이나 문제와 관련된 사실과 주장을 객관적 근거에 기초해 분석하고 평가하는 사고의 기능과 성향이다. 즉, 비판적 사고는 복잡한 현상이나 문제를 객관적으로 분석하고 평가하려는 성향을 포함한다(박상준, 2023a: 240-242).

저출생 문제에 대해 비판적으로 사고하는 경우를 살펴보자. 정부와 일부 학자는 양육비가 급증하기 때문에 출산율 감소와 저출생 문제가 발생한다고 생각하고, 그래서 주로 출산 진료비, 출산 장려금, 양육비 지원금 등 현금 지원 정책을 추진했다. 그러나 출산율은 계속 낮아지는 이유는 단순히 양육비 부담 때문이 아니라는 것이다. 문제를 적절하게 파악하기 위해서는 먼저 저출생 관련 사실 부분과 가치 부분을 구분하여, 객관적 자료에 의거해 그것이 타당한지 아닌지 검토하는 것이 필요하다. 또한 양육비 지급과 출산율 변화의 상관관계를 입증할 자료를 수집하여 객관적으로 분석하고 평가한다. 그리고 경제적 비용 측면이 아니라 결혼과 출산 문화 및 가치관의 변화, 비혼 세대의 증가, 청년 실업의 증가, 여성의 경력 단절과 차별 등 다른 측면이나 관점에서 저출생 문제의 원인과 결과를 분석하고 평가한다. 이러한 객관적 근거에 기초해 분석하고 평가하는 과정에서 작동하는 것이 바로 '비판적 사고'이다.

'창의적 사고'는 복잡한 사회현상과 문제를 기존과 다른 측면에서 접근해 새로운 아이디어를 제시하고 이전 방식과 다르게 독창적인 해결 방안을 제시하는 능력이다. 창의적 사고는 기존과 다른 관점에서 현상이나 문제를 바라보며 새롭게 이해하고, 새로운 방식으로 접근하여 기존과 다른 독창적인 아이디어와 해결 방안을 제시하는 사고의 기능과 성향이다(박상준, 2023a: 243-245).

저출생 문제에 대해 창의적으로 사고하는 경우를 살펴보자. 지금까지 정부는 저출생의 원인을 경제적 비용에서 찾고, 출산 장려금, 양육비 지원금 등에 2007~2022년 사이에 280조 원의 예산을 투입했다. 하지만 합계 출산율은 계속 낮아지고 있다. 그렇다면 저출생 문제를 창의적으로 해결하기 위해서는 경제적 비용 측면이 아니라 사회 문화적, 가치적 측면에서 접근하여 새로운 해결 방안을 찾는 것이 필요하다. 출산과 양육비를 지원하는 방안과 다르게 결혼과 출산을 소중하게 여기는 가치관과 문화를 확산하고, 결혼과 출산으로 인해 여성의 경력이 단절되거나 불이익을 받지 않고 직장 생활을 이어갈 수 있는 제도와 직장 문화를 정착시키는 방안을 찾는 것이다. 저출생 문제에 대해 기존의 경제적 측면과 다른 측면에서 바라보고 기존과 다른 독창적인 해결 방안을 제시하는 것이다. 이러한 사고와 문제 해결의 과정에서 작동하는 것이 '창의적 사고'이다.

'의사소통'은 사회현상이나 문제에 대하여 다른 구성원과 자유롭게 정보와 의견을 교환하고, 민주적인 토론의 과정을 거쳐 합리적인 해결 방안에 대해 합의에 도달할 수 있는 능력이다. 이런 의사소통 능력은 서로 다른 생각, 가치관, 문화 등을 가진 다양한 구성원이 함께 살아가는 현대 다문화사회의 시민에게 요구되는 기본적인 역량이다(박상준, 2023a: 345-348).

서로 다른 사람들이 어떤 문제에 대해 합의에 도달하려면, 민주적인 의사소통을 통해 서로의 차이를 확인하고 자신의 입장과 이해관계를 서로 양보하여 중간 지점에서 만나는 것이 필요하다. 이것이 바로 민주적인 의사소통을 통해 타협하고(meet others half ways) 합의에 이르는 것이다. 다양한 구성원이 사회문제에 대해 자유롭게 소통하여 민주적으로 해결함으로써 서로 다른 삶의 방식과 차이, 다양성을 인정하고 상생하기 위해서는 의사소통 능력이 매우 중요하다.

'협력'은 사회현상을 조사하고 문제의 해결 방안을 선택하며, 또한 문제를 해결하기 위해 참여하거나 행동할 때, 다른 구성원과 서로 도움을 주고받으며 과제를 효율적으로 완성할 수 있는 능력이다. 오늘날 사회는 정치, 법, 경제, 문화, 지리, 역사, 가치와 도덕, 과학, 기술 등이 복잡하게 얽혀 작동한다. 또한 현대 사회는 다양한 사람과 국가, 생태계, 기계와 시스템 등이 사물인터넷(IoT)과 네트워크를 통해 상호 밀접하게 연결되어 작동한다. 이런 초연결사회에서는 어떤 현상이나 문제에 대해 여러 분야의 전문가들이 서로 도와가면서 사실관계를 종합적으로 파악하고, 그에 기초하여 타당한 해결 방안을 찾기 위해 서로 협력하는 것이 필요하다.

저출생 문제를 정확하게 파악하고 적절한 해결책을 찾기 위해서는 하나의 분과 학문의 영역이 아니라 역사, 정치, 경제, 문화, 도덕, 과학, 기술 등 여러 영역을 종합하여 이해해야 한다. 그런데 한 사람이 모든 영역에서 저출생 문제에 접근하여 종합적으로 파악하기 어렵다. 그러므로 여러 사람이 모여 저출생 문제에 대해 서로 소통하고 토의하면서 다양한 영역과 관점에서 접근해 다양한 의견을 교환하면서 종합적으로 파악하도록 노력해야 한다. 이처럼 여러 사람이 다양한 영역이나 관점에서 접근해 민주적으로 소통하기 위해서는 발언의 자유와 기회를 동등하게 보장하고 상대방의 의견을 경청하여 상대방을 존중하는 태도와 토론 문화가 정착되어야 한다.

여러 사람이 민주적인 소통과 토론을 통해 저출생 문제의 원인과 결과를 종합적으로 이해하고 그에 맞추어 적절한 해결책을 찾기 위해서는 소통의 과정부터 문제 해결까지 서로 협력하는 것이 필요하다. 지금까지 정부가 저출생 관련 법과 제도를 만들고 많은 예산을 투입했지만 해결되지 않았다. 저출생 문제의 원인이 매우 다양하기 때문에, 이 문제를 해결하기 위해서는 다양한 영역에서 정부뿐만 아니라 기업, 유치원과 학교, 시민사회단체, 가정이 서로 협력해야 한다. 이처럼 저출생 문제의 원인과 결과를 종합적으로 파악하고, 적절한 해결 방안을 찾는 과정에서 민주적 '의사소통 능력'과 '협력'이 요구된다.

그래서 현대 사회에서는 똑똑한 독불장군 1명보다는 서로 소통하고 협력하면서 문제를 종합적으로 파악하고 해결책을 찾아가는 능력과 덕성을 갖춘 사람이 더 요구된다. 이런 이유에서 최근 미국교육학회(NEA), 세계경제포럼(WEF), 21세기 학습 파트너십(P21) 등은 미래 사회에서 성공적인 삶을 살기 위해 필요한 핵심 역량(4Cs)으로 창의적 사고, 비판적 사고, 의사소통 능력, 협력을 제시하였다(박상준, 2023a: 82-86). 미래 시민 역량에 대해서는 제4장에서 자세히 설명할 것이다.

이런 사회현상과 문제의 복합성 그리고 미래 사회의 요구를 반영하여, 통합사회는 복잡한 사회현상과 문제를 융합적 관점에서 종합적으로 이해하여 비판적으로 성찰하고 창의적으로 해결할 수 있는 '복합적 문제 해결력', 즉 **'융합적 역량'**을 함양하는 것을 목표로 한다. 융합적 역량을 기르기 위해서 통합사회는 복잡한 현상과 문제를 종합적으로 이해할 수 있도록 정치, 법, 경제, 문화, 지리, 역사, 가치와 도덕, 과학, 기술 영역에서 추출한 주제와 관련 내용을 융합적으로 구성해야 한다. 복합적인 문제 해결력을 구성하는 여러 가지 요소의 관계를 구조화하여 제시하면 다음과 같다.

▌통합사회 목표의 구조화▐

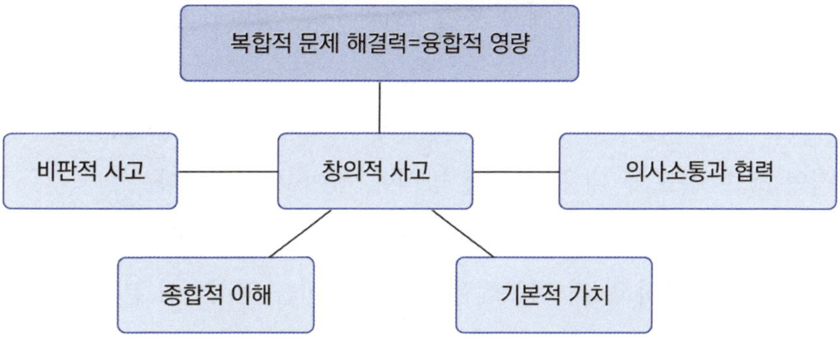

그러나 2022 개정 통합사회는 아직 복합적 문제 해결력을 함양하기 위해 '융합적 관점'에서 접근하지 못했고, 시간적, 공간적, 사회적, 윤리적 관점을 결합한 '통합적 관점'에서 접근하였다. 현재 통합사회가 통합적 관점에서 제시한 목표는 다음과 같다.

> 통합사회는 '**시민**'으로서 인간, 사회, 국가, 지구 공동체 및 환경의 문제를 '통합적 관점'에서 이해하고, 사회 변화에 능동적으로 대응하며, 미래 사회에 필요한 '**기초 소양**과 **역량**'을 함양하는 것을 목표로 한다. 통합사회의 세부 목표는 다음과 같다.
>
> (1) 시간적, 공간적, 사회적, 윤리적 관점을 기반으로 인간의 삶과 사회현상을 '**통합적으로 사고 하는 능력**'을 기른다.
>
> (2) 인간의 삶과 행복, 이를 둘러싼 다양한 공간, 그리고 복합적인 사회현상을 다양한 경험, 사실, 가치 등을 고려하여 '**비판적으로 탐구하고 성찰하는 능력**'을 기른다.
>
> (3) 일상생활과 사회에서 발생하는 다양한 문제에 대한 '**합리적이고 창의적인 해결 방안**'을 모색하고, 이를 통해 지역, 국가 및 세계의 시민으로서 자신의 삶을 다각적으로 고려하여 통합적 관점을 적용하여 설계하고 '**실천하는 능력**'을 기른다.
>
> (교육부, 2022b [별책 7]: 107)

3. 통합사회와 다른 과목의 관계

그러면 통합사회와 사회과의 다른 과목은 무엇이 다른가? 앞에서 살펴보았듯이, 기본적으로 사회 교과군에 속해 있고, 민주 사회에서 요구되는 시민 역량의 함양을 목표로 한다는 점에서 통합사회와 다른 일반사회, 지리, 역사, 도덕 과목은 공통점을 갖는다.

하지만 현재 통합사회와 다른 과목은 인간 및 사회생활에 접근하는 관점과 구체적인 교수 목표와 내용의 구성 방식에 있어서 구별된다.

첫째, 일반사회, 지리, 역사, 도덕 과목은 각 학문의 '**분과적 관점**'에서 인간 및 사회생활에 접근하고, 각 학문에서 축적된 지식을 정리하여 분과적으로 구성한다. 그래서 각 과목은 사회적 측면, 지리적 측면, 역사적 측면, 도덕적 측면에서 인간 및 사회생활을 분과적으로 파악하는 데 초점을 맞춘다. 학생이 각 과목에서 학습한 지식을 개별적으로 자신의 머리 속에서 종합하여 복잡한 사회생활을 통합적으로 이해해야 한다. 여러 과목의 지식을 종합해 복잡한 사회생활과 문제를 통합적으로 이해하는 것은 학생 개인에게 맡겨진다.

반면에 통합사회는 시간적, 공간, 사회적, 윤리적 관점을 결합한 '**통합적 관점**'에서 인간 및 사회생활에 접근하고, 다양한 영역에서 추출한 주제와 관련 내용을 통합적으로 구성한다. 그래서 통합사회 한 과목 안에서 학생은 하나의 주제에 대하여 통합적 관점에서 종합적으로 이해하고 문제의 해결 방안을 찾는 과정과 방법을 통합적으로 배울 수 있다. 이러한 통합적인 교육 내용과 교수·학습 과정을 경험하면서 학생은 통합적 관점에서 자연스럽게 복잡한 사회현상과 문제를 종합적으로 이해하는 역량을 기를 수 있다.

둘째, 지리, 역사, 도덕 과목은 각 학문의 분과적 특성을 반영한 시민 역량, 즉 '**분과적 역량**'의 함양을 목표로 제시한다. 지리과는 지리적 사고와 지리도해력을, 역사과는 과거에 대한 이해와 역사적 사고력을, 도덕과는 규범이나 덕성의 내면화 또는 도덕적 추론 능력의 발달을 목표로 한다.

반면에 통합사회는 통합적 관점에서 복합적 문제 해결력을 함양하는 것을 목표로 한다. 지리, 역사, 도덕의 분과적 역량과 달리, '**통합적 역량**'은 복잡한 사회현상이나 문제를 통합적 관점에서 종합적으로 이해하여 창의적으로 문제를 해결할 수 있는 역량이다. 한마디로 통합사회는 복합적 문제 해결력의 발달을 목표로 한다.

셋째, 일반사회, 지리, 역사, 도덕 교육과정은 각 분과 학문에서 추출한 객관적 지식으로 구성된다. 각 과목의 지식은 분과적 관점 또는 연구 방법에 기초하여 인간 및 사회생활을 객관적으로 설명한 것이다.

반면에 통합사회는 통합적 관점에서 다양한 영역에서 추출한 주제와 관련 내용을 상호 연계하여 통합적으로 구성한다. 통합사회의 교육과정은 인간과 사회생활과 관련된 주제와 내용을 시간적, 공간적, 사회적, 윤리적 관점에서 종합적으로 이해하고, 문제를 비판적이고 창의적으로 해결할 방안을 찾는 내용을 통합적으로 구성한다. 이런 점에서 같은 사회 교과에 속해 있지만, 통합사회의 접근 관점과 교육과정은 분과적 관점에서 각 개별 학문의 지식으로 구성하는 다른 사회 과목들과 다르다.

또한 통합적 관점에서 복잡한 사회현상과 문제를 종합적으로 이해하여 창의적으로 문제의 해결 방안을 탐색하기 때문에, 통합사회는 각 학생의 개별 활동보다는 소집단(모둠) 활동 중심의 교수·학습 방법을 많이 활용한다. 통합사회에서 탐구 또는 프로젝트는 각 학생이 개별적으로 수행하기보다는 소집단별로 학생들이 서로 협의하여 조사할 문제를 정하고, 자료를 수집하여 분석하고, 모둠 구성원들이 상호 협의를 통해 타당한 결론을 정한다. 이처럼 통합사회에서는 소집단 중심의 탐구와 프로젝트, 모둠 토론, 협력 학습 등이 장려된다.

❙ 통합사회와 다른 과목의 비교 ❙

구분	일반사회, 지리, 역사, 도덕 과목	통합사회 과목
관점	• '**분과적 관점**'에서 접근	• '통합적 관점'에서 접근
목표	• 분과적 특성을 반영한 시민 역량의 함양 ('**분과적 역량**')	• 통합적 특성을 반영한 시민 역량의 함양 ('**통합적 역량**')
내용	• '분과 학문'에서 도출한 지식을 '개별적으로' 구성	• '다양한 학문 영역'에서 추출한 주제와 관련 내용을 '통합적으로' 구성

제2장 통합사회와 통합적 관점 또는 융합적 관점의 접근

오늘날 사회는 정치, 법, 경제, 문화, 지역과 환경, 역사와 전통, 가치와 도덕, 과학, 기술 등이 복잡하게 얽혀 작동한다. 또한 현대 사회는 다양한 사람과 기계와 시스템, 생태계 등이 상호 밀접하게 연결되어 작동하는 초연결사회이다. 시스코(Cisco)의 '모바일 비주얼 네트워킹 지표' 보고서(2017)에 의하면, 2021년 전 세계의 모바일 사용자는 55억 명에 달하고, 스마트폰과 사물인터넷(IoT)의 연결이 급증하면서 모바일 데이터 트래픽도 7배 증가할 것으로 예측되었다. 또한 사물인터넷을 통한 기계-기계의 연결 시스템(M2M)은 총 120억 대에 이르고, 네트워크 연결 기기는 263억 개에 달할 것으로 예측되었다.

이런 네트워크 사회와 초연결사회는 복잡한 현상과 문제를 종합적으로 이해하여 비판적으로 성찰하고 창의적으로 해결할 수 있는 시민 역량을 요구한다. 이러한 복합적 문제 해결력을 기르기 위해서는 분과적 관점을 넘어서 일반사회, 지리, 역사, 도덕 영역을 결합한 '통합적 관점' 또는 더 나아가 사회과와 국어, 수학, 과학, 기술 등의 영역을 결합한 '융합적 관점'에서 인간 및 사회생활의 여러 영역에서 추출한 주제와 관련 내용을 융합적으로 구성한 과목이 필요하다. 이런 사회적 요구를 반영하여 통합사회가 만들어졌다.

이 장에서는 통합사회의 성격을 고려할 때, 통합적 관점이나 융합적 관점에서 접근하는 것 왜 중요한지, 그리고 통합적 관점이나 융합적 관점에서 사회현상이나 문제를 파악하는 방법을 검토하고, 융합적 관점에서 저출생 문제를 어떻게 종합적으로 이해할 수 있는지 사례를 통해 살펴볼 것이다.

1. 통합사회의 성격과 통합적 관점 또는 융합적 관점의 접근

그러면 사회과의 다른 과목과 달리, 통합사회가 갖는 특성은 무엇인가? 앞에서 살펴보았듯이, 정치, 법, 경제, 사회와 문화, 지리, 역사, 도덕 과목은 각 분과적 관점에서 인간, 환경 및 사회생활에 접근하고, 각 분과 학문에서 축적된 지식을 정리하여 구성한다.

반면에 현재 통합사회는 시간적, 공간적, 사회적, 윤리적 관점을 결합한 '통합적 관점'에서 인간, 환경 및 사회생활에 접근한다. 그리고 분과 학문을 개별적으로 구성하는 것이 아니라 사회과 안에서 일반사회, 지리, 역사, 도덕 영역에서 중요한 주제를 추출하여 그와 관련 내용을 통합적으로 구성하고자 한다. 통합적 관점에서 인간과 사회생활을 종합적으로 이해하여 합리적이고 창의적으로 해결할 수 있는 통합적 사고력을 기르고자 한다(교육부, 2022b: 107).

그러면 현재 통합사회에서 적용하고 있는 '통합적 관점'이 무엇인지 이해하기 위해서 먼저 각 관점에서 사회현상이나 문제를 어떻게 파악하는지 살펴보자.

1) 통합적 관점

'시간적 관점'은 시간의 흐름 속에서 어떤 현상이나 사건의 전개 과정 및 특징을 파악하고, 사건들의 상관관계를 탐구함으로써 역사적 판단을 내리는 입장이다. 시간적 관점은 연도, 연대, 시대(세기) 같은 시간의 흐름에 따라 사건이 어떻게 발생하여 전개되고 또 다른 사건과 어떤 관계를 갖고 서로 영향을 미치는지를 확인하고 해석하는 것이다. 사회현상이나 문제를 파악할 때, 시간의 흐름에 따른 변화의 양상과 특징을 이해하고, 객관적 자료에 근거하여 사건의 전개 과정과 상관관계를 타당하게 해석하며, 그에 기초하여 역사적으로 추론하고 판단하는 것이다.

시간적 관점에서 기후 변화의 과정을 역사적으로 살펴보면, 18세기 산업화 이후 지구 평균 온도가 연대별로 어떻게 변화되었는지 그에 따라 지구 평균 해수면이 얼마나 상승했는지 조사한다. 그러면 산업화 이후 시간이 지나면서 지구 평균 온도와 평균 해수면 상승의 상관관계를 확인할 수 있고, 그에 기초하여 미래에 기후 변화가 가져올 결과를 예측할 수 있다. 이처럼 시간적 관점에서 어떤 현상이나 문제의 변화 과정과 상관관계를 역사적으로 살펴보는 것은 그것의 역사적 흐름과 추이를 파악하고 미래의 흐름을 예측할 때 중요하다.

그래서 시간적 관점은 객관적 자료에 의거해 사건들의 변화 과정과 상관관계를 파악하고 역사적 사실과 문제에 대하여 균형 잡힌 추론과 판단을 내리는 것이다. 이런 점에서 시간적 관점은 시간의 흐름 속에서 인간과 사회생활의 변화를 탐구하는 '역사적 관점'이라 할 수 있다.

'공간적 관점'은 장소, 지역, 공간 및 거기에서 일어나는 지리적 현상을 파악하고 지리 현상과 인간의 생활방식과의 상관관계를 종합적으로 이해함으로써 지역과 공간에서 발생하는 문제를 비판적으로 분석하고 해결하려는 입장이다. 공간적 관점은 장소와 지역, 공간의 환경이 사람들의 생활방식에 미치는 영향을 파악하고, 그런 지리적 정보와 이해에 기초하여 지리적 문제를 비판적으로 분석하여 창의적으로 해결하는 것이다. 지리적 정보를 시각적·공간적으로 표시하고 전달하는 도해력(geo-graphicacy)과 지리적 사고가 공간적 관점에서 중요하다.

공간적 관점에서 기후 변화가 지역에 미치는 영향을 살펴보면, 지구 온난화와 지구 평균 온도 상승으로 인해 세계 각 지역이나 국가의 기후가 어떻게 변했는지 파악하고, 기후 변화가 지역에 어떤 영향을 미쳤는지를 조사하는 것이다. 또한 기후 변화로 인해 각 지역이나 국가의 자연환경과 생활공간이 어떻게 변하고, 인간의 생활방식과 생태계에 어떤 영향을 미치는지 지리적 정보를 파악하는 것이다.

그렇게 함으로써 기후 변화와 각 지역의 생활공간, 생활방식의 변화와의 상관관계를 파악할 수 있다. 이처럼 공간적 관점에서 어떤 현상이나 문제와 관련된 지리적 정보와 상관관계를 조사하는 것은 그와 관련된 지리적 문제의 해결 방안을 모색하는 데 중요하다. 이러한 공간적 관점은 사회현상이나 문제가 장소, 지역 또는 국가에 따라 어떻게 다른지, 그 지역이나 국가의 환경과 어떤 관계를 맺고 있는지 탐구하는 것이다. 이런 점에서 공간적 관점은 장소, 공간, 환경의 측면에서 인간의 사회생활과 관련된 지리적 정보를 탐구하는 '지리적 관점'이라 할 수 있다.

'사회적 관점'은 복잡한 사회현상이나 문제를 정치, 법, 경제, 사회·문화의 측면에서 사실적으로 이해하고, 그런 다양한 측면에서 현상이나 문제의 원인과 결과를 객관적으로 탐구하는 입장이다. 사회적 관점은 사회현상이나 문제가 어떤 정치적 과정을 통해 해결되었는지, 어떤 법이나 제도가 연관되어 있는지, 경제활동이나 소득과 어떻게 관련되는지, 사회의 문화에 어떤 영향을 받는지 등을 다양한 측면에서 접근하여 종합적으로 이해하는 것이다.

사회현상이나 문제가 옳다 또는 좋다 같은 가치 판단을 하는 윤리적 관점과 달리, 사회적 관점은 객관적 탐구를 통해 사회현상과 관련된 사실을 조사하는 것이다. 그래서 사회적 관점에서는 학생이 사회현상이나 문제의 원인과 결과를 사회과학적 방법과 절차를 통해 조사하고 일반화된 사실이나 지식을 도출하는 탐구 활동이 강조된다. 이런 객관적 탐구는 문제 해결을 이한 사실적 토대를 제공한다.

사회적 관점에서 기후 변화를 살펴보자. 자연현상인 기후 변화가 인간의 삶과 사회에 어떤 피해와 문제를 일으키는지 그리고 기후 변화가 각 집단이나 계층에 얼마나 불평등한 결과를 초래하는지를 조사하는 것이다. 공간적 관점이 기후 변화가 지역의 환경 변화에 미치는 영향을 파악하는 데 초점을 맞추었다면, 사회적 관점은 기후 변화가 집단 간 및 계층 간 불평등에 미치는 영향과 상관관계를 파악하고, 그에 따른 기후 불평등 문제를 정치적·법적·경제적·사회·문화적 측면에서 대응할 방안을 모색하는 것이다.

이처럼 사회적 관점은 다양한 측면에서 인간과 사회생활을 종합적으로 이해하기 때문에, 그 자체로 통합적 성격을 지녔다. 역사 또는 지리 한 학문의 측면에서 접근하는 시간적 관점이나 공간적 관점과 달리, 사회적 관점은 사회과학 안에서 정치학, 법학, 경제학, 사회학, 인류학 등 여러 학문의 관점을 결합하여 어떤 현상이나 문제를 파악한다는 점에서 '통합적 성격'을 갖는다.

'윤리적 관점'은 사회현상이나 문제에서 서로 대립하는 가치와 도덕을 분석하고 문제의 해결에 적용될 수 있는 가치나 도덕의 기준을 선택하는 입장이다. 윤리적 관점은 사회현상이나 문제와 관련된 도덕적 가치나 도덕성을 파악하고, 그것에 기초하여 문제의 가치적 측면을 분석하고 합당한 도덕적 판단을 내리는 것이다. 윤리적 관점은 기본적 가치 또는 보편적인 도덕 원리에 기초하여 사회현상이나 문제의 '옳음이나 그름' 또는 '좋음 또는 나쁨'을 분석하고 판단하는 것이다.

윤리적 관점에서 기후 변화를 살펴보면, 인간중심주의 입장에서 무분별하게 개발한 산업화, 도시화와 관련된 가치문제를 분석한다. 산업화와 도시화 밑에 놓여 있는 인간의 행복, 성장과 개발이란 가치의 추구로 인해 발생된 환경오염, 생태계 파괴의 문제, 기후 위기를 검토한다. 인간의 행복, 성장과 개발이란 가치 추구가 환경이나 생태계를 파괴함으로써 거꾸로 인간의 생존을 위협하는 사실을 조사한다. 윤리적 관점은 인간중심주의의 한계를 인식하고 생태중심주의 입장에서 인간과 생물, 지구 생태계의 상생과 지속 가능성을 추구하면서 기후 변화에 대응할 방안을 추론하는 데 매우 중요하다.

그래서 윤리적 관점에서는 사회현상과 문제에서 충돌하는 가치와 도덕을 조사하고 대립하는 가치의 우선성을 비교・분석한 후 선택하는 가치 분석 또는 가치 탐구가 강조된다. 어떤 문제의 해결 방안을 최종 선택할 때, 도덕적 가치가 중요한 영향을 미치기 때문이다.

요약하면, 시간적, 공간적, 사회적, 윤리적 관점을 결합하여 사회현상이나 문제를 종합적으로 이해하는 것이 **'통합적 관점'**이다. 이런 통합적 관점은 복잡한 현상이나 문제를 통합적으로 이해하여 창의적으로 해결하는 데 기여할 수 있다.

2) 융합적 관점

앞에서 살펴보았듯이, 현재 통합사회는 통합 교육의 차원에서 시간적, 공간적, 사회적, 윤리적 관점을 결합한 '통합적 관점'에서 접근해 인간과 사회생활을 종합적으로 이해하기 위해 '사회과 안에서' 정치, 법, 경제, 사회와 문화, 지리, 역사, 도덕 영역의 주제와 관련 내용을 통합적으로 구성하고 있다(교육부, 2022b: 106-109).

그러나 시간적, 공간적, 사회적, 윤리적 관점만으로 현대 사회의 복잡한 현상이나 문제를 충분하게 종합적으로 이해하여 대응하는데 한계가 있다. 현대 사회는 인간과 사회뿐만 아니라 인간 -기계(IoT) -생물 - 지구 생태계가 복잡하게 연결되어 있고, 서로 영향을 주고받으며 작동하기 때문이다. 이러한 복합사회에서 일어나는 현상이나 문제는 인간과 사회적 관점만으로 접근해서는 종합적으로 이해하여 적절하게 대응하기 어렵다. 사회과의 일반사회, 지리, 역사, 도덕 영역의 지식만을 통합해서는 복잡한 현상과 문제를 종합적으로 파악하여 복합적인 문제를 비판적이고 창의적으로 해결할 수 없다.

그러므로 복잡한 현상과 문제를 적절하게 종합적으로 이해하려면, 인간 중심의 시간적, 공간적, 사회적, 윤리적 관점 이외에 과학적 관점, 기술적 관점을 추가하여 접근하는 것이 필요하다.

이런 이유에서 필자는 통합 교육의 차원을 넘어서 '융합 교육'의 차원에서 시간적, 공간적, 사회적, 윤리적 관점에 과학적 관점, 기술적 관점을 추가한 **'융합적 관점'**에서 사회과와 국어, 수학, 과학, 기술, 음악, 미술 등 다양한 영역에서 중요한 주제를 추출하여 그와 관련 내용을 융합적으로 구성하는 것을 제안할 것이다. 이런 융합적 관점에서 접근할 때, 복잡한 현상이나 문제를 더 적절하게 종합적으로 이해하고 비판적으로 성찰하고 창의적으로 문제를 해결하는 시민 역량을 효과적으로 함양할 수 있기 때문이다.

❙ 통합사회와 융합적 관점의 관계 ❙

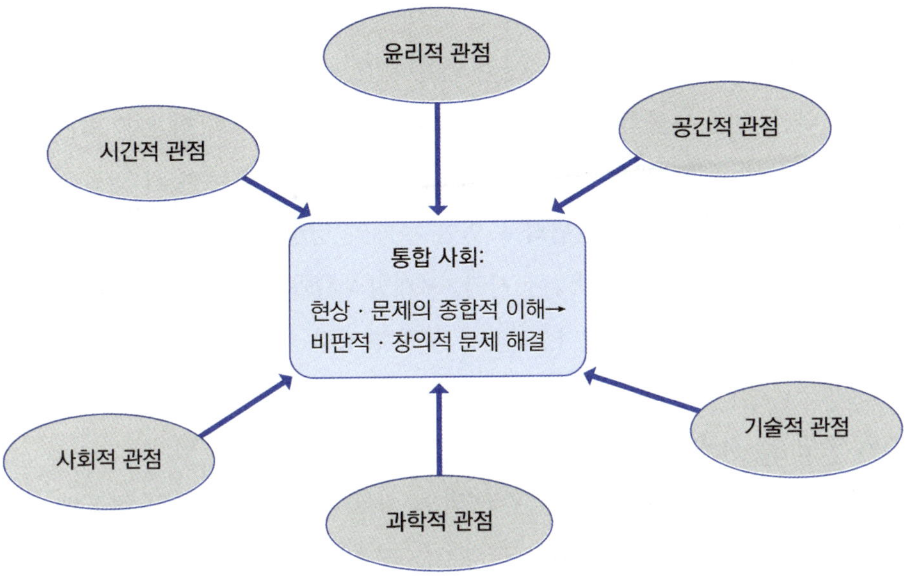

그러면 융합적 관점에 추가해야 할 과학적 관점과 기술적 관점의 특성을 살펴보자. 주로 사회과학이나 인문학의 측면에서 접근하는 '사회적 관점'과 달리, **'과학적 관점'**은 자연과학이나 의학의 측면에서 사회현상이나 문제의 원인과 결과를 과학적 방법으로 탐구하는 입장이다. 사회가 복잡해지고 네트워크를 통해 인간, 사회와 기계, 시스템이 서로 연결되어 작동한다. 또한 지구 생태계에서 인간, 생물, 생태계가 상호 연결되어 살아간다. 사회현상과 문제는 사회적 요인뿐만 아니라 자연적 요인과 연결되고 서로 영향을 주고받는다. 그에 따라 사회현상이나 문제의 원인과 결과를 적절하게 파악하기 위해서는 사회과학의 측면뿐만 아니라 자연과학의 측면에서 접근하여 상관관계를 탐색하는 것도 필요하다.

과학적 관점은 자연과학적 탐구 방법을 통해 사회현상이나 문제의 원인 및 결과와 관련된 과학적 사실이나 지식을 찾아내고, 그에 기초하여 문제의 해결 방안을 과학적으로 탐구하는 것이다. 과학적 관점은 사회현상이나 문제의 옳고 그름이 아니라 과학적 진실을 조사하는 것이다. 그래서 과학적 관점에서 학생은 사회현상이나 문제의 원인과 결과를 과학적 방법과 절차를 통해 확인하고 과학적으로 타당한 진실이나 지식을 찾는 과학적 탐구가 강조된다.

예컨대 기후 변화 자체는 자연현상이지만, 기후 변화를 일으키는 원인은 인간에 의한 지구 온난화이다. 인류가 만든 산업화와 도시화 때문에 최근 지구 곳곳에서 이상 기후, 재해 등이 발생하고, 그런 기후 변화는 다시 인간의 삶에 커다란 영향을 미친다. 기후 변화로 인한 피해와 영향은 지역, 국가, 계층에 따라 달라지고, 주로 재해에 취약한 지역, 저개발국가와 개발도상국, 하위 계층에게 더 심각한 피해를 주고 있다. 인간에 의해 발생된 기후 변화와 기후 위기라는 자연현상이 거꾸로 지역, 계층, 국가에 따라 인간의 삶에 커다란 피해를 주면서 기후 불평등, 기후 정의, 지속 가능 발전 문제를 일으키고 있다.

사회적·윤리적 관점에서 기후 변화로 인한 피해와 불평등의 정도와 관련된 사실을 확인하고, 그런 피해와 불평등을 기후 정의, 지속 가능성, 생태 윤리 측면에서 해결할 때, 기후 변화의 원인과 결과에 대한 과학적 사실이 중요하다. 그래서 '자연적인' 기후 변화로 인해 발생하는 지역, 계층, 국가 간 '사회적' 불평등과 부정의 문제를 해결하기 위해서는 과학적 관점에서 기후 변화의 원인 및 결과와 관련된 과학적 사실을 조사하는 것이 필요하다.

과학적 관점에서 기후 변화의 원인 및 결과와 관련된 과학적 사실을 조사해 보자. 기후 변화에 관한 정부 간 협의체(IPCC)가 2021년 7월 승인한 'IPCC 제6차 평가 보고서'에 따르면, 2011~2020년 사이 지구의 평균 온도가 산업화 이전(1850~1900년)보다 1.09도 상승했다. 그리고 현재 추세가 지속되면, 2021~2040년에 지구 온도가 1.5도 상승할 것으로 예측되었다. 또한 지구 평균 해수면은 1901~2018년에 0.2m 올라갔고, 해수면의 평균 상승 속도는 1901~1971년 연간 1.3㎜에서 2006~2018년 연간 3.7㎜로 2.8배 더 빨라졌다.

2019년 온실가스 농도는 이산화탄소 410ppm, 메탄 1866ppb, 아산화질소 332ppb로 나타났다. 그중에 이산화탄소의 농도는 지난 200만 년 동안 없던 높은 수치이다. 우리는 보통 이산화탄소가 지구 온난화의 주범이라고 알고 있지만, 과학자들은 지구 온난화의 30%가 메탄가스에서 기인한다고 본다. 대기 중

농도는 이산화탄소의 200분의 1도 정도이지만, 메탄가스는 지구온난화지수가 이산화탄소에 비해 과거 100년 기준으로 28배, 20년 기준으로 81배나 높기 때문이다. 우리나라의 메탄 배출량의 44%는 농축산 분야에서 발생하고, 도시 하수구에서 많이 배출되고 있다. 2023년 1월 서울대학교 환경대학원팀이 조사한 결과에 의하면, 서울시 관악구의 하수관을 통해 배출되는 메탄은 연간 약 573t에 달했고, 관악구 전체 메탄 배출량의 88% 정도였다.

이처럼 과학적 관점은 기후 변화와 관련된 지구 평균 온도의 상승, 평균 해수면의 상승, 온실가스 농도-특히 이산화탄소, 메탄-의 변화 등 과학적 사실이나 지식을 조사하는 것이다. 과학적 관점에서 파악한 과학적 진실과 지식은 사회적, 윤리적 관점에서 기후 변화로 인한 현상이나 문제의 해결 방안을 합리적으로 추론하고 판단할 때 과학적 토대를 제공한다. 이런 점에서 복잡한 현상이나 문제를 종합적으로 이해하여 창의적인 해결 방안을 모색할 때, 과학적 관점에서 접근하는 것도 매우 필요하다.

다음으로 '**기술적 관점**'은 학문적 측면에서 접근하는 것이 아니라 과학을 사물이나 제품에 적용해 실용화하는 기술의 측면에서 기술의 발달이 인간 및 사회생활, 생태계에 미치는 영향과 상관관계를 탐색하는 입장이다. 기술의 측면에서 바라보면, 신기술의 발달은 제품의 생산을 넘어서 인간의 생활방식과 가치관을 변화시키고, 다른 생물이나 생태계에도 영향을 미친다.

예컨대, 농경 기술의 발달은 인류가 정착 생활을 가능하게 했고 정착에 따른 여러 가지 새로운 생활방식과 문화를 형성했다. 근대 산업혁명 시기에 신기술의 발달은 인간 및 사회생활, 생태계에 커다란 변화를 가져왔다. 1760년대 이후 방적 기계와 증기기관 기술은 생산 방식을 전환하고 도시의 발달을 촉진했지만, 다른 한편 환경오염과 지구 온난화를 유발하면서 생물과 지구 생태계에 부정적 영향을 미쳤다. 1870년대 이후 전기와 자동차, 전화 등 신기술은 대량생산을 가능케 했고, 인간의 활동 시간을 밤으로 확장시켜 인구 이동과 지역간 교류를 확대하였다. 1970년대 이후 보급된 개인용 컴퓨터의 발달은 인간의 노동 방식을 변화시켰고, 텔레비전은 여가와 일상생활의 방식을 근본적으로 변화시켰다. 1990년대 인터넷의 발달은 전 세계를 네트워크로 연결하면서 정보의 대량 생산과 소비를 촉진시켰다. 2010년대 스마트폰의 발달은 인간의 여가, 경제활동과 사고방식까지 완전히 바꾸어 놓았다(박상준, 2023a: 79-82).

또한 최근 생성형 AI, 자율 주행 자동차, 드론, 웨어러블 컴퓨터와 로봇 등이 발달하고 있다. 특히 chatGPT, 구글 제미나이(Gemini) 같은 생성형 AI는 글쓰기, 그림, 작곡 등 인간의 고유한 사고 영역이었던 창의적 사고 활동을 매우 빠른 속도로 뛰어나게 수행하고 있다. 그러면서 생성형 AI는 이미 일상적으로 사용되고 있으며 많은 직업과 노동자를 대체할 것으로 전망된다. 노무라종합연구소가 2023년 9월 미국, 호주, 일본 기업 2783곳을 조사한 결과에 따르면, AI를 업무에 도입한 미국 기업은 73.5%, 호주 기업은 66.2%에 달했고, 일본 기업은 18.0%였다.

최근 챗봇(chatbot), AI 로봇이 발달하면서 이미 전화 상담원을 거의 대체했고, 서비스 로봇이 음식의 요리, 주문, 서비스 분야의 인간 노동자를 대체하고 있다. 국제로봇연맹(IFR)에 따르면, 물류, 의료 등 전문 서비스 로봇 시장이 2021년 12만 대에서 2025년 45만 대로 확대될 것이고, 로봇 시장이 2021년 282억 달러에서 2030년 831억 달러(110조 원)으로 성장할 것으로 전망되었다.

산업혁명 시기보다 네트워크로 연결된 사회에서 디지털 기술의 발달은 신제품의 생산을 넘어서 인간과 사회생활에 커다란 변화를 가져오고 생태계에도 많은 영향을 미친다. 따라서 최근 사회현상이나 문제의 원인과 결과를 적절하게 파악하기 위해서는 과학적 관점뿐만 아니라 기술적 관점에서 접근하여 융합적으로 이해하는 것이 요구된다.

기술적 관점은 기술의 발달이 인간 및 사회현상이나 문제에 미치는 영향을 탐색하고, 그에 기초해 문제의 해결 방안을 찾는 것이다. 기술적 관점이 현상이나 문제의 해결책을 직접 제시해 주지는 않지만, 기술적 측면에서 현상의 원인과 결과를 사실적으로 파악하는 것을 도와준다. 예컨대, 기술의 발달은 인간의 생명과 생활에도 큰 영향을 미친다. 세브란스병원 연구팀은 비가역적 전기 천공법(IRE)이란 의료 기술을 이용해 2016년부터 8년 동안 췌장암 환자 40여 명을 치료했고, 2024년 2월에는 처음으로 간암 환자를 치료하는 데 성공했다. 비가역적 전기 천공법은 암세포 주변에 침을 꽂은 후 3000v 전기를 쏘아 암세포를 사멸하는 치료 기술이다.

다른 한편 편의점 무인점포는 2019년 208개에서 2023년 3816개로 18배 이상, '아이스크림 할인점'은 2017년 880개에서 2022년 4000개로 5배 증가했다. 그에 따라 무인점포 절도 건수는 2021년 하반기 2367건에서 2022년 하반기 3188건으로 증가하는 문제가 발생했다.

또한 지난 2021년 10월 25일 KT의 인터넷 서비스 장애로 인해 수백만 명의 이용자가 통신 장애, 금융 거래 장애, 온라인 회의와 수업의 중지 등 어려움을 겪는 문제가 발생했다. 서비스 장애의 원인은 직원이 라우팅 장비를 변경한 이후 네트워크 시스템을 설정하는 과정에서 명령어 'exit' 단어를 하나 누락하여 네트워크 경로에 오류가 발생했기 때문이었다.

이처럼 기술의 발달은 산업 분야에서 신제품의 생산과 판매를 넘어서 인간의 노동과 실업, 삶의 방식의 변화, 가치관의 변화, 인간의 생존에까지 커다란 영향을 미치고 있다. 그래서 어떤 현상이나 문제의 원인과 결과를 파악하기 위해서는 기술적 관점에서 접근하여 기술이 인간 및 사회생활, 생태계에 미치는 영향과 상관관계를 조사할 필요가 있다.

요약하면, 복잡한 현상이나 문제를 더 적절하게 종합적으로 이해하여 비판적으로 성찰하고 창의적으로 해결하기 위해서는 시간적, 공간적, 사회적, 윤리적 관점뿐만 아니라 과학적 관점, 기술적 관점을 모두 결합한 '융합적 관점'에서 접근할 필요가 있다. 이런 이유에서 통합사회의 성격과 목표를 고려할 때, 통합적 관점의 수준을 넘어서 융합적 관점에서 복잡한 현상이나 문제에 접근하는 것이 요구된다.

2. 융합적 관점의 적용 사례

그러면 최근 우리 사회에서 심각한 저출생 문제에 대해 '융합적 관점'에서 어떻게 종합적으로 이해할 수 있는지 살펴보자.

1) 시간적 관점

먼저 '**시간적 관점**'에서 접근하면, 우리나라의 합계 출산율과 출생아 수가 시간의 흐름 속에서 어떻게 변화되었는지를 살펴보고, 출산율과 출생아 수의 변화 경향을 파악하는 것이다. 합계 출산율은 1970년 4.53명에서 1990년 1.57명 이하로 낮아졌고, 2010년 1.23명, 2022년에는 0.78명으로 떨어졌다. 출산율의 변화 추이에서 나타나듯이, 1970년대 이후 출산율은 계속 감소하는 경향을 나타내고 있다. 이런 추세가 계속 이어지면, 총인구도 급격하게 감소할 것으로 예상된다.

출산율이 감소하면서, 출생아 수도 계속 줄어든다. 출생아 수는 1970년 101만 명에서 1990년 65만 명, 2010년 47만 명, 2022년에 24만 9천 명으로 대폭 감소했다. 1970년과 비교해 50년 사이에 출생아 수가 1/4 정도로 급감했다. 그에 따라 통계청의 장래인구 추계 시나리오에 따르면, 우리나라의 총인구는 계속 감소하여 2070년에 3천 153만 명으로 줄고, 2120년에 2천 95만 명으로 급감할 것으로 예측되었다.

▌합계 출산율 추이▐

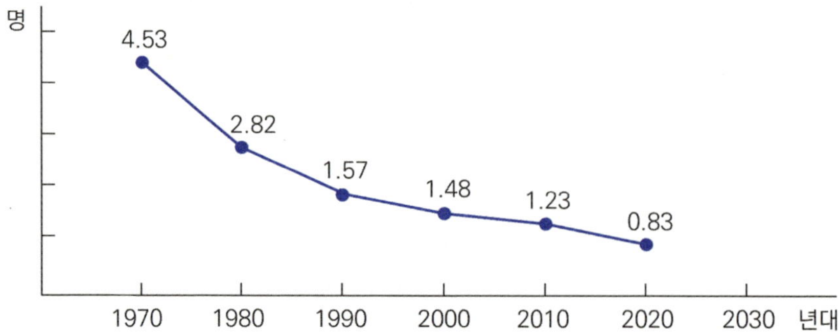

이런 시간의 흐름에 따른 합계 출산율과 출생아 수의 변화 경향을 살펴보면, 향후 출산율과 인구수가 어떻게 변화할지 예측하고 그에 따른 대응 방안을 세우는 데 도움이 될 것이다.

2) 공간적 관점

'**공간적 관점**'에서 저출생 문제에 접근하면, 시・도 지역별로 그리고 대도시와 군지역별로 합계 출산율이 얼마나 다른지를 비교하여 지역에 따른 출산율의 차이를 파악하는 것이다. 또한 다른 나라-특히 선진국-의 합계 출산율이 어떻게 변화하고 있으며, 그에 따라 저출생에 대비하여 어떤 정책을 추진하는지를 파악하여 우리나라와 비교하는 것이다.

통계청 자료에 의하면, 2022년 전체 합계 출산율은 0.78명이었다. 지역별 합계 출산율을 보면, 세종시가 1.12명으로 가장 높았고, 강원, 전남, 경북, 충남, 제주도가 0.9명 대였고, 충북, 울산, 광주, 대전, 경남, 전북, 경기도가 0.7명 대였으며, 서울시는 0.59로 가장 낮았다. 그리고 2020년 국가별 합계 출산율을 살펴보면, 미국 1.60명, 독일 1.53명, 이탈리아 1.24명, 일본 1.33명, 한국 0.84명이었고, OECD 국가의 평균 출산율은 1.59명이었다.

또한 대도시보다 시・군 지역의 출산율과 출생아 수가 급감하면서, 시・군 지역이 사라질 위험에 놓여 있다. 한국고용정보원의 '한국의 지방소멸 2018' 분석 자료에 의하면, 전국 228개 시・군・구 중 '소멸 위험 지역'은 89곳(39.0%)으로 나타났다. 소멸 위험 지수가 높은 지역은 전남(0.47), 경북(0.55), 강원(0.58), 전북(0.58), 충남(0.67) 순이었다(이상호, 2018: 5-13).

2021년 감사원의 '인구 구조 변화 대응 실태' 보고서에 의하면, 2020년 전체 인구는 2만 838명 줄었는데, 수도권 인구는 11만 2508명 늘었고 전체 인구의 절반을 넘었다. 반면에 시・군 지역의 인구는 급감하는 추세이기 때문에, 2047년에 소멸 위험 지역은 228개 중 157개 지역(68.6%)에 이를 것으로 전망되었다.

▌시 · 군 · 구별 소멸 위험 지역 현황(2018년 6월)▐

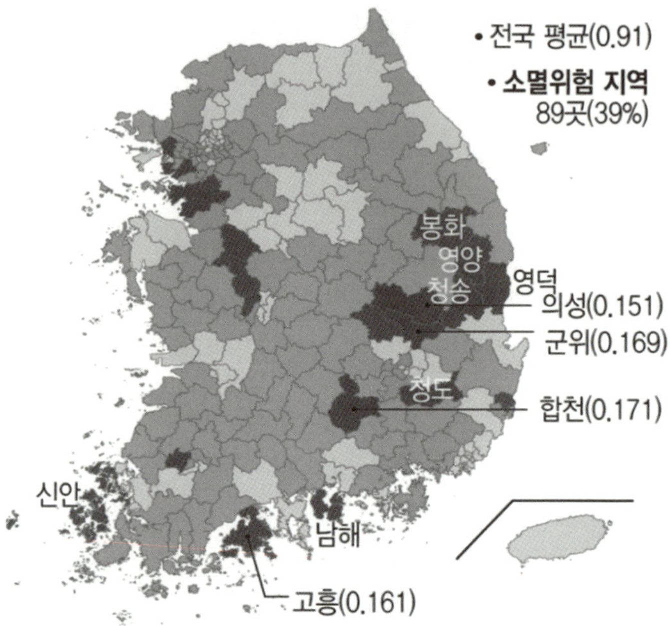

(출처: 연합뉴스, 2018.8.13.)

▌시 · 도 지역의 소멸 위험 지수(2018년 6월)▐ 2)

지역	소멸 위험 지수	지역	소멸 위험 지수	지역	소멸 위험 지수
서울	1.09	충남	0.67	울산	1.23
경기	1.18	충북	0.73	부산	0.76
인천	1.15	광주	1.13	경북	0.55
강원	0.58	전북	0.58	경남	0.76
세종	1.59	전남	0.47	제주	0.86
대전	1.18	대구	0.87	평균	0.91

(출처: 이상호, 2018: 5-7)

2) 소멸 위험 지수는 20~39세 여성 인구수를 65세 이상 노인 인구수로 나눈 값이다. 소멸 위험 지수와 소멸 위험 정도는 다음과 같다.

소멸 위험 지수	소멸 위험 정도	소멸 위험 지수	소멸 위험 정도
1.5 이상	매우 낮음	0.2~0.5 미만	위험 진입
1.0~1.5 미만	보통	0.2 미만	고위험
0.5~1.0 미만	주의		

3) 사회적 관점

'사회적 관점'에서 저출생 문제에 접근하면, 시간의 흐름에 따른 합계 출산율의 감소와 시·도 지역별 출산율의 차이가 나타나는 이유와 원인을 정치적, 법적, 경제적, 사회적, 문화적 측면에서 탐색하는 것이다.

먼저 '정치적 측면'에서 살펴보자. 정부와 국회는 임신·출산 진료비 지원금 100만 원을 지급하도록 국민건강보험법 시행령을 개정했고, 산모의 출산 휴가 기간을 90일로, 배우자의 출산 휴가 기간을 9일로, 출산 휴가 급여를 통상임금의 100%로 확대하도록 근로기준법을 개정하였다. 또한 정부는 출산과 양육 지원금(부모 급여 0세 아동 월 100만 원, 아동 수당 8세 미만 매월 10만 원, 출산 장려금-지방자치단체 등)을 지급하면서 2007년부터 2022년까지 저출생 대비에 약 280조 원의 예산을 투입했다. 하지만 오히려 합계 출산율은 계속 떨어졌으며, 출생아 수는 25만 명으로 줄었다.

이것은 저출생의 원인이 단순히 양육비 부담 때문이 아니라는 사실을 보여준다. 저출생 문제를 해결하기 위해서는 출산과 육아휴직의 의무화, 여성의 일과 육아의 병행 등 여성이 출산·육아로 인해 불이익과 경력 단절을 겪지 않도록 보장하는 법과 제도가 마련되어야 한다. 실제로 고용노동부의 '2023년 육아휴직자 및 육아기 근로시간 단축 사용자 현황'에 의하면, 2023년 육아휴직자 중 남성은 28.0%, 여성은 72.0%를 자치했다. 여전히 출산과 육아는 대부분 여성에게 맡겨진다는 사실이다. 또한 직장갑질 119가 직장인 1천 명을 조사한 결과에 따르면, 저출생 정책으로 가장 필요한 것은 '부부 모두 육아휴직 의무화'(20.1%)가 가장 많았고, '육아휴직 급여 인상 등 지원 확대'(18.2%), '임신·출산·육아휴직 사용을 이유로 불이익을 주는 사업주 처벌 강화'(16.7%), '근로시간 단축 등 일·육아 병행 제도 확대'(15.2%)로 나타났다.

'경제적 측면'에서 출산율이 감소하는 이유를 아동의 양육비, 주택 가격, 청년 실업률과 관련해 살펴보자. 한국보건사회연구원의 '2021년도 가족과 출산 조사' 보고서에 따르면, 전국 4055가구의 자녀 1명당 월평균 양육비는 72만 1천 원으로 나타났다. 출생부터 대학교 졸업까지 자녀 1명을 양육하는 비용은 3억

원 이상으로 추정되었다. 중국 위와인구연구소의 '중국 양육비용 보고서'(2024)에 의하면, 2923년 18세까지 자녀 1명을 양육하는 비용이 한국은 1인당 국내총생산(GDP)의 7.79배(약 3.3억 원)로 세계에서 가장 높았고, 중국은 6.3배, 이탈리아는 6.28배, 영국 5.25배, 일본 4.26배, 미국 4.11배, 독일 3.64배, 프랑스 2.24배, 싱가포르 2.1배 등으로 나타났다.

반면에 2021년 우리나라 1인당 국민총소득(GNI)은 3만 5168 달러(4천 220만 원)였고, 임금 근로자 1인당 평균소득은 4024만 원 수준이었다. 또한 부동산114의 자료에 의하면, 서울시 아파트의 평균 가격이 2013년 5억 1753만 원에서 2020년 10억 509만 원으로 2배 상승했다. 반면에 청년층의 실업률이 높은 상태이다. 통계청 자료에 의하면, 청년층(15~29)의 실업률은 1999년 10.4%, 2018년 9.4%로 20년 동안 7~10%대로 높게 유지되었다. 반면에 40대의 실업률은 1999년 4.9%, 2018년 2.6%로 20년 동안 2~4%대로 낮았다.

'사회적 측면'에서 보면, 1인 가구와 비혼 세대가 증가하고 있다. 1인 가구 비율은 1985년 6.9%, 1995년 12.7%였는데, 2005년 20.0%, 2015년 23.9%, 2022년 34.5%로 급증했다. 2022년 1인 가구는 750만 2000 가구였고, 그중에 20~30대가 36.5%를 차지했으며, 서울시와 경기도에 42%가 거주했다. 젊은 세대에서 1인 가구가 증가한 이유는 결혼하지 않고 혼자 사는 비혼 세대가 늘어났기 때문이다. 또 서울시와 경기도에 1인 가구가 집중된 이유는 젊은 세대가 취업을 위해 수도권으로 이주했기 때문이다.

'문화적 측면'에서 보면, 출산율이 감소하는 이유는 단순하게 양육비 같은 경제적 비용의 증가 때문이 아니라 결혼과 출산에 대한 가치관과 문화가 바뀌었기 때문이다. 최근 젊은 세대 사이에 비혼 문화가 증가하고, 또한 결혼하더라도 자녀를 낳지 않고 부부끼리 재미있게 사는 문화(SINK, DINK, DINKPET 등)가 널리 확산되고 있다. 통계청의 2021년 신혼부부 통계 자료에 의하면, 초혼 부부 중 자녀를 갖지 않은 비율은 54.2%로 높게 나타났고, 맞벌이 가구의 비율도 54.9%로 많았다.

그래서 2007~2022년 사이에 정부가 저출생 대책에 260조 원을 투입했지만,

오히려 출산율은 더 감소했다. 그러므로 출산율 감소는 단순히 경제적 비용 측면에서 접근할 것이 아니라 결혼과 출산에 대한 젊은 세대의 가치와 문화를 파악하고 그에 맞추어 해결 방안을 찾아야 할 것이다.

또한 '법적 측면'에서 저출생 문제에 접근하면, 여성은 임신과 출산에 대해 자율적으로 결정할 수 있는 권리, 자기 결정권을 갖는다. 반면에 국가는 사회 구성원을 재생산해서 사회를 계속 지속하고 발전시킬 책무가 있다. 그래서 국가는 출산율을 높이기 위해 임신·출산 지원금의 지급, 출산 휴가 기간의 확대, 출산 휴가 급여의 증대를 위한 법과 제도를 만들어 시행하고 있다.

하지만 이러한 국가의 출산 장려 제도와 정책은 기혼 여성이 출산하도록 국가·사회적 압력을 행사하는 것으로 임신과 출산에 대한 여성의 자기 결정권을 제한하고, 자녀 없이 부부끼리 행복한 삶을 누릴 권리인 행복 추구권을 침해하는 것이다. 또한 이 제도와 정책은 출산과 자녀 유무에 따라서 기혼 가정을 차별 대우하는 것으로 헌법에 보장된 평등권에 위배될 수 있다.

그러므로 법적 측면에서는 비례의 원칙에 따라 국가의 저출생 관련 제도와 정책이 구성원의 재생산 및 사회 지속을 위한 목적이라 하더라도, 그 목적을 달성하는 수단이 정당한지, 여성의 자기 결정권과 부부의 행복 추구권의 피해를 최소한도로 줄인 것인지, 그래서 사익과 공익이 최소한의 균형을 이루었는지를 따져보고 판단해야 한다. 또한 출산 장려 제도와 정책이 출산과 자녀 유무에 따라 기혼 가정과 부부를 차별하는 정도가 사회적으로 용인될 수 있는 합리적 차별인지를 따져보고 시행해야 한다.

나아가 사회적 관점은 여러 가지 현상들의 상관관계를 객관적 방법으로 조사하고, 그에 기초하여 미래에 나타날 현상과 문제를 예측하는 것이다. 저출생 문제를 해결하기 위해 시간적 관점에서 합계 출산율과 출생아 수의 변화를 조사했다면, 사회적 관점에서는 저출생으로 인해 일어나는 다른 현상들-생산연령인구 감소, 노년 부양비 증가 등-을 조사하여 둘의 상관관계를 파악한다. 저출생과 생산연령인구, 노년 부양비의 상관관계를 파악하면, 그에 기초해 미래에 나타날 현상이나 문제를 객관적으로 예측하여 대책을 수립할 수 있다. 저출생으로 출생아 수가 감소하면, 경제활동에 참가할 젊은 층 인구는 급감하고 반면에 노인 인구는 급증할 것이다. 그에 따라 미래에 생산연령인구가 감소할 것이고 노년 부양비는 증가해 젊은 층의 경제적 부담은 더 증가할 것이다.

▌사회적 관점: 저출생 관련 요인의 상관관계 비교·분석▐

구분 \ 연도	1970	1980	1990	2000	2010	2022	2070
합계 출산율	4.53	2.82	1.57	1.48	1.23	0.78	1.02~ 1.40
생산연령 인구	1천 754만	2천 372만	2천 970만	3천 370만	3천 620만	3천 674만	1천 711만
노령화 지수	7.2	11.2	20.0	34.3	67.2	151.0	738.6
노년 부양비	5.7	6.1	7.4	10.1	14.8	24.4	103.3
소멸 위험 지역						89	157 (2047)

(출처: 통계청 인구상황판, 2024. 2. / 한국고용정보원, 2018)

통계청 인구상황판 자료에 따르면, 생산연령인구(15~64세)는 2019년 3천 762만 명에서 2023년 3천 637만 명으로 줄었고, 2038년 2천 963만 명, 2070년 1천 711만 명으로 급감할 것으로 예측되었다. 반면에 저출생으로 인해 노령화 지수(14세 이하 인구 100명에 대한 65세 이상 노인 인구의 비율)는 2000년 20.0에서 2010년 67.2, 2022년 151.0로 증가했으며, 2070년 738.6으로 급증할 것으로 예측되었다. 저출생과 노령화로 인해 노년 부양비(생산연령인구 100명당 65세 이상 노인 인구의 비율)는 2010년 14.8에서 2022년 24.6로 증가했고, 2070년 103.3으로 급증할 것으로 예측되었다. 2070년에는 생산연령인구 1명이 노인 1명을 부양해야 하는데, 그에 따라 우리나라는 세계에서 노인 인구의 부양비를 가장 많이 부담하는 나라가 될 전망이다.

4) 윤리적 관점

'**윤리적 관점**'에서 저출생 문제에 접근하면, 결혼과 출산에 대한 사람들의 가치관이 어떻게 바뀌었는지 파악하고 어떤 가치가 중요한지를 판단하는 것이다. 과거에는 결혼이 필수이고 결혼하면 자녀를 낳아야 한다는 가치관이 지배적이었다. 그래서 1990년대까지는 자녀를 1~2명 출산하는 것이 좋다는 문화가 확산되었고, 정부도 출산을 제한하는 정책을 폈다. 아래 표어는 시대별 출산과 관련된 가치관과 정책의 특징을 잘 보여준다.

1960년대	'덮어놓고 낳다 보면 거지꼴 못 면한다'
1970년대	'딸 아들 구별 말고 둘만 낳아 잘 기르자'
1980~90년대	'잘 키운 딸 하나, 열 아들 부럽지 않다'
2000년대 초반	'아빠, 혼자는 싫어요. 엄마, 저도 동생을 갖고 싶어요'

그러나 최근 젊은 세대에서는 결혼은 선택이고, 결혼하더라도 자녀를 낳지 않고 부부끼리 인생을 즐기며 살려는 가치관이 널리 확산되고 있다. 2020년 여성가족부의 제4차 가족 실태 조사 결과에 따르면, 비혼 독신의 삶에 동의하는 20대가 2015년 37.0%에서 2020년 53.0%로 증가했고, 결혼 후 무자녀 가족의 삶에 동의하는 20대가 2015년 29.1%에서 2020년 52.5%로 급증했다. 또한 2024년 1월 KBS가 전국 2천 명을 조사한 결과에서는 26%가 가족 중 나 자신이 가장 우선이라고 답했고, 저출생 대책으로 출산 장려 정책(88%)보다 인구 감소 대비 정책(95%)을 더 지지했다.

또한 윤리적 관점에서 행복의 의미와 기준이 세대별로 어떻게 다른지 파악하고, 어떤 기준에 의거해 판단할 것인지 선택하는 것이다. 젊은 세대는 노후 준비를 위해 절약·저축하는 것보다 현재의 삶을 즐기며 행복을 추구하는 가치관이 확산되고 있다. 이런 욜로족(YOLO)은 출산보다 자기 인생을 즐기며 행복하게 사는 것이 더 중요한 가치이다. 새로운 가치관과 행복의 기준에 기초해 개인의 행복 추구와 사회의 지속 중에 어떤 가치가 더 중요한지 판단해야 한다.

5) 과학적 관점 및 기술적 관점

'**과학적 관점**'에서 저출생 문제에 접근하면, 출산율이 감소하는 이유를 사회적·윤리적 측면 이외에 자연과학이나 의학적 측면에서 찾는 것이다. 요즘 환경 호르몬, 직장 스트레스, 과로 등 환경적 요인과 의학적 원인으로 인해 임신과 출산을 원하지만 임신하지 못하는 난임 여성이 증가하고 있다. 그래서 인공 수정이나 체외 수정(시험관 시술) 같은 의료 기술을 통해 임신과 출산을 하려는 가정이 증가하고 있다.

건강보험심사평가원의 자료에 의하면, 불임 환자는 2018년 22만 7922명에서 2022년 23만 8601명으로 증가했다. 인구 10만 명당 불임 환자는 464명이었고, 난임 시술 환자는 2018년 12만 1038명에서 2022년 14만 458명으로 증가했다. 그중에 30대가 불임 환자의 71.8%를 차지했다. 불임에 영향을 끼치는 요인은 뇌하수체 기능 저하, 다낭성 난소증후군, 원발성 난소 부전, 음낭 정맥류, 습관적 유산 등으로 나타났다.

이처럼 사회적·윤리적 요인으로 출산을 꺼리는 가정도 있지만, 반대로 환경적·의학적 요인으로 인해 불임이나 난임으로 출산하지 못하는 가정도 증가하고 있다. 따라서 저출생 문제에 접근할 때, 난임 치료 기술을 발전시키고, 불임이나 난임 가정의 시술비를 지원하는 정책을 확대할 필요가 있다.

앞에서 '시간적, 공간적, 사회적, 윤리적, 과학적, 기술적 관점'에서 저출생 문제를 어떻게 파악하는지 살펴보았다. 이처럼 다양한 관점들을 결합하여 저출생 문제에 대해 종합적으로 이해하는 것이 바로 '**융합적 관점**'이다. 여러 관점을 결합해 융합적 관점에서 저출생 문제와 관련된 사실과 지식 및 기본적 가치·도덕을 파악하고, 그에 기초하여 저출생 문제에 대해 비판적으로 성찰하고 기존과 다르게 창의적으로 해결 방안을 선택하고 나아가 문제 해결을 위해 주체적으로 참여하고 행동하는 시민의 역량을 기르는 것이 통합사회의 목표이다. 이러한 복합적인 문제 해결력을 함양하기 위해 통합사회는 '융합적 관점'에서 접근하는 것이 필요하다.

그런데 통합사회에서 복잡한 현상이나 문제를 종합적으로 파악할 때, 항상 '시간적, 공간적, 사회적, 윤리적, 과학적, 기술적 관점'을 모두 결합하여 파악해야 하는 것은 아니다. AI 문제처럼, 과거에 없던 새로운 현상이나 문제의 경우, 시간적 관점에서 파악하기 어렵다. 또는 과학적 원인이나 이유가 객관적으로 확인되지 않은 현상이나 문제는 과학적 관점에서 접근해 조사할 수 없다. 이처럼 모든 현상이나 문제를 항상 6가지 관점을 모두 결합하여 파악할 필요는 없다. 현상이나 문제의 특성에 따라 가능한 3~4개 관점에서 접근해 파악하는 것도 '융합적 관점'에서 이해하는 것이라 할 수 있다.

제3장 통합사회의 역사

그러면 광복 이후 사회과에서 통합사회 과목은 언제 어떻게 시작되었고 어떤 과정을 거쳐 발전해 왔을까? 통합사회라는 명칭을 사용하지 않았지만, 통합사회의 성격과 취지를 고려할 때, 사회과에서 통합사회는 이미 1948년 교수 요목기에 개설된 중학교 6학년의 '인생과 사회' 과목에서 시도되었다고 할 수 있다. 이 과목은 도덕, 사회, 문화 3개 영역을 통합적으로 구성하였다.

그리고 제1차 사회과 교육과정(1955~1963)에서 고등학교 '일반사회' 과목은 민주 사회의 공민적 자질을 신장하기 위해 정치, 경제, 사회, 지리, 역사 관련 주제와 내용을 통합적으로 구성하고자 했다. 그 후 제6차 사회과 교육과정(1992~1997)은 공통 필수 과목으로 '공통사회' 과목을 다시 신설하였는데, 이 과목은 일반사회와 지리 2개 영역에서 각각 4개 주제를 추출하여 다학문적 접근 방식으로 구성하였다.

그다음 2015 개정 사회과 교육과정은 고등학교의 공통 과목으로 '통합사회' 과목을 신설하였다. 기존의 공통사회 과목과 달리, '통합사회' 과목은 일반사회, 지리, 윤리 영역에서 추출한 주제를 시간, 공간, 사회, 윤리적 관점에서 통합적으로 구성하고자 시도했다. 2015 개정 사회과 교육과정은 고교 학점제에 대비하여 통합사회 1, 2로 만들었다.

이 장에서는 사회과에서 통합사회의 시작과 역사적 발전 과정을 교육과정 시기별로 살펴볼 것이다.

1. 교수 요목기: '인생과 사회'

'통합사회'의 성격과 내용 조직 방식을 고려할 때, 통합사회 과목의 시초는 교수 요목기에 개설된 사회생활과의 중학교 6학년 '인생과 사회' 과목에서 찾을 수 있다. 광복 후 미군정청이 1945년 9월 '중등학교 교과과정 결정'을 공표했고, 1946년 9월 '중학교 교수 요목'을 공표하였다. 이 교수 요목은 중학교에 '사회생활과'를 신설했고, 공민, 지리, 역사 세 영역으로 구성했는데, '도덕'을 별개의 과목으로 편성되지 않았다. 당시 사회생활과는 미국 콜로라도 덴버시의 생활 중심 교육과정을 토대로 편성되었다(박상준, 2023a: 45-46).

중학교 사회생활과는 민주주의 국가의 성실한 국민을 기르는 것을 목적으로 했고, 세부적으로 사회생활의 규범인 인륜 도덕의 체득과 실천을 통해 인격을 갖추는 것을 교수 목표로 제시했다. 그래서 중학교 공민 과목은 사회생활을 정치적, 경제적, 사회적, 도덕적 측면에서 깊이 이해하도록 '공민생활 Ⅰ~Ⅲ', '정치 문제', '경제 문제' 과목으로 구성했다(문교부, 4281: 2, 75).

그다음 중학교 6학년에 통합적 성격의 '인생과 사회', '시사 문제' 과목[1]을 편성했다. '**인생과 사회**' 과목은 도덕, 사회, 문화 3개 영역을 통합해 구성되었다. 그중에 문화 영역은 예술, 종교, 교육, 역사 관련 내용을 통합적으로 구성한 것이 특징이었다(문교부, 4281: 96-97).

교수 요목기의 '인생과 사회' 과목은 사회생활과에서 민주 국가의 국민을 기르기 위해 도덕, 사회, 정치(국가), 문화, 역사 영역을 통합적으로 구성하고자 시도했다는 데 큰 의의가 있다. 하지만 통합적 구성의 의도와 달리, 도덕, 사회, 문화 3개 영역에서 추출한 주제와 관련 내용이 각 주제 안에서 서로 통합되지 못했고, 각 주제와 내용을 분리하여 별개로 구성하는 한계를 지녔다.

1) 교수 요목기의 '시사 문제'는 미군정청이 미국 사회과의 '민주주의의 문제' 과목을 모방해 도입했을 것이다. 그러나 1948년 중학교 사회생활과 교수 요목집(12)에는 '인생과 사회'의 교수요목과 내용만 제시되었고, '시사 문제'의 교수요목과 내용은 제시되지 않았다. 당시 문제 중심의 통합 교육과정에 대한 연구는 거의 이루어지지 않았고, 6·25전쟁이 발생했기 때문에, 시사 문제의 교수 요목과 교과서가 개발되지 못한 것으로 추정된다.

❙ 교수 요목기 '인생과 사회'의 내용 구성 ❙

영역	주제와 내용 요소	
도덕	1. 도덕의 문제 2. 도덕의 원리	3. 양심과 자율 4. 도덕적 행위
사회	1. 사회와 개인의 관계 2. 사회의 구성 3. 사회의 진화	4. 사회 정의 5. 국가의 본질과 목적 6. 양성 사이의 윤리
문화	1. 문화의 의미 2. 인생과 예술의 관계 3. 인생과 종교의 관계 4. 인생과 학문의 관계	5. 인생과 교육의 관계 6. 인생과 역사의 관계 7. 역사 발전의 요소 8. 역사의 의미

(문교부, 4281: 96-97)

2. 제1차 사회과 교육과정: '일반사회'

제1차 사회과 교육과정(1955~1963)은 유능하고 충성된 국민을 육성하는 것을 목표로 하였고, 교수 요목기의 '공민' 과목 대신에 고등학교 사회과에 '일반사회' 과목을 만들었고, '도덕' 영역을 분리하여 독립 과목[2])으로 신설했다(박상준, 2023a: 48-49). 고등학교에 도덕 과목이 신설되었기 때문에, 교수 요목기의 '인생과 사회' 과목과 달리, '일반사회' 과목은 '도덕' 영역을 제외하고 정치, 경제, 사회와 문화 영역으로 구성되었다(문교부령 제46호, 4288: 29).

고등학교의 '**일반사회**' 과목은 정치, 경제, 문화를 중심으로 지리, 역사를 배경으로 하여, 민주 사회와 공민적 자질을 신장하는 내용으로 구성하고자 했다. '일반사회'는 학년별로 1학년 '정치와 사회', 2학년 '경제와 사회', 3학년 '문화의 창조' 과목으로 편성했다. 특히 3학년의 '문화의 창조'는 문화 영역과 가치·도덕, 사상 영역을 통합적으로 구성했다(문교부령 제46호, 4288b: 29).

2) 이승만 정권은 반공 사상과 애국심을 교육하여 정권을 연장하기 위해서 제1차 사회과 교육과정에서 고등학교에 '도덕'을 독립된 과목으로 신설했다. 도덕 과목에 공산주의 배격, 반공 사상, 애국심 관련 내용이 포함되었다.

▌제1차 사회과 교육과정 '일반사회'의 내용 구성▐

학년/과목	내용 요소	
1학년 정치와 사회	1. 대한민국은 어떤 나라인가? 2. 국회의 조직과 하는 일은? 3. 정부의 조직과 하는 일은? 4. 법원의 조직과 하는 일은? 5. 우리나라의 재정 6. 우리나라의 지방자치 7. 국가의 유형과 사명 8. 민주주의의 근본 정신	9. 입헌 정치 10. 권력 분립 11. 선거 제도 12. 교육과 사회 발전 13. 사상 문제(공산주의) 14. 민족과 국가 15. 사회문제의 해결과 제도 16. 국민의 길
2학년 경제와 사회	1. 우리 생활과 경제 2. 생산과 산업 3. 생산의 요소 4. 기업 5. 우리나라 산업 6. 수요 7. 공급 8. 가격 9. 화폐	10. 금융 11. 소비 12. 국민소득의 순환 13. 재정 14. 경제의 변동 15. 경제와 도덕 16. 실업 문제와 노자 문제 17. 사회 보장과 사회 산업 18. 경제 문제와 국제적 협동
3학년 문화의 창조	1. 현실과 이상 2. 학문 3. 예술	4. 도덕 5. 신념과 사상 6. 문화의 창조

(문교부령 제46호, 4288b: 32-45)

그러나 '일반사회' 과목은 정치, 경제, 문화와 지리, 역사, 도덕을 통합하여 구성하려는 취지와 달리, 고등학교 1학년 '정치와 사회'는 주로 정치와 관련된 주제와 내용으로 구성하는 데 그쳤고, 2학년 '경제와 사회'는 경제 변동의 역사 및 경제와 도덕의 관계를 포함했지만, 대부분 경제학을 요약한 주제와 내용으로 구성하는 데 머물렀다. 3학년 '문화의 창조'는 우리 사회의 현실과 이상, 학문, 도덕, 신념과 사상을 통합적으로 구성하지 않고 각각 분리하여 별개의 주제(단원)으로 편성하는 데 그쳤다.

제1차 사회과 교육과정에 공산주의 격퇴와 반공 사상이 포함된 이유는 이승만 정부가 정권을 연장하려는 의도 때문이었다. 6·25 전쟁 이후 확산된 사회적 불안감과 좌우 진영의 대립을 정권의 연장에 이용하기 위해서 이승만 정부가 공산주의자를 '빨갱이'로 낙인찍어 반공 이데올로기를 전파했다.[3] 이승만 정부는 여순 사건(1948.10.)을 이용해 반란자를 '빨갱이'로 몰아 학살했고, 언론을 동원해 반공 사상을 전파하였다. 6·25 전쟁 이후 공산주의 위협과 전쟁에 대한 불안감을 이용하여 이승만 정부는 반공 사상과 애국심을 교육과정에 반영하고 사회과의 목표에 포함했다(박상준, 2020: 188).

그에 따라 중학교 사회생활과는 '공산주의 위협'을 배격하고 애국심을 기르는 것을 교수 목표에 포함시켰다(문교부령 제45호, 4288a: 38-40). 이와 비슷한 맥락에서 고등학교 일반사회는 "민주 국가에서 이상적인 공민의 자질을 계발하는 것"을 목표로 제시했고, 공민의 자질에 반공 사상과 국민의 애국적 태도를 포함시켰다(문교부령 제46호, 4288b: 29-30).

1. 중학교 사회생활과 공민 부분 교육 목적

중학교 사회생활과 공민 부분의 교육 목적은 특히 정치, 경제, 사회, 문화에 관한 사항 중 민주 국가 국민으로서 알아야 할 가장 기본적인 사항을 이해시키는 동시에 민주 국가 사회의 공민으로서의 올바른 인간관계를 유지 발전시키는 생활 태도를 개발시킴으로써 유능하고 충성된 대한민국 국민을 길러냄에 있다.

2. 중학교 사회생활과 공민 부분 교수 목표

가. 이해

4. 공산주의와 민주주의에 대한 위협을 이해시키고 **공산주의를 물리치는 것**만이 민주주의를 살리고 우리 국가 민족을 살리는 길임을 이해시킨다.

---

3) 이승만 정부는 여순 사건에서 북한과 연계된 공산주의자들이 반란을 일으켰고, 양민을 학살한 악마라고 발표했다. 언론이 정부 발표를 그대로 보도하고 좌파 세력의 활동을 과장하고 왜곡해 보도하면서 공산주의에 대한 부정적 이미지와 반공 이데올로기가 널리 퍼졌다. 그 후 '빨갱이'는 단지 공산주의 사상을 추구하는 사람이 아니라 양민을 학살한 살인마이고 악마라는 경멸적 이미지가 덧씌워졌다. 이승만 정부는 정권에 반대하는 세력을 빨갱이로 몰아 탄압하고 학살하는 공포 정치를 펼쳤다.

실제로 제주 4·3사건에서 빨갱이로 몰려 학살된 민간인 희생자가 1만 4천 명에 달했다. 여순 사건에서는 전남 7개 지역에서 경찰과 국군에 의해 민간인 1만여 명이 학살되었다. 또한 6·25 전쟁 기간 중에 국민보도연맹에 소속된 민간인을 빨갱이로 몰아 경찰과 국군이 집단 학살했다. 국민보도연맹의 희생자는 공식 확인된 수가 1만 7716명이었고, 민간단체의 자료에 의하면 희생자는 20만 명이 넘을 것으로 추정된다(박상준, 2020: 188-190).

> **나. 기능**
>
> 3. **공산주의 모략 선전**을 잘 분석하여 배격할 수 있는 능력을 기른다.
>
> **다. 태도**
>
> 9. 자기의 힘에 맞는 일을 하여 **국가와 민족에 충성**을 다하려는 마음과 태도를 기른다.
>
> (문교부령 제45호 4288a: 38-40)

종합적으로 평가하면, 본래의 의도와 달리 제1차 사회과 교육과정의 '일반사회' 과목은 인간과 사회생활이 정치, 경제, 문화, 지리, 역사, 도덕 영역과 어떤 상관관계를 갖는지 분석할 수 있도록 한 주제 안에서 상호 통합적으로 구성하지 못하는 한계를 지녔다.

그 후 제2차 사회과 교육과정(1963~1973)은 '일반사회' 과목에서 '정치 · 경제' 과목을 분리하여 신설했다. 하지만 쿠데타를 통해 정권을 잡은 박정희 정부는 정권을 정당화하고 애국심-실제적으로는 정권에 대한 충성심-을 고취하기 위해서 '**일반사회**' 과목의 절반은 민주정치, 공산주의 비판(승공 이념), 국민 경제, 국토 건설과 관련된 내용으로 구성했다. 일반사회는 민주적 신념, 반공 의식, 국민정신의 양성을 목표로 했다(문교부령 제121호, 1963: 28-29).

▌제2차 사회과 교육과정 '일반사회'의 내용 구성▐

과목	내용 요소	
일반사회	1. 민주주의 2. 공산주의 비판(승공이념 확립) 3. 개인과 국가(인권, 국민과 국가) 4. 국민 경제	5. 국토 건설(국토 계획 및 개발 정책) 6. 사회문제 7. 민족 문화의 향상

(문교부령 제121호, 1963: 28-30)

그 후 제3차 사회과 교육과정(1973~1981)은 학문 중심의 교육과정을 구성하면서 '일반사회' 과목을 폐지했고, '정치 · 경제'와 '사회 · 문화' 두 과목으로 분리하여 개설했다. 그에 따라 제1차 사회과 교육과정에서 정치, 경제, 사회와 문화, 지리, 역사, 도덕을 통합적으로 구성하고자 시도했던 '일반사회' 과목은 사라졌다.

3. 제6차 사회과 교육과정: '공통사회'

6월 민주화 운동(1987) 이후 출범한 노태우 정부는 제6차 사회과 교육과정(1992~1997)을 개정하면서, 사회과의 목표를 국민의 양성에서 '민주 시민'의 자질 육성으로 변경하였다(교육부, 1992b: 75). 고등학교 사회 교과를 공통 필수 과목과 과정별 선택 과목으로 편성하면서, 공통 필수 과목에 통합적 성격을 지닌 '공통사회' 과목을 신설하였다.

> **중학교 사회 / 고등학교 사회**
>
> 사회과는 사회현상을 올바르게 이해시키고, 사회 지식 습득과 사회생활에 필요한 기능을 익히게 하며, 민주 사회 구성원에게 요청되는 가치와 태도를 지니게 함으로써 민주 시민으로서의 자질을 육성하는 교과이다.
>
> (교육부 고시 1992-11호: 45. / 고시 1992-19호: 75)

교수 요목기의 '인생과 사회' 과목 그리고 제1~2차 사회과 교육과정의 '일반사회' 과목과 달리, '공통사회' 과목은 일반사회와 지리 2개 영역에서 각각 4개의 주제와 관련 내용을 추출하여 별개의 단원으로 편성하였다.

▎제6차 사회과 교육과정 '공통사회'의 내용 요소▎

영역	주제	내용 요소	
일반 사회	시민사회의 형성과 발전	• 시민사회의 형성 • 민주주의의 전개	• 경제 체제의 변화 • 현대 사회의 변동
	사회 쟁점과 문제의 해결 방법	• 현대 사회의 특징 • 사회적 쟁점의 성격	• 과학적 탐구 과정 • 합리적 의사 결정 과정
	사회 · 문화 생활의 문제와 해결	• 사회 · 문화 현상의 인식 • 사회 발전과 사회문제	• 문화의 다양성과 교류 • 사회문제 해결을 위한 노력
	정치 · 법 · 경제 생활의 문제와 해결	• 정치 · 경제 현상의 인식 • 법 생활의 이해 • 생산과 소비 활동	• 한국 민주정치의 시련과 발전 • 한국 정치, 법, 경제의 문제와 해결
지리	우리나라 국토 이해와 자연환경	• 국토의 지리적 정보 • 위치와 영역	• 기후와 식생 • 지형과 해양
	우리나라의 인문환경	• 촌락과 도시 • 인구와 인구 문제	• 자원과 산업 • 국토 개발과 환경 보전
	우리나라의 여러 지역	• 서울~인천 지역 • 군산~장항 지역	• 영남 북부 산지 지역 • 평양~남포 지역
	국토 통일과 국제화 시대의 한국	• 남북 간 지리적 교류 확대 • 지역 간 협력	• 통일된 국토의 미래상 • 21세기의 한국

(교육부, 1997: 76-77)

하지만 '공통사회'는 일반사회 영역에서 시민사회, 사회문제, 사회 · 문화, 정치 · 법 · 경제생활과 관련된 주제 4개 그리고 지리 영역에서 우리나라의 자연환경, 인문환경, 여러 지역, 통일과 국제화 시대 관련 주제 4개를 추출하여 각 단원별로 분리해 별개의 내용으로 편성하였다. 이처럼 본래의 취지와 달리 '공통사회' 과목은 일반사회와 지리 영역에서 각각 4개 주제를 추출하여 단원별로 별개로 구성하는 '다학문적 접근'에 따라 통합하는 한계를 지녔다.

그 후 '공통사회' 과목은 제7차 사회과 교육과정에서 '사회' 과목으로 명칭이 변경되었고, 고등학교 10학년의 국민 공통 기본교과로 편성되었다. 하지만 제7차 사회과 교육과정과 마찬가지로, 10학년 '사회'의 내용 요소는 일반사회와 지리 2개 영역에서 각각 5개의 주제와 관련 내용을 추출하여 별개의 단원으로 구성하였다.

제7차 사회과 교육과정 10학년 '사회'의 내용 요소

영역	주제 / 내용 요소	
지리	1. 국토와 지리 정보 2. 자연환경과 인간 생활 3. 생활공간의 형성과 변화	4. 환경 문제와 지역 문제 5. 문화권과 지구촌의 형성
일반사회	6. 시민사회의 발전과 민주 시민 7. 정치 생활과 국가 8. 국민 경제와 합리적 선택	9. 공동체 생활과 사회 발전 10. 사회 변동과 미래 사회

(교육부, 1997: 73-81)

4. 2009 개정 사회과 교육과정: '사회'

제7차 사회과 교육과정과 달리, 2009 개정 사회과 교육과정에서 '사회' 과목은 고등학교의 일반 선택 과목으로 편성되었다. '사회'는 일반사회, 지리, 도덕에서 추출한 5개 영역과 14개 주제 및 관련 내용을 '사회적, 공간적, 윤리적 관점'에서 '통합적으로 구성'하고자 처음 시도했다는 것이 특징이다.

특히 '사회를 바라보는 창'과 '미래를 바라보는 창' 2개 영역을 신설하여, 개인의 문제, 사회현상, 자연환경의 관계 그리고 지구촌 문제의 해결, 지속 가능 발전, 개인·국민·세계 시민으로서 역할 등을 '사회적, 공간적, 윤리적 관점'을 결합한 '통합적 관점'에서 종합적으로 이해하도록 구성했다. '공정성과 삶의 질' 영역은 헌법, 다문화사회, 인간다운 삶의 조건, 다양성과 관용, 기부와 사회봉사와 관련된 내용을 사회적, 윤리적 관점에서 통합적으로 이해하도록 구성했다.

하지만 3개 영역과 관련 내용은 사회현상, 지구촌 문제, 인류의 미래를 '통합적 관점'에서 종합적으로 이해하도록 구성되지 못했고, '다학문적 접근'에 따라 주제(단원)별로 별개로 조직했다. 또한 3개 영역을 제외하면, '합리적 선택과 삶' 영역은 주로 경제학에서 그리고 '환경 변화와 인간' 영역은 주로 지리학에서 추출한 주제와 관련 내용을 별개로 구성하는 한계를 지녔다.

❙2009 개정 사회과 교육과정 '사회'의 내용 요소❙

영역	주제 / 내용 요소
사회를 바라보는 창	• 개인 이해: 정체성, 사회적 관계, 자연환경과 공존 • 세상 이해: 사실과 가치 구분, 현상의 원인과 결과의 종합
공정성과 삶의 질	• 개인과 공동체: 인간 존엄성과 권리, 헌법의 제도, 정책의 분석, 사회참여 • 다양성과 관용: 다양성 존중, 문화 상대주의, 다문화사회의 관용과 소통 • 삶의 질과 복지: 인간다운 삶의 조건, 기부와 사회봉사, 삶의 질 향상 정책
합리적 선택과 삶	• 고령화와 생애 설계: 고령화 문제, 생애 설계, 재무 설계 • 일과 여가: 일과 직업의 설계, 창업과 기업가 정신, 근로 조건, 여가생활 • 금융 환경과 합리적 소비: 국제 거래, 합리적 소비, 저축과 신용관리
환경 변화와 인간	• 과학 기술의 발달과 정보화: 과학기술, 공간정보 기술, 정보화 및 사회 변화 • 공간 변화와 대응: 공간 확대와 생활 변화, 도시화와 산업화, 개발과 보전 • 세계화와 상호의존: 세계화, 다국적 기업, 국가 간 상호 의존성
미래를 바라보는 창	• 인구, 식량, 자원: 인구 분포, 식량의 글로벌 생산과 소비 과정, 자원 갈등 • 지구촌과 지속 가능 발전: 지구촌 문제와 분쟁의 해결, 지속 가능 발전 방안 • 인류 미래를 위한 선택: 인류의 위기 대처, 한국의 미래 예측, 다중 시민으로서 역할

(교육과학기술부, 2012: 54-73)

5. 2015 개정 사회과 교육과정: '통합사회'

2015 개정 교육과정은 미래 사회가 요구하는 핵심 역량의 함양에 중점을 두고, 핵심 역량을 기를 수 있도록 교육과정을 공통 과목과 선택 과목(일반 선택과 진로 선택)으로 편성하였다. 그에 따라 사회 교과는 고등학교의 공통 과목에 '통합사회' 과목을 신설하였다. 일반사회와 지리 2개 영역에서 각각 4개 주제별로 분리해 구성했던 '공통사회' 과목과 달리, '통합사회' 과목은 시간적, 공간적, 사회적, 윤리적 관점 4개 관점을 결합한 **'통합적 관점'**에서 일반사회, 지리, 도덕

3개 영역에서 추출한 9개의 핵심 개념을 중심으로 통합적으로 구성하고자 시도했다.

하지만 '행복' 개념과 관련 내용을 제외하면, 통합사회는 나머지 8개 개념과 관련 내용을 지리, 법, 경제, 정치, 사회와 문화 영역에서 추출하여 단원별로 별개로 조직했다. 통합사회의 본래 성격과 취지와 달리, 실제 교육과정은 **'다학문적 접근'**에 따라 핵심 개념과 관련 내용을 단원별로 별개로 구성했다.

❙ 2015 개정 사회과 교육과정 '통합사회'의 내용 구성 ❙

영역	핵심 개념	내용 요소	
삶의 이해와 환경	행복	• 통합적 관점	• 행복의 조건
	자연 환경	• 자연환경과 인간 생활 • 자연관	• 환경문제
	생활 공간	• 도시화 • 산업화	• 정보화
인간과 공동체	인권	• 시민혁명 • 인권 보장	• 인권 문제
	시장	• 합리적 선택 • 국제 분업	• 금융 설계
	정의	• 정의의 의미 • 정의관	• 사회 및 공간 불평등
사회 변화와 공존	문화	• 문화권 • 문화 변동	• 다문화 사회
	세계화	• 세계화 • 국제사회 행위주체	• 평화
	지속 가능한 삶	• 인구 문제 • 지속 가능한 발전	• 미래 삶의 방향

(교육부, 2015: 120-121)

이처럼 통합사회가 본래 목표와 취지에 맞게 '주제 중심의 통합적 접근'에 따라 구성되지 못한 이유는 연구진 구성과 개발 과정에서 찾을 수 있다. 2015 개정 통합사회의 연구위원은 일반사회, 지리, 역사, 윤리 전공 교수와 교사 각

1명씩 총 8명으로 구성되었고, 약 5개월의 짧은 기간에 통합사회의 성격과 목표, 핵심 역량, 핵심 개념, 내용 체계표를 만들고 단원별 성취 기준까지 개발했다. 내용 체계표와 성취 기준은 역사를 제외하고 일반사회, 지리, 도덕 세 영역별로 9개 단원에서 가르쳐야 할 일반화와 내용 요소를 추출한 후 협의하여 조정하였다. 그러나 각 핵심 개념과 관련된 주요 내용 요소는 무엇을 학습해야 하는지 명료하게 지시할 필요가 있다는 주장에 따라, 각 영역별 핵심 내용을 '분과적으로' 제시하는 한계를 드러냈다(조철기, 2016: 51-53).

또한 각 단원의 성취 기준은 개발의 편리성을 위해 네 영역의 연구위원이 분리하여 진술한 후, 연구진 회의에서 각 성취 기준을 모아서 통합하는 방식으로 조정했다. 그러나 핵심 개념과 내용의 특성을 고려하여, 성취 기준은 '특정 영역'을 중핵으로 하여 통합의 기조를 유지하도록 했다(조철기, 2016: 56). 이러한 통합사회의 연구위원 구성과 성취 기준 개발의 문제점은 2022 개정 통합사회에서도 거의 비슷하게 나타났다(은지용 외, 2022: 91-94).

그에 따라 주제 중심의 통합 교육과정을 구성하려는 본래의 목적과 취지와 달리, 통합사회의 각 단원별 성취 기준은 주제 중심으로 유기적으로 통합되기보다는 특정한 영역의 개념과 내용이 중심이 되어 **'분과적으로'** 구성되는 한계를 드러냈다.

지금까지 논의를 요약하면, 교수 요목기에 통합적 성격의 '인생과 사회' 과목을 처음 개설하였고, 제6차 사회과 교육과정에서 고등학교 사회 교과에 공통 필수 과목으로 통합적 성격을 지닌 '공통사회' 과목을 다시 만들었다. 그 후 2015 개정 사회과 교육과정은 창의·융합형 인재를 양성하기 위해 문·이과 공통 과목으로 '통합사회' 과목을 편성했고, 시간적, 공간적, 사회적, 윤리적 관점을 결합하여 핵심 개념을 중심으로 통합적으로 구성하고자 시도했다.

그런데 제6차 사회과 교육과정의 '공통사회'와 2015 개정 사회과 교육과정의 '통합사회'는 과목의 등장 배경부터 과목의 특성과 목표, 통합의 대상 과목 및 정도가 매우 다르다(옥일남, 2016: 53-55).

❙ 제6차 '공통사회'와 2015 개정 '통합사회'의 비교 ❙

구분	제6차 교육과정의 '공통사회'	2015 개정 교육과정의 '통합사회'
등장 배경	사회과의 기초적 내용을 다루는 하나의 공통 필수 과목의 개발	문·이과 공통으로 여러 학문 영역의 소양을 지닌 융합적 인재 양성을 위한 공통 과목의 개발
과목 특성	일반사회와 지리 영역을 하나의 과목 안에 수용하여 부분적으로 통합하도록 구성	일반사회, 지리, 도덕, 역사의 4개 관점을 결합해 하나의 개념 속에 통합적 학습이 가능하도록 구성
과목 목표	종합적인 사회 인식, 탐구 능력과 의사결정 능력의 신장, 국토 보전의 자세 및 올바른 시민의 태도 형성	시간적, 공간적, 사회적, 윤리적 관점을 통해 인간과 사회생활을 통합적으로 바라보는 능력의 함양
통합 과목	일반사회 + 지리	일반사회 + 지리 + 도덕 + 역사
통합 정도	일반사회와 지리의 주제를 각 단원별로 병렬적으로 구성	핵심 개념 안에 시간적, 공간적, 사회적, 윤리적 관점을 통합하여 내용을 구성

(옥일남, 2016: 54. 재구성)

6. 2022 개정 사회과 교육과정: '통합사회 1, 2'

2022 개정 교육과정은 미래 사회에 대비하는 역량과 기초 소양을 함양하고, 학생 주도성과 학생 맞춤형 교육을 강화하는 데 중점을 두었으며, 고교 학점제에 대비하여 선택 과목 수를 확대하기 위해 융합 선택 과목을 추가로 신설했다. 그에 따라 사회과는 고등학교의 공통 과목에 '통합사회'를 편성했고, 그 밖에 19개의 선택 과목을 편성하였다.

2022 개정 사회과 교육과정에서 통합사회 과목은 고교 학점제의 학기별 이수에 맞추어 통합사회 1, 2 과목으로 분리해 편성했다. 또한 '통합적 관점'을 독립시켜 한 주제(대단원)로 별도로 구성했다. 그리고 일반사회, 지리, 도덕 영역에서 추출한 9개의 주제를 시간적, 공간적, 사회적, 윤리적 관점에서 통합적으로 구성하고자 시도한 것이 특징이다.

2022 개정 사회과 교육과정 '통합사회 1'의 내용 구성

주제	성취 기준의 내용 요소
통합적 관점	• 시간적, 공간적, 사회적, 윤리적 관점의 의미와 특징 • 통합적 관점: 인간, 사회, 환경의 탐구에서 통합적 관점의 이유
인간, 사회, 환경과 행복	• 행복의 의미: 시대와 지역에 따른 행복의 의미와 기준 비교 • 행복의 조건: 행복의 조건으로서 정주 환경, 경제 안정, 민주주의, 도덕적 실천
자연환경과 인간	• 자연환경: 자연환경과 인간 생활의 영향, 시민의 권리 • 자연관: 자연관의 비교, 인간과 자연의 관계 • 환경 문제: 환경 문제의 해결 위한 노력 • 생태 시민: 생태 시민으로서 실천
문화와 다양성	• 문화권: 환경의 영향과 문화권의 특징 • 문화 변동: 문화 변동의 양상과 전통문화의 의의 • 문화 상대주의와 보편 윤리: 문화 상대주의, 보편 윤리 • 다문화사회: 다문화사회의 현황, 문화 다양성 존중
생활공간과 사회	• 산업화와 도시화: 산업화와 도시화로 인한 변화와 문제점 • 교통 · 통신과 과학 기술의 발달: 교통 · 통신과 과학 기술 발달에 따른 생활공간과 생활양식의 변화, 문제 해결 • 지역사회: 공간 변화의 양상, 지역사회의 변화 방안

(교육부, 2022b: 108)

2022 개정 사회과 교육과정에서 '통합사회 2'의 내용 구성

주제	성취 기준의 내용 요소
인권 보장과 헌법	• 시민혁명: 시민혁명과 인권의 발전, 현대 인권의 확장 • 인권: 인권 보장과 헌법의 역할, 시민 참여 방안 • 시민 참여: 인권 문제와 인권 지수, 세계 인권 문제의 해결
사회 정의와 불평등	• 정의의 실질적 기준: 정의의 의미, 정의의 실질적 기준 • 정의관: 개인과 공동체의 관계, 정의관의 차이 • 사회 / 공간 불평등: 사회 및 공간 불평등 현상, 사회 정의 위한 제도와 시민의 실천 방안
시장경제와 지속 가능 발전	• 시장경제와 합리적 선택: 자본주의 역사적 과정, 시장과 정부 관계 • 경제 주체의 역할: 합리적 선택, 경제 주체의 역할과 책임 • 국제 분업과 무역: 국제 분업과 무역의 이유, 지속 가능 발전 방안 • 금융 생활: 금융자산과 관리의 원칙, 경제 · 사회 환경의 변화와 금융 의사결정

주제	성취 기준의 내용 요소
세계화와 평화	• 세계화: 세계화의 양상, 세계화의 문제와 해결 방안 • 국제 분쟁: 국제적 갈등과 협력, 세계 평화와 행위 주체의 역할 • 세계 시민: 남북 분단과 동아시아 갈등, 세계 평화의 방안
미래와 지속 가능한 삶	• 인구 문제: 세계 인구 분포와 구조, 미래 인구 문제와 해결 방안 • 자원 위기: 자원의 분포와 소비, 기후 변화의 대응과 지속 가능 발전의 방안 • 미래 삶의 방향: 미래 사회의 모습, 세계 시민으로서 삶의 방향

(교육부, 2022b: 115)

통합사회의 성격과 취지에 맞게 '한 주제 안에서' 여러 가지 관련 내용 요소를 상호 통합적으로 구성한 좋은 사례는 '(2) 인간, 사회, 환경과 행복' 주제(단원)이다. '시간적 · 공간적 관점'에서 사람들이 생각하는 행복의 의미와 기준이 시대와 지역(나라)에 따라 달라지는 것을 비교해 이해하고, 오늘날 행복의 의미를 성찰하는 내용을 통합적으로 조직했다. 그다음 '공간적 · 사회적 · 윤리적 관점'에서 거주 환경, 경제적 소득과 안정, 민주주의의 발전, 도덕성이 행복한 삶의 조건과 상호 관계를 맺고 있음을 탐색하는 내용을 통합적으로 구성한 것이 특징이다.

❙ 통합사회 1-(2) 인간, 사회, 환경과 행복의 성취기준 ❙

[10통사1-02-01] 시대와 지역에 따라 다르게 나타나는 행복의 기준을 사례를 통해 비교하여 평가하고, 삶의 목적으로서 행복의 의미를 성찰한다.
[10통사1-02-02] 행복한 삶을 실현하기 위한 조건으로 질 높은 정주 환경의 조성, 경제적 안정, 민주주의 발전 및 도덕적 실천의 필요성에 관해 탐구한다.

(교육부, 2022b: 110)

그러나 '(1) 통합적 관점'과 '(2) 인간, 사회, 환경과 행복' 주제를 제외하면, 통합사회의 성격 및 취지와 달리 나머지 8개 주제는 지리, 문화, 법, 정치, 경제 영역에서 추출된 내용 요소를 중심으로 각 단원의 내용이 별개로 편성되었다. 그에 따라 2015 개정 통합사회와 마찬가지로, 2022 개정 통합사회는 2개의 주제 단원을 제외하고 나머지 8개 주제는 **'다학문적 접근'**에 따라 주제와 관련 내용을 단원별로 별개로 구성하는 한계를 지녔다.

제4장

통합사회의 필요: 미래 사회와 교육 패러다임의 전환

그러면 미래 사회에서는 왜 통합사회가 필요한가? 통합사회 교육을 위해서는 교육의 패러다임을 바꾸어야 하는가? 최근 사물 인터넷(IoT), 인공지능(AI), 메타버스(metaverse) 등 디지털 기술이 발달하면서 미래 사회는 빠르게 변화하고, 학생이 스스로 배울 수 있는 학습 환경과 교육 플랫폼이 구축되고 있다. 그래서 미래 사회의 변화에 대응하기 위해서 교사 주도의 가르침을 학생 주도의 배움으로 **교육 패러다임**을 전환하는 것이 요구된다(박상준, 2023a: 205-210).

2001년에 토플러(A. Toffler)는 우리나라 학교 교육이 기존 지식을 주입하고, 학생은 미래에 필요하지 않은 지식과 직업을 위해 하루 15시간 이상 시간을 낭비한다고 진단했다. 그 후 교육부와 시·도 교육청이 20년 동안 교육 혁신을 위해 시도했지만, 여전히 교사 주도의 수업과 입시 위주의 주입식 교육이 이루어지는 것이 현실이다. 통합사회 수업도 여전히 교사가 주도하여 학생들에게 교과서 지식을 요약해 전달하는 방식으로 이루어진다. 2021년 고등학교 사회 교사에 대한 설문조사 결과에 따르면, 통합사회 수업에서 가장 많이 사용하는 교수·학습 방법은 강의식 수업으로 나타났다(모경환·박형준, 2021: 78).

이 장에서는 전통적으로 통합사회 수업을 지배했던 교사 중심 교육 패러다임의 특징과 한계를 비판적으로 검토하고, 미래 시민 역량을 기르기 위해 요구되는 학생 중심 교육 패러다임의 중요성과 적용 방안을 살펴볼 것이다.

1. 미래 사회와 융합적 역량의 요구

1) 미래 사회의 변화와 미래 교육

사회가 완만하게 변화하는 시대에는 과거에 유용한 지식이나 기능을 가르치면, 몇십 년 후 미래에도 그대로 활용할 수 있었다. 그래서 학교에서 전통적 지식이나 기능을 가르쳐도, 10~20년 후 학생의 미래를 대비하는 교육이 될 수 있었다. 이런 이유에서 특별하게 '미래' 교육이라고 부를 필요가 없었다.

하지만 최근 디지털 혁명으로 인해 과학・기술이 빠르게 발전하면서, 미래 사회가 급속히 변하고 어떻게 변동할지 예측하기 어렵다. 디지털 기술은 산업뿐만 아니라 인간과 기계, 가상 공간을 서로 연결하여 새로운 디지털 가상 세계를 만들고 있다(박상준, 2022: 81-87). 시스코(Cisco) 보고서에 의하면, 2020년 전 세계 네트워크 연결 기기 수는 2015년 163억 개에서 2020년 263억 개 이상으로 증가하고, 기계-기계(M2M) 연결 건수는 2015년 1억 4400만 건에서 2020년 7억 2900건으로 급증할 것으로 전망했다. 그리고 인터넷라이브스탯에 의하면, 2023년 1월 기준 웹사이트는 13억 1250만 개이고, 인터넷 이용자는 38억 1500만 명, 페이스북 이용자는 20억 7500만 명, 유튜브 시청자는 52억 500만 명에 달했다.

이처럼 디지털 혁명은 사물인터넷(IoT), 인공지능, 빅 데이터, 바이오 기술 등이 융합되어 경제뿐만 아니라 사회생활 전반에 커다란 변화를 가져올 것이다. 직장에서는 인공지능 로봇이 대부분의 생산 활동을 대체할 것이다. 인공지능 비서(Amazon Alexa, Google Asistant), 인공지능 의사(Watson), 인공지능 상담원(chatbot), 생성형 AI 등은 이미 실용화되고 있다. 사회생활에서도 자율 주행차, 무인 비행기 등이 이동 수단으로 일반화되고, 생체 인식 칩이 신분증과 신용카드를 대체하게 될 것이다. 가정에서는 사물인터넷에 연결된 가전제품을 음성으로 작동하고 스마트폰으로 외부에서 원격 조정한다. 또한 인공지능 로봇이 청소, 빨래, 요리 등 대부분의 가사 노동을 대신해 줄 것이다. 디지털 혁명은 가까운 미래에 스마트 공장, 스마트 도시, 스마트 홈, 스마트 학교를 현실로 만들 것이다.

이처럼 급변하는 미래 사회에서 현재 유용한 지식이나 기능이 10년 뒤 쓸모없는 것이 될 수 있다. 그래서 전통적인 학교 교육과 구별하여, 급변하는 미래 사회에 창의적으로 대응할 수 있는 핵심 역량을 함양하는 교육이라는 의미에서 최근에 '미래 교육'이 강조되고 있다(박상준, 2022: 49).

미래 교육이란 과거에 축적된 지식이나 기능을 전달하기 보다는 급변하는 미래 사회에 대응할 수 있는 역량을 함양하도록 지원하는 활동이다. 즉, 미래 교육은 전통적인 지식의 교육을 넘어서 미래 역량을 교육하는 것을 목표로 한다(박상준, 2022: 49-50). 미래 교육은 교사가 주도해 과거 지식을 전달하는 것이 아니라 학생이 주도성을 갖고 주체적·능동적으로 학습하고 상호 소통과 협력을 통해 미래 사회의 문제를 창의적으로 해결할 수 있는 역량을 계발하도록 도와주는 것이다.

미래 사회는 변화 속도가 매우 빠르고, 변화의 흐름이 개인의 삶의 방식부터 경제와 사회 전반에 걸쳐 광범위하게 영향을 미친다. 그에 따라 선진국은 이미 몇십 년 전부터 미래 사회의 변화에 대응하기 위하여 교육의 패러다임을 바꾸고 미래 역량을 교육하고 있다. 과거에 축적된 지식을 전달하는 전통적인 교육을 넘어서 미래 사회에서 요구되는 시민 역량을 가르치는 것이 통합사회 교육의 핵심이다. 미래 시민 역량을 함양하기 위해서는 근본적으로 교사 중심의 교육 패러다임을 학생 중심의 교육 패러다임으로 바꾸고 학생이 주도성을 갖고 능동적으로 학습할 수 있는 수업의 구조와 환경을 제공해야 한다.

2) 미래 시민의 역량

급변하는 미래 사회는 기존의 지식을 기억하고 재생하는 능력이 아니라 복잡한 문제를 창의적으로 해결할 수 있는 시민의 역량을 요구한다. 미래 사회는 기존 지식의 기억이 아니라 새로운 상황에 대응하고 복잡한 문제를 비판적으로 성찰하고 창의적으로 해결할 수 있는 융합적 역량을 요구한다.

그러면 미래 사회가 요구하는 시민의 역량은 어떤 것인가? 여러 단체들이 제시한 미래 시민의 '핵심 역량'이 무엇인지 살펴보자.

(1) OECD-'Education 2030'

역사적으로 살펴보면, OECD는 1997년부터 역량 관련 연구들을 검토하고 전문가와 관련 국가들의 의견을 수렴한 후 핵심 역량에 대한 합의를 도출하여 2003년 성공적 삶과 잘 기능하는 사회를 위한 핵심 역량 보고서를 발간했다. 이 'DeSeCo'(Definition and Selection for Key Competency) 프로젝트에서 OECD는 미래 사회의 복잡한 삶에 대응할 수 있는 핵심 역량을 '도구를 상호적으로 사용하는 역량', '이질적 집단에서 상호작용하는 역량', '자율적으로 행동하는 역량'으로 제시했다. 3가지 역량은 각각 세 가지 능력으로 구성된다(OECD, 2005: 10-15).

하지만 미래 핵심 역량은 9가지 능력으로 구성되어서 너무 많았고 복잡했다. 그 후 OECD는 2030년 미래 사회에 대비한 교육의 방향을 설정하기 위해 「Education 2030」 프로젝트를 발표하면서, 미래 핵심 역량을 '변혁적 역량' 한가지로 제시했다(OECD, 2018). 이 프로젝트는 교육의 비전을 공동 번영, 지속가능성, 웰빙으로 정하고, 미래 사회에 대응할 수 있는 여러 가지 능력들을 묶어서 하나의 변혁적 역량으로 제시했다. 미래 교육은 학생이 주도성(student agency)을 가지고 급변하는 미래 사회에 대응하고 복잡한 문제를 창의적으로 해결할 수 있는 역량, 즉 **'변혁적 역량'**을 목표로 한다(박상준, 2022: 51-54).

변혁적 역량(transformative competencies)은 3가지 능력으로 구성된다.

- **새로운 가치 창출**(creating new value)
- **갈등과 딜레마의 조정**(reconciling tension and dilemmas)
- **책임의 이행**(taking responsibility)

'새로운 가치 창출'은 일자리, 사업, 서비스 등 보다 좋은 삶을 위해 새로운 가치를 만들어 내는 능력이다. '갈등과 딜레마 조정'은 서로 충돌하는 문제의 공통점을 찾아내고 여러 대안의 단기적·장기적 결과를 예측하여 합리적 해결 방안을 선택하는 능력이다. 갈등의 해결 과정에서 다른 입장과 차이를 이해하고 합리적인 해결책을 찾아가는 능력이 길러질 수 있다. '책임의 이행'은 자기 행동의 과정 및 결과에 대해 책임지고 자기 행동에 대해 성찰할 수 있는 것이다(OECD, 2018: 5).

종합하면, OECD가 제시한 변혁적 역량은 미래 사회의 복잡한 문제와 갈등을 해결하고 책임을 이행하고 새로운 가치를 창의적으로 만들어 내는 능력을 결합한 **'융합적 역량'**이라 할 수 있다.

(2) P21-4 핵심 역량(4Cs)

다른 한편 21세기 학습 파트너십(P21)은 미국교육학회(NEA)와 협력하여 수년간 연구를 진행하여 2009년 '21세기 학습 프레임워크'(Framework for 21st Century Learning)을 개발했고, 21세기 기능을 열두 가지로 제시했다(P21, 2009). 2010년 기준 미국의 16개 주가 P21이 제시한 21세기 학습 프레임워크－21세기 학습을 위한 학제적 주제 5개, 학습 기능 4개, 정보·미디어·기술 활용 기능 3개, 삶과 경력 기능 5개－를 학교 교육의 표준과 평가에 반영하는 데 동의했다(NEA, 2010).

그 후 2015년 P21은 여러 가지 역량들 중에서 미래 사회에서 핵심이 되는 역량을 추출하여, 학생이 미래 사회와 직업에서 성공하기 위하여 배워야 할 핵심 역량을 4가지로 제시했다. **'4 핵심 역량'(4Cs)**은 '창의성과 혁신', '비판적 사고와 문제 해결', '의사소통', '협력'이다(P21, 2015: 1-5).

▌4 핵심 역량(4Cs)▐

핵심 역량	하위 구성 요소
창의성과 혁신 (Creativity and Innovation)	• 새롭고 가치 있는 아이디어 창출하기 • 자기 아이디어를 정교화, 개선, 분석, 평가하기 • 새 아이디어를 효과적으로 발전, 실행, 전달하기 • 새롭고 다양한 관점에 개방적으로 반응하기 • 실패를 배움의 기회로 간주하기
비판적 사고와 문제 해결 (Critical thinking and problem solving)	• 상황에 적합하게 다양한 유형의 추론을 사용하기 • 증거, 주장, 신념, 대안적 관점을 분석하고 평가하기 • 정보와 주장 사이를 연결하고 종합하기 • 최상의 분석에 기초하여 정보를 해석하고 결론 도출하기 • 관습적 방식과 혁신적 방식에서 다양한 문제를 해결하기 • 더 좋은 해결책으로 이끄는 질문을 제기하고 확인하기
의사소통 (Communication)	• 다양한 맥락에서 생각과 아이디어를 효과적으로 표현하기 • 효과적으로 경청하여 의미를 해독하기 • 미디어와 기술을 활용하고 그 효율성과 영향을 파악하기 • 다양한 목적으로 의사소통을 사용하기
협력 (Collaboration)	• 다양한 팀과 효율적으로 일하는 능력을 보여주기 • 공동 목표를 달성하기 위해 타협할 수 있는 유연성과 의지를 행사하기 • 공동 작업에 대해 공동 책임을 지고, 팀 구성원의 개별적 기여도를 소중히 평가하기

(P21, 2015: 4-5)

요약하면, OECD의 '변혁적 역량'과 마찬가지로, 21세기 학습 파트너십(P21)이 제시한 '4 핵심 역량'은 미래 사회의 복잡한 문제를 창의적으로 해결하고 미래 사회와 직업 생활에서 성공하기 위한 여러 가지 능력들을 결합한 '융합적 역량'이라 할 수 있다.

(3) NEA-4 핵심 역량(4Cs)

미국교육학회(NEA)는 P21이 제시한 21세기 기능들 중에서 초·중등교육에서 가장 중요한 '**4 핵심 역량**'(Four Cs)-'비판적 사고와 문제 해결', '의사소통', '협력', '창의성과 혁신'-을 선정하고, 학교 교육에 구축하고 있다(NEA, 2010:

8-29). 이 협회는 4 핵심 역량의 교육을 강조하면서 교실 수업에서 역량을 가르치도록 도와주는 「4 핵심 역량 교육을 위한 교사용 안내서」를 발간했다. 이 교사용 안내서는 4 핵심 역량의 의미와 특징, 다른 역량과의 관계, 핵심 역량을 교실 수업에 통합하는 방법과 사례(영어, 수학, 과학, 사회, 예술 등), 핵심 역량을 위한 수업 자료 및 인터넷 사이트, 지역사회와 교육청과의 연계 방법 등을 자세히 제시하고 있다.

4 핵심 역량을 사회과 수업과 통합하여 교육하는 방법을 사례로 살펴보면(NEA, 2010: 10-26, 33), '비판적 사고와 문제 해결'은 학생이 소집단을 구성해 어떤 국가가 천연자원을 연료로 사용한 방법과 그런 연료 사용이 경제적으로 어떤 영향을 미쳤는지 탐구하는 것이다. 또한 학생들은 탐구 문제와 관련 자료를 수집하여 비판적으로 분석하고 화석 연료 사용에 대한 정책적 대안을 도출하는 것이다. '의사소통'은 학생이 소집단 활동에서 어떤 주제와 관련된 정보를 조사해 발표하고, 다른 학생들에게 설명하고 질문에 대답하는 것이다.

'협력'은 학생이 소집단에서 각각 역할을 나누어 지역의 환경과 생활방식의 관계를 조사하거나 다양한 관점에서 지역 문제를 조사하고 해결 방안을 모색하는 활동을 서로 도와가며 수행하는 것이다. 또한 '창의성과 혁신'은 학생들이 환경문제에 원인과 피해를 조사하고 브레인스토밍과 토론을 통해 기존과 다른 방식으로 창의적으로 문제를 해결하는 방안을 제시하는 것이다. 교사는 수업에서 4 핵심 역량을 각각 개별적인 방식이 아니라 통합적인 방식으로 가르쳐야 한다.

(4) WEF-21세기 기능과 핵심 역량

미국교육학회와 P21이 제시한 '4 핵심 역량'과 비슷하게, 세계경제포럼(WEF)도 미래 사회에서 요구되는 21세기 기능들 중에서 디지털 시대에 성공하기 위한 '4 핵심 역량'을 제시했다. 세계경제포럼은 2015년 21세기 기능의 격차 문제와 과학·기술을 통해 그 문제를 해결하는 방법을 다룬 보고서 「교육을 위한 새로운 비전(New Vision for Education)」을 발표했다.

이 보고서는 미래 역량 관련 연구들에 대한 메타 분석을 통해 미래 교육을 위한 16가지 역량 세트, 즉 21세기 기능을 추출해 제시했다. **'21세기 기능'**(21st-Century Skills)은 기초 문해력, 핵심 역량, 인성 자질로 구성된다. 그중에서 '핵심 역량' 4가지는 학생이 복잡한 문제를 어떻게 비판적이고 창의적으로 해결하는지와 관련된 기능이다. '혁신'이 빠졌지만, 이 핵심 역량은 미국교육학회와 P21이 제시한 4 핵심 역량과 매우 유사하다. 세계경제포럼은 학생이 디지털 시대에 성공하기 위해서는 전통적인 학습을 넘어서 21세기 기능을 습득해야 한다고 강조했다(WEF, 2015).

21세기 기능
(21st Century Skills)

기초 문해력 (Foundational Literacies)	핵심 역량 (Competencies)	인성 자질 (Character Qualities)
1. 문해력(Literacy) 2. 수리력(Numeracy) 3. 과학 리터러시 (Scientific literacy) 4. ICT 리터러시 5. 금융 리터러시 (Financial literacy) 6. 문화 및 시민 리터러시 (Cultural and civic literacy)	**7. 비판적 사고/문제 해결 (Critical thinking / problem-solving)** **8. 창의성(Creativity)** **9. 의사소통 (Communication)** **10. 협력(Collaboration)**	11. 호기심(Curiosity) 12. 주도성(Initiative) 13. 끈기와 투지 (Persistence/grit) 14. 적응성 (Adaptability) 15. 리더십 (Leadership) 16. 사회 · 문화적 인식 (Social and cultural awareness)

(WEF, 2015: 4)

앞에서 살펴보았듯이, P21, NEA, WEF가 제시한 '핵심 역량' 4가지는 매우 유사하다. 이 단체들은 미래 사회의 변화에 대응하여 성공적인 삶을 살기 위해 필요한 여러 가지 능력들을 결합하여 4 핵심 역량으로 제시했다. 이런 점에서 4 핵심 역량(4Cs)은 여러 가지 미래 능력들을 결합한 **'융합적 역량'**이라 할 수 있다.

(5) 우리나라 사회과 교육과정-교과 역량

미래 교육에서 가르쳐야 할 핵심 역량의 교육이 강조되면서, 「2022 개정 사회과 교육과정」은 사회과에서 길러야 할 시민의 역량으로서 '**교과 역량**'을 5가지를 제시했다. 사회과는 시민의 역량으로서 창의적 사고력, 비판적 사고력, 문제 해결력 및 의사결정력, 의사소통 및 협업 능력, 정보 활용 능력 등을 기르는 데 중점을 두었다(교육부, 2022b: 6).

▌2022 개정 사회과 교육과정의 교과 역량▐

교과 역량	의 미
창의적 사고력	새롭고 가치 있는 아이디어를 생성하는 능력
비판적 사고력	사태를 분석적으로 평가하는 능력
문제해결력 및 의사결정력	사회문제를 해결하기 위해 합리적으로 결정하는 능력
의사소통 및 협업 능력	자기 견해를 분명하게 표현하고 타인과 효과적으로 상호작용하는 능력
정보 활용 능력	다양한 자료와 테크놀로지를 활용하여 정보를 수집 · 해석 · 활용 · 창조할 수 있는 능력

2. 교사 중심 교육 패러다임

이처럼 미래 사회는 전통적인 지식의 기억이 아니라 급변하는 사회에 창의적으로 대응하고 복잡한 문제를 비판적으로 해결할 수 있는 시민의 역량을 요구한다. 미래 사회의 변화에 대응하여 시민 역량을 기르기 위해서는 전통적인 교사 중심 교육 패러다임을 학생 중심 교육 패러다임으로 전환해야 한다.

먼저 전통적인 교사 중심의 교육 패러다임의 특징과 한계를 살펴보자.

1) 교사 중심 교육 패러다임의 특징

어떤 패러다임을 가지고 보느냐에 따라 교육이나 수업이 다르게 이해될 수 있다. 전통적으로 교육은 교사의 관점에서 교사가 의도한 목표와 내용 지식을 가르치는 활동으로 이해되었다. 교육은 많이 알고 있는 교사가 무지한 학생들에게 새로운 지식을 가르치는 활동, 즉 '**교사 주도의 가르침**'(teaching)으로 이해된다. 교육은 교사가 주도해 다수의 학생에게 교과서 지식을 전달하는 것으로 간주된다. 교사는 수업의 주도자 또는 지식의 전달자로서 역할을 한다. 지식을 효과적으로 전달하는 교사가 훌륭한 교사이고, 배운 지식을 잘 암기하는 학생이 우수 학생으로 평가받는다.

2021년 고등학교 사회 교사의 설문조사 결과에서도 나타났듯이(모경환·박형준, 2021: 78), 통합사회 교육도 교사가 주도하면서 교과서의 지식을 전달하고 학생들은 수동적으로 듣는 강의식 수업이 주류를 이루고 있다. 강의식 수업은 근대 산업사회의 표준화된 공장 시스템에 맞게 개발된 수업 방법이다.[1)]

전통적인 '**강의식 수업**'은 한 명의 교사가 새로운 지식을 설명하고, 다수의 학생은 앉아서 듣는 시스템이다. 수업의 효율성을 극대화하기 위해서 한 교사가 많은 학생에게 새로운 지식이나 기능을 빠르게 전달하는 데 초점을 맞춘다. 각 학생은 배경지식, 경험, 학습 능력과 속도가 서로 다르지만, 교사가 주도하는 한 가지 교수 방법과 똑같은 속도에 맞추어 획일적으로 배워야 한다. 교사가 수업의 전 과정을 주도하여 획일적으로 전달하기 때문에, 학생은 가만히 앉아서 수동적으로 배우게 된다. 수업 목표의 달성도는 동일한 시험을 통하여 교사가 전달한 지식을 얼마나 잘 기억하는지에 의해 측정된다(박상준, 2021: 159-160).

통합사회 교육도 교사가 교과서의 지식을 획일적으로 전달하는 강의식 수업이 많은 비중을 차지하였다. 이러한 **교사 중심 교육 패러다임**은 한 명의 교

1) 표준화된 생산 라인에서 빠른 시간에 최대한 많은 상품을 만드는 공장 시스템은 주어진 작업과 임무를 효율적으로 수행할 수 있는 노동자를 필요로 하였다. 이러한 산업사회의 요구에 맞추어 근대 학교는 '표준화된' 교육과정에 의거해 주어진 교육 내용을 학생들에게 '효율적으로 전달하는' 시스템으로 강의식 수업을 발전시켰다(박상준, 2021: 159).

사가 다수의 학생에게 '동일한' 수업 목표와 내용을 '똑같은' 수업 방법과 속도로 획일적으로 가르치고, 학생들은 '수동적으로 배우는' 시스템이다. 이 교육 패러다임에서는 배경지식, 학습 능력과 속도가 서로 다른 학생을 나이를 기준으로 한 교실에 앉혀놓고 전체 학생을 대상으로 똑같은 교과서 지식을 동일한 속도로 가르친다. 교사는 수업의 설계자요 전문가로서 수업의 전 과정을 주도하고 교과서 지식을 전달하기 때문에, 학생은 수동적으로 받아들일 수밖에 없다(박상준, 2021: 160-161).

2) 교사 중심 교육 패러다임의 한계

하지만 미래 사회가 요구하는 핵심 역량이나 융합적 역량의 교육이라는 측면에서 보면, 교사 중심의 교육 패러다임은 여러 가지 한계를 지닌다(박상준, 2021: 162-168).

첫째, 교사 주도의 가르침이 중심이 되는 통합사회 교육은 학생을 **'수동적 학습자'**로 만든다. 교사가 주도해 교과서 지식을 일방향으로 전달하기 때문에, 학생은 앉아서 수동적으로 들어야 한다. 무엇을 어떻게 가르칠 것인지, 학생들이 어떻게 활동해야 하는지, 학생들에게 질문을 받을 것인지 등 수업의 모든 것을 교사가 혼자 계획하고 주도한다. 교사는 교과서의 많은 지식을 빠르게 전달하면서 진도 나가는데 바쁘다. 이런 교사 주도의 수업에서 학생들은 자신의 지적 수준, 학습 능력과 속도 등에 맞추어 능동적으로 배우기 어렵다.

둘째, 통합사회 교육에서 교사 주도의 전달식 수업과 암기 위주 학습은 **'겉핥기식 학습'**에 머문다. 교사는 교과서의 내용을 빠르게 전달하느라 바쁘고, 학생들도 교사가 전달하는 수업 내용을 받아 적고 암기하는 데 힘쓴다. 학생은 교사가 전달하는 내용 지식을 잘 암기해야 시험에서 좋은 성적을 얻을 수 있기 때문이다.

이런 전달식 교육과 암기 위주 교육에서는 교사의 가르침과 학생의 배움은 모두 '지식의 기억과 이해'에 초점이 맞추어지고, 지식을 활용하고 새로운 것을 창조하는 활동을 하기 어렵다. 학생은 왜 그런 지식을 배우는지, 그 지식이 실제 생활에서 어떻게 활용되는지에 대하여 반성적으로 성찰하지 못하고, 지식을 활용해 문제를 해결하는 기회를 갖지 못한다.

셋째, 교사 주도의 교육은 **'학습의 효과'**도 매우 낮다. 많은 연구 결과들을 분석해 보면, 교수·학습 방법에 따라 수업 후 학생이 배운 내용을 이해하는 정도에 있어서 큰 차이가 나타났다. 읽기, 강의 듣기, 시청각 수업, 시범 강의 등 교사 중심 수업은 학습 내용의 보유율이 5~50% 정도에 머물렀다. 교사가 주도해 설명하고 학생은 앉아서 수동적으로 듣기 때문에, 수업 후 학습 내용이 자신의 지식으로 저장되는 비율이 매우 낮다. 이것은 교사 주도의 가르침과 그에 따른 학생의 수동적 학습이 가진 구조적 한계점이다.

반면에 집단 토론, 실제로 해보기, 다른 학생 가르치기 등 학생 중심 교육은 학습 내용의 보유율이 50~90%로 매우 높게 나타났다. 학생은 자신이 이해한 것을 말로 표현하고 다른 학생과 상호작용하면서 주체적이고 능동적으로 배우기 때문이다. 그래서 수업 내용에 대한 이해도가 높아져서 학습한 내용을 자신의 지식으로 보유하는 비율이 매우 높다.

수업 후 학습 내용의 보유율을 교수·학습 방법의 유형별로 제시하면, 다음과 같이 **'학습 피라미드'** 형태로 구성된다(박상준, 2021: 165-166).[2]

---

2) 이 학습 피라미드는 필자가 켄 마스터스(Ken Masters)의 분석 결과를 종합해 재구성한 것이다. 마스터스는 1991~2012년 사이 교수·학습 방법에 따른 학습의 보유율을 조사한 42개의 연구 결과들을 분석하여 유형별로 제시했다(Masters, 2013). 학습의 보유율은 고정된 것이 아니라 교사의 수업 준비, 학생의 참여 의지와 노력, 개인의 지적 능력, 수업 환경 등 여러 가지 요인에 따라 교수·학습 방법의 효과는 달라질 수 있다.

❙ 학습 피라미드: 교수 · 학습 방법별 학습의 보유율 ❙

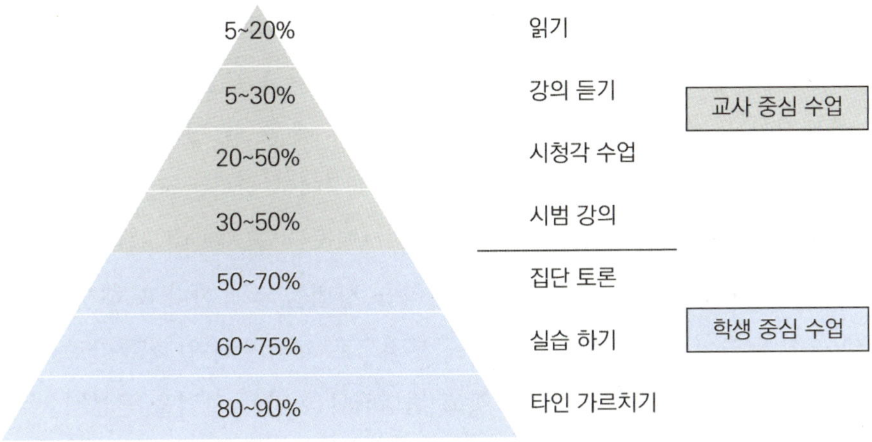

(박상준, 2021: 166. 인용)

3. 학생 중심 교육 패러다임

1) 학생 중심 교육 패러다임으로 전환

앞에서 살펴보았듯이, 미래 시민 역량을 교육하기 위해서 통합사회 교육은 교사 중심 교육 패러다임을 미래 사회에 맞게 바꾸어야 한다. 미래 사회에서 요구하는 시민 역량을 기르기 위해서는 단순히 교수 · 학습 방법을 바꾸는 것이 아니라 근본적으로 학생 중심 교육 패러다임으로 전환해야 한다. 미래 교육은 교사가 주도해 지식을 전달하는 방식에서 벗어나서 각 학생이 자신의 학습 능력과 속도에 맞추어 주체적으로 배울 수 있는 새로운 교육 패러다임을 요구한다. 그러므로 미래 사회와 디지털 교육환경에 맞게 학생 중심 교육 패러다임으로 바꾸어야 한다(박상준, 2021: 168-169).

교육 패러다임을 바꾸기 위해서는 우선 수업에 대한 고정관념을 버리고 교육을 바라보는 관점을 바꾸어야 한다. 교사 주도의 가르침을 학생 주도의 배움(learning)으로 바꾸는 데 가장 큰 걸림돌은 수업에 대한 '고정관념'이다. 많은 교사들이 "수업의 중심은 교사이고 교사가 가르쳐야 학생이 배울 수 있다"라는 고정관념을 갖고 있다. 이런 고정관념에서 벗어나서, 교사가 직접 가르치는 내용과 시간을 대폭 줄이고 학생이 스스로 탐구하거나 토론할 기회를 주면, 학생이 주체적이고 능동적으로 학습하면서 더 많이 배울 수 있다.

요즘 많은 교사들이 학생 중심 교육으로 바꾸어야 한다는 점에 동의할 것이다. 그래서 최신 수업 방법을 적용하려고 시도하는 교사들이 늘어나고 있다. 하지만 단순하게 최근 유행하는 교수・학습 방법을 적용한다고 해서, 저절로 학생 중심 교육이 되는 것은 아니다. 근본적으로 교사가 수업 전문가로서 혼자 수업을 설계하고 수업의 주도권을 갖고 진행해야 한다는 관념을 근본적으로 바꾸어야 한다.

교사와 학생이 모두 동등한 '수업의 주체'이고, 따라서 수업의 계획 단계부터 교사는 학생과 서로 협의하여 학생이 무엇을 어떻게 배울지 함께 결정해야 한다. 그다음 학생이 자신의 학습 능력과 속도에 맞추어 능동적으로 학습할 수 있는 수업의 구조와 환경을 제공해야 한다. 그리고 교사 주도의 가르침과 학생의 수동적 학습으로 이루어지는 수업 방법을 교사의 지원과 학생의 주체적・능동적 학습이 이루어지는 새로운 교수・학습 방법으로 바꾸어야 한다. 한마디로 수업의 중심을 교사에서 '학생'으로, 교사의 가르침에서 학생의 '배움'으로 전환해야 한다(박상준, 2021: 169-170).

'학생 중심 교육 패러다임'에서 보면, 교육은 학생이 주체적・능동적으로 배우는 과정이다. 교육은 학생이 자신의 학습 능력과 속도에 따라 주체적으로 학습하고, 교사는 학생이 능동적으로 학습하도록 지원하는 역할을 하는 것이다. 교사의 직접 가르침은 최대한 줄이고, 학생이 스스로 배우도록 도와주며, 교과서 지식을 외우는 것보다 지식을 활용해 문제를 해결하도록 도와준다. 이런 패러다임에서 교육은 '학생 주도의 배움'으로 이해된다.

2) 학생 중심 교육 패러다임의 적용

그러면 학생 중심 교육 패러다임에서 교육은 어떻게 이루어지는가? 교사가 주도해 일방향으로 가르치는 것이 아니라 학생이 주도성을 갖고 자신의 학습 능력과 속도에 따라 능동적으로 학습한다. 그러기 위해서 한 명의 교사가 다수의 학생에게 획일적으로 가르치는 대집단 학습 공간과 수업 구조를 학생의 능력과 속도에 맞추어 개별적으로 배우는 소집단 학습과 수업 구조, 개별 맞춤 학습 공간으로 전환해야 한다(박상준, 2021: 170-171).

그리고 교사가 학생을 수업의 주체로 인정하고, 교육의 초점을 교사 주도의 가르침에서 학생 주도의 배움으로 전환해야 한다. 교사가 수업의 주도권을 갖고 지식을 일방향으로 전달하는 것이 아니라 학생이 스스로 목표를 정하고 자신의 학습 능력과 속도에 맞게 주체적이고 능동적으로 배우도록 도와주어야 한다.

그다음 교사는 수업 과정에서 학생이 능동적으로 학습하도록 촉진하고 지원하는 퍼실리테이터(facilitator) 역할을 해야 한다. 교사는 전체 학생 대상의 가르침을 최대한 줄이고, 학생이 주체적이고 능동적으로 학습하도록 도와준다. 그러면 학생은 교사가 전달하는 지식을 외우는 것이 아니라 다른 학생들과 함께 토론이나 탐구하면서 새로운 지식을 이해하고 문제를 해결하는 활동을 할 수 있다.

이처럼 학생 중심 교육 패러다임으로 전환하는 방식 중의 하나가 블렌디드 러닝 또는 거꾸로 교실이다. 이것은 '학생의 배움'이란 측면에서 교사 주도의 가르침을 거꾸로 뒤집어 학생이 주체적이고 능동적으로 학습할 수 있는 수업 구조와 환경을 제공하는 새로운 패러다임이다.[3)]

블렌디드 러닝(blended learning)은 '학생의 온라인 학습'과 '교사의 대면 수업'을 결합한 수업 형태이다. 블렌디드 러닝은 학생이 학습의 시간, 장소, 순서를 조절하여 자신의 능력과 속도에 맞추어 개별적으로 온라인 학습을 하고,

---

3) 블렌디드 러닝과 거꾸로 교실의 의미, 특징, 교수・학습 방법, 적용 사례 등 자세한 내용은 박상준(2021) 「코로나 이후 미래교육: 학생 주도성, 메타버스 교육, 블렌디드 러닝」(2판)의 제10장과 제11장을 참고하세요.

교실에서 교사가 일정한 부분을 지도 및 관리하며, 온라인 학습의 내용과 교실 수업의 내용을 서로 통합하는 교육 패러다임이다(박상준, 2021: 185-186).

블렌디드 러닝

	온라인 학습	교실 대면 수업
수업 방법	• 학생의 개별 맞춤 학습	• 학생 주도 수업 방법: 토론 학습, 탐구 학습, 프로젝트 기반 학습, 협력 학습 등
활동 방식	• 학생이 집에서 온라인으로 혼자 학습함. • 자기 능력과 속도에 맞추어 개별적으로 학습함.	• 학생: 모둠별로 온라인 학습의 내용을 바탕으로 새로운 문제를 해결하기 위해 토론, 탐구하며 학습함. • 교사: 전체 강의 대신에 학생 주도의 능동적 학습을 촉진하고 지원함 / 기초 학력 부족 학생의 보충 학습을 지원함.

(박상준, 2021: 192. 인용)

거꾸로 교실(flipped classroom)은 교사의 가르침이 중심이 되는 전통적 교실 공간을 학생의 배움이 중심이 되는 교실 공간으로 전환하고, 교수·학습 과정을 '집에서 학습 → 교실에서 활동'으로 거꾸로 뒤집어 놓은 것이다. 거꾸로 교실을 실시하는 방법은 다양하지만, 공통점은 교실 수업의 구조를 교사 중심의 가르침에서 학생 중심의 배움으로 바꾼 것이다. 교사가 전체 학생을 대상으로 직접 가르치는 것을 그만두고, 학생이 주체적·능동적으로 학습하도록 지원하는 것이 특징이다(박상준, 2021: 243-245).

❙ 거꾸로 교실의 교수 · 학습 과정 ❙

수업 영상 제작		수업 영상 시청		질의 · 응답		모둠 활동		평 가
• 수업 영상/자료 만들기 • 수업 영상/자료 올리기	⇨	• 집에서 수업 영상/자료 시청하기 • 수업 영상/자료 내용 요약하기	⇨	• 수업 내용 관련 학생의 질문 • 교사의 답변 / 피드백	⇨	• 모둠별 과제의 부여 • 모둠 활동의 수행 • 교사의 순회 지도 / 보충 학습의 지원	⇨	• 다양한 평가

(박상준, 2021: 250. 인용)

그러면 학생 중심 교육 패러다임에서는 구체적으로 어떻게 수업을 하는가? 어린 학생을 수업 설계에 참여시키면 교사의 수업권이 침해되고 수업이 제대로 되지 않을 것이라고 걱정할 수 있다. 하지만 그런 걱정과 편견을 내려놓고 한번 시도해 보면, 학생들이 달라지고 수업이 바뀔 수 있다. 광주의 한울초등학교 교사는 학생에 대한 편견을 버리고 '학생 중심 교육 패러다임'으로 전환했다. 초등학생도 스스로 학습할 수 있다는 믿음을 갖고 학습의 주도권을 학생에게 넘겨주었다. 그러자 5학년 학생들도 모둠별로 주도적으로 학습하기 시작했다. 학생들끼리 활발하게 토론하고 서로 물어보고 가르쳐 주면서 적극적으로 학습에 참여하였다(미래교실네트워크, 2015: 23-43).

또한 울산의 화암고등학교는 학생 중심의 거꾸로 교실을 실시했다. 교사는 수업 내용을 10분 정도의 디딤 영상 또는 PPT로 만들어 반별 밴드에 올렸다. 학생들은 수업 전에 밴드의 영상을 다운로드 받아서 자신의 학습 능력과 속도에 맞추어 여러 차례 보면서 공부했다. 영상을 보지 않고 온 학생이 있으면, 쉬는 시간이나 수업 시작 초반에 다시 시청하도록 했다. 수업 시간에 교사는 먼저 학생들이 영상을 보고 수업 내용을 얼마나 이해했는지 확인하고, 모르는 내용에 대해 질문 받고 설명하였다. 그다음 교사는 모둠별로 학습지와 과제를 제공했고, 학생들은 모둠별로 서로 토론하고 협력하면서 학습 과제를 해결했다. 활동이 끝나면, 교사는 각 모둠별로 완성한 과제와 문제를 발표시키고 수업을 마무리했다(미래교실네트워크, 2015: 213-231).

이제 학생 중심 교육 패러다임을 통합사회 교육에 적용해 보자.

융합적 역량을 기르기 위해서 기존의 교사 주도 탐구 수업을 학생 주도 탐구 학습으로 패러다임을 전환했을 때, 탐구의 과정에서 어떤 차이가 나는지를 살펴보면, 기존의 교사 주도의 탐구 수업은 교사가 탐구 문제를 정하고 가설 증명에 필요한 자료를 제공하면, 그다음 학생이 자료의 분석, 결론을 도출하는 방식으로 이루어졌다.

반면에 학생 주도의 탐구 학습에서는 학생이 탐구 문제를 정하고 가설을 만드는 단계부터 자료를 수집하고 분석한 후 결론을 도출하는 과정을 주도적으로 스스로 수행한다.

▎교사 주도 탐구 수업과 학생 주도 탐구 학습의 비교▎

과정	교사 주도 탐구 수업	학생 주도 탐구 학습
가설 설정	• 교사가 탐구할 문제에 대해 질문 • 교사가 탐구 문제를 정리 및 제시	• 모둠별로 학생이 스스로 탐구할 질문과 문제를 제안 • 모둠별로 학생이 협의해 탐구 문제를 선정
자료 수집	• 교사가 가설 증명 위한 자료 수집 방법을 안내 • 학생이 자료를 조사해 수집 (교사가 자료를 제공하기도 함)	• 모둠별로 학생이 협의해 탐구 계획을 수립 • 학생이 역할을 분담해 스스로 자료를 수집
자료 분석	• 학생 개별적으로 수집한 자료 또는 교사 제공한 자료를 비판적으로 평가	• 모둠별로 수집한 자료를 비판적으로 평가
결론 도출	• 학생 개별적으로 자료에 의거해 결론을 도출	• 모둠별로 자료에 의거 어떤 결론이 타당한지 협의해 결론을 도출

지금까지 논의를 종합하면, 급변하는 미래 사회는 복잡한 사회현상과 문제를 종합적으로 파악하여 비판적으로 성찰하고 창의적으로 해결할 수 있는 시민 역량을 요구하고 있다. 미래 사회가 요구하는 융합적 시민의 역량을 교육하기 위해서 통합사회는 융합적 관점에서 정치, 법, 경제, 사회와 문화, 지리, 역사, 도덕, 수학, 과학, 기술 영역에서 중요한 주제를 추출하고 그와 관련된 내용을 융합적으로 구성해야 한다. 그리고 통합사회 수업에서 융합적 시민 역량을 기르기 위해서는 전통적인 교사 중심의 교육 패러다임을 학생 중심의 교육 패러다임으로 전환해야 한다.

▌통합사회 교육의 패러다임 전환▐

구분	교사 중심 교육 패러다임	⇨	학생 중심 교육 패러다임
관점	• 교사 중심 관점		• 학생 중심 관점
수업 목표	• 지식의 이해		• 변혁적 역량, 창의적 문제 해결력 등 미래 역량의 발달
교수 학습 과정	• 교사 주도의 가르침 • 교사 주도의 획일적 전달 → 학생의 객체적 · 수동적 학습		• 학생 주도의 배움 • 교사의 학습 지원과 촉진 → 학생의 주체적 · 능동적 학습
수업 방법	• 강의식 수업 / 직접 교수법 • 전체 학생 대상의 획일적 수업	⇨	• 토론, 탐구, PBL, 협력 학습 등 • 자신의 학습 능력과 속도에 맞춘 학습
학습 속도	• 학생 개인 수준에 맞춘 수업 및 속도의 조절 곤란		• 학생 개인의 능력과 속도에 맞춘 개별 학습의 가능
수업 규모	• 대집단 학습		• 소집단 학습 / 개별 맞춤 학습
교사/학생 역할	• 교사: 수업의 주도자 또는 통제자 • 학생: 수동적 학습자		• 교사: 수업의 지원자 또는 촉진자 • 학생: 능동적 학습자 / 학습의 책임

(박상준, 2021: 172. 인용)

제5장 통합사회의 교육 영역

현대 사회는 인간과 기계, 네트워크, 세계 각 지역과 국가가 밀접하게 연결되어 작동한다. 그래서 한 사회에서 발생하는 현상이나 문제는 정치, 법, 경제, 지역과 환경, 가치와 도덕 등이 서로 복잡하게 연결되어 있다. 그러므로 복잡한 현상이나 문제를 종합적으로 이해하여 비판적이고 창의적으로 해결하기 위해서는 하나의 학문이나 관점이 아니라 여러 영역과 관점을 결합한 통합적 관점에서 접근하여 해결하는 것이 요구된다.

이런 요구에 따라 통합적 관점에서 복잡한 현상이나 문제를 해결하는 역량을 기르기 위해서 통합사회를 만들었다. 통합사회는 시간, 공간 및 환경이 인간과 사회생활에 미치는 영향과 관련된 사실과 가치를 종합적으로 파악하여 비판적으로 성찰하고 기존과 다른 방식으로 창의적으로 해결할 수 있는 시민 역량을 기르는 교과이다.

그래서 통합사회는 정치, 법, 경제, 사회와 문화, 지역과 환경, 가치와 도덕과 관련된 내용을 통합하여 복잡한 현상과 문제를 종합적으로 이해할 수 있도록 구성한다. 통합사회는 정치 교육, 법 교육, 경제 교육, 사회·문화 교육, 지리 교육, 역사 교육, 도덕 교육을 통합적으로 구성하고자 한다.

그래서 이 장에서는 통합사회를 구성하는 교육 영역을 각각 살펴보고, 통합사회에서 어떻게 서로 통합할 수 있는지 살펴볼 것이다.

1. 정치 교육

1) 정치 교육의 의미

전통적으로 정치 교육은 주로 지배 계급의 필요에 의해 이루어졌기 때문에, 기존의 정치 체제와 질서의 존속에 필요한 지식이나 규범을 구성원들에게 내면화시키는 **'정치 사회화'**로 이해되었다(박상준, 2005: 22). 정치 사회화의 입장에서 전통적인 정치 교육은 "정치 체제와 관련 내용의 주입을 통해 특정한 정치적 태도와 행동 성향을 육성하려는 의도적 노력"(Bereday & Stretch, 1963)이나 "정치 체제의 규범과 가치관을 구성원에게 내면화시키는 과정"(Massialas, 1969)으로 간주되었고 또는 "정치 체제의 유지와 안정을 위하여 구성원의 확산적 지지를 창출하는 일련의 과정"(Tapper, 1976)으로 이해되었다(김용찬, 2010: 138-139, 재인용).

그러나 1960년대 신사회과 운동이 일어나면서 사회과의 한 영역으로서 정치 교육의 성격이 변화되었다. 전통적인 정치 교육과 달리, 새로운 정치 교육은 정치 현상을 과학적으로 탐구하거나 정치 문제를 합리적으로 해결하는 사고 능력을 발달시키는 것으로 이해되었다(박상준, 2005: 23).

새로운 관점에서 L. Masterman(1981)은 "**정치 교육**은 학생들이 정치 현상에 대해 이해력을 획득하고 그것을 변화시킬 능력을 습득하는 과정이다"라고, D. Heater와 J. A. Gillespie(1981)는 "정치 교육은 정치 생활의 영역에 대해 생각하고 활동하는 능력을 개발하는 과정이다"라고 정의하였다. 비슷한 맥락에서 P. Canivez(1995)는 "정치 교육을 정치적 판단력의 교육이다"라고 규정하였다(박상준, 2005: 23-24, 재인용).

다른 한편 김용찬은 정치 교육에 대한 거시적 수준과 미시적 수준을 상보적 입장에서 접근해야 한다고 주장하면서 "정치 교육이란 정치 체제의 유지와 안정 및 생존과 변화를 추구하기 위한 정치적 가치관과 태도 및 지식과 기능을 정치 교육기관이 의도적으로 육성하는 과정이다"라고 정의하였다(김용찬, 2010: 142).

여러 학자의 견해를 종합하면, 오늘날 "**정치 교육**은 정치 현상에 대한 이해에 기초하여 정치과정이나 정치적 문제에 대하여 비판적으로 사고하고 판단하는 능력을 신장시켜 정치과정에 적극 참여하고 실천하는 시민의 역량을 함양하는 교육"이라고 할 수 있다.

2) 정치 교육의 목표

전통적인 정치 교육은 기존의 정치 체제를 존속시키는 데 필요한 지식과 규범의 전달을 목표로 하였다. 이러한 정치 교육은 상대적 가치와 규범을 주입하는 문제점을 지녔다. 그래서 오늘날 정치 교육은 정치 현상에 대하여 비판적으로 사고하거나 판단하는 능력 또는 정치 문제를 합리적으로 해결하는 능력의 신장을 목표로 제시하고 있다(박상준, 2005: 22-24).

사회과의 한 영역으로서 정치 교육은 민주주의 사회의 구성원에게 요구되는 시민 역량을 함양하기 위한 과목이다. 정치 과목은 민주주의 이념과 정치과정 및 제도를 이해하고 정치적 문제 해결에 필요한 정보를 활용하여 합리적으로 의사결정할 수 있는 능력을 함양하고 사회·국가·국제 사회의 문제를 능동적으로 해결하는 민주 시민의 역량과 태도를 갖추게 하는 것을 목표로 한다(교육부, 2022b: 207).

여러 견해를 종합하여, 정치 교육의 목표를 제시하면 다음과 같다.

▌정치 교육의 목표▐

목 표	구성 요소
정치적 지식	• 정치 현상 관련 사실, 개념, 일반화, 이론의 이해
정치적 기능	• 정치 현상과 제도에 대한 비판적 사고 및 정치적 판단력 • 정치 문제의 합리적 해결 능력
정치적 가치와 태도	• 민주주의의 기본 가치(인간 존엄, 자유, 평등, 정의 등) • 정치 참여 및 민주적 생활 태도
정치적 참여와 실천	• 정치과정에의 참여와 정치적 행동의 실천 • 정치 문제 해결에의 참여와 해결 노력

3) 정치 교육의 내용

정치 교육을 정치 사회화의 관점에서 보느냐 정치적 판단력의 발달 관점에서 보느냐에 따라 정치 교육에서 무엇을 어떻게 가르쳐야 하는가의 입장이 달라질 수 있다. 최근에는 일반적으로 후자의 관점에서 정치 교육은 정치적 지식에 기초하여 정치적 문제를 비판적으로 성찰하여 합리적으로 해결하고, 정치 생활에 주체적으로 참여하는 시민의 역량을 함양하는 것으로 이해된다.

전통적인 정치 교육과 달리, 오늘날 정치 교육은 정치 현상에 대한 비판적 사고력이나 문제 해결력의 신장에 도움이 되는 내용으로 재구성된다. 그래서 정치 교육의 내용은 정치 현상에 대한 이해, 정치 현상이나 문제에 대해 비판적으로 사고하거나 과학적으로 탐구하는 방법, 정치 문제를 합리적으로 해결하는 방법, 정치과정과 정치 생활에 주체적으로 참여하고 실천하는 체험 학습 등으로 조직된다(박상준, 2005: 24-25).

정치 교육에서 가르쳐야 할 주요 개념들은 다음과 같다.

학 자	정치교육의 주요 개념
Banks(1990)	권력, 권위, 사회 통제, 국가, 이익집단, 정치 사회화, 정부, 리더십
Savage & Armstrong (2000)	권력의 분배, 권위, 갈등 해결, 의사결정, 타협, 헌법, 법, 입법권, 권리, 책임, 자유, 평등, 정의, 정당한 절차, 법 체계, 민주정치, 군주정치, 신권정치(theocracy)

(Banks, 1990: 348-355; Savage & Armstrong, 2000: 74)

이러한 정치 교육의 주요 개념과 내용 요소가 2022 개정 통합사회에 어떻게 반영되었는지 살펴보면 다음과 같다.

▎2022 개정 통합사회 중 정치 교육 관련 내용▎

주제	내용 요소
통합적 관점	• 사회적 관점
인간, 사회, 환경과 행복	• 행복의 조건: 민주주의의 발전
사회 정의와 불평등	• 정의의 실질적 기준 • 정의관 • 사회 불평등: 정의 실현 제도와 시민 실천
세계화와 평화	• 국제 분쟁: 국제 갈등의 사례와 행위 주체의 역할 • 남북 분단과 평화

2. 법 교육

1) 법 교육의 의미

법에 대한 교육은 전통적으로 법과대학에서 법률 전문가를 양성하는 '법학 교육'(legal education)으로 실시되었다. 그러다가 1960년대 미국에서 법 교육 운동이 일어나면서, 초·중등학교에서 법치주의 사회에 필요한 기본적인 법적 지식, 기능, 태도를 길러주는 '법 교육'(law-related education)이 시작되었다(박상준, 2012: 3).

이런 운동으로 1978년 제정된 미국 법 교육법에서는 "법 교육은 일반인들에게 법적 지식, 기능, 법적 절차, 법체계 및 그것의 바탕에 놓여 있는 기초 원리와 가치를 가르치는 것이다"라고 정의하였다. 그 후 미국 변호사협회(1995)에서는 "법 교육을 법, 권력, 정의, 자유, 평등 등 민주주의의 기본 개념들과 그것들의 상호 관계를 가르치고, 사회가 필요로 하는 능동적 시민을 길러내기 위해 지식, 기능, 가치를 전달하기 위해 노력하는 것이다"라고 정의하였다(곽한영, 2007: 66).

우리나라는 제7차 교육과정에서 고등학교에 '법과 사회' 과목을 신설하면서 대학에 법 교육 강좌가 개설되고 법 교육이 활성화되었다. 이러한 법 교육의 발달사를 고찰하면서, 박성혁은 사회과에서 "법 교육은 학습자가 법 현상을 이해하고 일상의 법적 문제나 쟁점을 합법적으로 판단하고 행동할 수 있는 능력을 갖추며 이를 바탕으로 준법의식을 갖춘 책임 있는 민주시민을 양성하는 것을 목표로 한다"고 제시하였다(박성혁, 2005: 64). 곽한영은 법에 대한 지식과 이해를 강조하는 시각과 법에 대한 태도와 활용 능력을 강조하는 시각이 상호보완 관계에 있음을 주장하면서 "법 교육은 학생들에게 사회생활에 필요한 법적 지식, 기능, 가치와 태도를 전달하여 건전한 법의식을 확립하는 것을 목표로 하는 시민 교육이다"라고 정의했다(곽한영, 2007: 70).

법 교육의 활성화를 위해 2008년 제정된 법교육지원법 제2조에서는 "법 교육이란 청소년 및 일반 국민에게 법에 관한 지식과 기능, 법의 형성 과정, 법의 체계, 법의 원리 및 가치 등의 제공을 통하여 민주시민으로서 필요한 법적 이해 능력, 합리적 사고 능력, 긍정적 참여의식, 질서 의식, 헌법적 가치관 등을 함양함을 목적으로 하는 법과 관련된 일체의 교육을 말한다"고 정의했다.

여러 학자의 견해와 입장을 종합하면, 한마디로 "**법 교육**은 법에 대한 기본 지식과 이해에 기초하여 법적 문제를 합리적으로 해결하는 능력과 태도를 발달시킴으로써 법률생활을 자율적으로 영위하는 시민의 역량을 기르는 교육"이라고 할 수 있다. 한마디로 법 교육은 **'법적 시민성'**을 길러주는 교육이라 할 수 있다(박상준, 2012: 3).

2) 법 교육의 목표

법 교육에 대한 관점에 따라서 법 교육의 목표는 법에 대한 지식과 이해의 습득을 강조하는 입장과 법적 문제를 해결하는 능력의 발달을 강조하는 입장으로 구분될 수 있다. 표면적으로 두 입장이 강조하는 것이 다르게 보이지만, 실제로 법 교육을 통해 최종적으로 육성하고자 하는 법적 시민성은 유사하다. 법 교육에서 기르고자 하는 '법적 시민성'은 법적 문제와 관련된 개념과 원리의 이해, 법적 문제 해결력, 법치주의에 대한 신념, 준법 태도 등이다(박상준, 2012: 3-4).

사회과의 한 영역으로서 법 교육은 민주주의와 법치주의 사회에서 법에 대해 이해하고 능동적인 구성원으로서 민주 시민의 자질을 함양하는 것이다. '법과 사회' 과목은 사회문제를 법적 관점에서 비판적으로 사고하는 능력, 법적 문제를 합리적으로 해결하는 능력, 사법과 입법 자료를 분석·활용하는 능력, 분쟁 해결 과정에서 협력적 소통 능력 등 민주 시민으로서 공동체의 발전에 능동적으로 참여할 수 있는 역량을 함양하는 것을 목표로 한다(교육부, 2022b: 219).

요약하면, 법 교육은 법에 대한 이해에 기초하여 법적 문제를 비판적으로 성찰하고 합리적으로 해결하는 능력을 함양하고 올바른 법의식을 형성하는 것을 목표로 한다. 법 교육에서 육성하고자 하는 **'법의식'**은 크게 3가지 영역으로 구성되어 있다(곽한영, 2007: 85-86).

① **인지적 영역:** 법적 지식, 법에 대한 인식, 법의 필요성 자각, 법적 추론
② **정서적 영역:** 법적 동일시, 친근감, 신뢰감, 중화 기제, 비행에 우호적 태도
③ **행동적 영역:** 법적 효능감, 법 사용 의사, 법적 관용성

3) 법 교육의 내용

법 교육의 성격과 목표에 대한 강조점에 따라 다를 수 있지만, 일반적으로 법 교육은 법에 대한 기본 지식과 이해, 법적 사고력, 법적 문제의 해결 능력, 법의식과 준법 태도, 법률생활에의 참여 등과 관련된 내용으로 구성된다.

학자/기관	법교육의 내용 요소
교육부 (2022b)	• 개인생활과 법: 혼인, 출생, 상속, 계약, 부동산, 권리와 의미 • 국가생활과 법: 헌법의 원리, 기본권, 형법, 범죄 성립 요건, 형벌의 종류와 절차, 법원 • 사회생활과 법: 근로자 권리, 사회보장법, 경제법, 지적 재산권 • 학교생활과 법: 학생의 법적 지위, 학교 폭력, 법, 조약, 판례
박상준 (2017a)	법의 의미와 기능, 권리·의무와 헌법, 가정생활과 법, 학교생활과 법, 사회생활과 법, 범죄와 형벌, 법문화와 법의식

(교육부, 2022b: 221; 박상준, 2017a: 56-58)

이러한 법 교육의 목표와 내용 요소가 2022 개정 통합사회에 어떻게 반영되었는지 살펴보면 다음과 같다.

❙ 2022 개정 통합사회 중 법 교육 관련 내용 ❙

주제	내용 요소
통합적 관점	• 사회적 관점
인권 보장과 헌법	• 인권의 확장 • 시민 참여 • 헌법
사회 정의와 불평등	• 사회 불평등: 정의 실현 제도

3. 경제 교육

1) 경제 교육의 의미

자본주의 사회에서는 어린 학생도 소비자로서 경제활동에 참여하고, 성인이 되어서 노동자 또는 투자자, 생산자로서 경제활동을 수행할 것이다. 그러므로 학생들에게 경제활동에 대해 이해하고 합리적으로 '경제적 의사결정'을 할 수 있는 능력을 기르는 경제 교육이 필요하다.

경제 교육이 무엇인가에 대해서도 다양한 견해가 존재한다. M. C. Schug(1985)는 "경제 교육을 경제학의 기본 개념과 원리에 대한 이해와 적용을 통하여 경제적 의사결정 과정을 도와주는 것"으로 이해하였다. 다른 한편 안병근은 "경제 교육을 학생들이 개인적, 사회적 경제 문제에 직면할 경우에 합리적 사고와 합리적 의사결정을 함으로써 책임 있는 시민의 성장을 목표로 하는 교육이다"라고 정의하였다(안병근, 2005: 10-11).

여러 학자의 견해를 종합하면, **경제 교육**은 경제 현상에 대한 이해에 기초하여 경제 문제를 합리적으로 해결하는 능력과 경제적 사고력을 육성함으로써 경제생활을 합리적으로 영위하는 경제 주체의 자질을 기르는 교육이다.

2) 경제 교육의 목표

경제 교육은 단순히 경제학적 지식을 가르치는 것이 아니라 경제적 개념과 원리의 이해를 통해 경제문제를 해결하고 합리적인 경제활동을 하는 것을 도와주기 위한 것이다.

경제 교육의 목표가 무엇인가에 대해서는 다양한 견해가 존재하지만, 일반적으로 3가지로 제시될 수 있다(김진영 · 박형준, 2004: 25).

① 경제 현상을 지배하는 개념, 경제 원리나 법칙의 이해 증진
② 당면한 경제 문제를 해결하기 위한 합리적 의사결정 능력 배양
③ 경제발전과 복지사회 건설에 참여하는 태도나 가치관의 함양

사회과의 한 영역으로서 경제 교육은 경제생활에서 요구되는 경제적 사고력과 경제 문제의 해결력을 기르는 과목이다. 경제 과목은 경제 지식과 사고력 및 가치를 바탕으로 개인적 · 사회적 차원에서 합리적이고 책임있는 경제 역할을 수행할 수 있는 민주 시민의 자질을 함양하는 것을 목표로 한다(교육부, 2022b: 230).

여러 견해를 종합하면, 경제 교육의 목표는 다음과 같이 제시될 수 있다.

❙ 경제 교육의 목표와 구성 요소 ❙

목표	구성 요소
경제적 지식	• 경제 현상 관련 사실, 개념, 법칙, 이론의 이해
경제적 기능	• 경제 문제 해결을 위한 합리적 의사 결정 능력 • 경제 문제에 대한 합리적 선택 능력
경제적 가치와 태도	• 경제생활 관련 가치(자유, 평등, 정의, 경제발전, 복지 등) • 경제적 태도(노동자의 근면성, 기업의 사회적 책임 등)
경제적 행위와 실천	• 합리적 경제 활동(합리적 소비와 투자, 윤리적 소비 등) • 경제 문제 해결에의 참여와 해결 노력

3) 경제 교육의 내용

경제 교육에서 가르쳐야 할 내용이 무엇인가에 대해서는 여러 가지 견해가 있다. 1977년 미국경제교육협회(NCEE)는 경제 교육의 내용과 방법에 대하여 다음과 같은 결론을 제시하였다(안병근, 2005: 20).

(1) 사실적 지식을 많이 아는 것보다 기본적인 경제 개념을 이해하는 것이 중요하다.

(2) 학생이 기본적인 경제 개념과 그 개념들의 상관관계를 잘 이해할 수 있도록 지도해야 한다.

(3) 학생이 경제를 잘 이해할 수 있도록 경제학 개념의 구조를 제공하고, 체계적이고 객관적 분석을 하는 사고 습관을 길러 주어야 한다.

그리고 1998년 미국 경제교육협회는 경제 교육에서 가르쳐야 할 내용 기준을 20가지 제시하였다(안병근, 2005: 23). 그와 비슷하게 2007년 한국경제교육협의회(KCEE)는 경제 교육에서 가르쳐야 할 주요 개념을 20가지로 제시했다.

단체	경제교육의 주요 개념
NCEE (1998)	① 희소성과 선택, ② 비용 편익 분석을 통한 효율적 의사결정, ③ 자원배분과 경제체제, ④ 인센티브, ⑤ 자발적 교환, ⑥ 특화, ⑦ 시장과 가격, ⑧수요와 공급, ⑨ 경쟁의 역할, ⑩ 경제기구, ⑪ 화폐, ⑫ 이자율, ⑬ 생산요소와 소득, ⑭ 이윤과 기업가, ⑮ 투자와 경제성장, ⑯ 정부의 역할, ⑰ 정부의 비효율성, ⑱ 국내 총생산의 결정, ⑲ 실업과 인플레이션, ⑳ 통화정책과 재정정책
KCEE (2007)	① 희소성과 선택, ② 경제체제와 제도, ③ 시장과 경쟁, ④ 수요・공급과 가격, ⑤ 생산과 소비, ⑥ 화폐와 금융, ⑦ 임금과 이자, ⑧ 정부의 역할, ⑨ 국민소득, ⑩ 실업과 인플레이션, ⑪ 국제무역, ⑫ 환율

(NCEE, 1998; KCEE, 2007: 39)

이러한 경제 교육의 주요 개념과 내용 요소가 2022 개정 통합사회에 어떻게 반영되었는지 살펴보면 다음과 같다.

❙ 2022 개정 통합사회 중 경제 교육 관련 내용 ❙

주제	내용 요소
통합적 관점	• 사회적 관점
인간, 사회, 환경과 행복	• 행복의 조건: 경제적 안정
시장경제와 지속 가능 발전	• 시장경제와 합리적 선택 • 국제 분업과 무역 • 경제 주체와 역할 • 금융 생활
세계화와 평화	• 세계화: 세계화의 양상과 문제점

4. 사회 · 문화 교육

1) 사회 · 문화 교육의 의미

법 교육이나 경제 교육과 달리, 사회 · 문화 교육에 대한 연구는 별로 이루어지지 않았다. 이런 상황에서 최현섭은 "사회 · 문화 교육은 구성원들에게 사회, 문화의 구조와 과정에 개혁적으로 개입하도록 하는 실천 역량을 함양하여 국가의 사회 · 문화적 측면을 발전시키는 교과교육이다"라고 정의하였다(최현섭, 1991: 56). 다시 말하면 사회 · 문화 교육은 사회학과 인류학의 지식, 방법, 탐구 자세를 바탕으로 사회 · 문화 현상을 비판적으로 분석하고 반성적으로 재조명하여 사회, 문화적 삶을 변화, 발전시키는 주체적이고 자율적인 능력과 자질을 함양하는 교육활동이다(최현섭, 1994: 166).

다른 한편 장원순은 "사회 · 문화 교육은 학생들이 사회 · 문화적 삶을 바르게 이해하고 반성적으로 재조명하는 과정을 통하여 궁극적으로 사회 · 문화적 삶을 원만하게 그리고 주체적이고 자율적으로 살아갈 수 있는 행위능력을 길러주기 위한 교과이다"라고 정의하였다(장원순, 2006: 10,16).

여러 학자의 견해를 종합하면, "**사회 · 문화 교육**은 사회현상과 문화현상에 대한 이해에 기초하여 사회적 · 문화적 문제에 대하여 비판적으로 사고하고 합리적으로 해결하는 능력과 보편적 가치를 함양하여 사회생활과 문화생활을 주체적으로 영위하는 시민을 육성하려는 교육이다"라고 할 수 있다.

2) 사회 · 문화 교육의 목표

사회 · 문화 교육은 사회과학자 또는 인류학자가 아니라 사회 · 문화 현상의 이해에 기초하여 사회문제를 해결하고 사회생활과 문화생활을 영위하는 '일반 시민'을 육성하는 것을 목표로 한다. 그래서 사회 · 문화 교육은 일상적인 사회 · 문화 현상에 관한 과학적 이해, 보편적 가치와 태도의 형성, 사회적 · 문화적 문제에 대한 비판적 사고력과 합리적 의사 결정력의 신장, 사회생활과 문화생활에의 주체적 참여와 실천을 목표로 한다(박상준, 2004: 2-3).

사회 · 문화 교육은 개인이 타인과 지속적으로 상호작용하는 사회적 존재이고 사회 구조의 영향을 받고 사회를 변화시키는 주체임을 인식하고 민주 시민으로서 사회에 참여하는 역량을 함양하는 과목이다. '사회와 문화' 과목은 다양한 사회현상에 대한 개념과 이론을 학습하고 이를 바탕으로 사회현상에 대한 과학적 탐구를 통해 비판적 사고력과 의사 결정력을 기르며, 사회 변동 및 사회 불평등, 문화 다양성에 대하여 관심을 가지고 사회에 적극 참여하는 민주시민을 육성하는 것을 목표로 한다(교육부, 2022b: 151).

여러 견해를 종합하여 사회 · 문화 교육의 목표를 제시하면 다음과 같다.

| 사회 · 문화 교육의 목표 |

목표	구성 요소
사회 · 문화 관련 지식	• 사회 · 문화 현상 관련 사실, 개념, 일반화, 이론의 이해 • 사회 · 문화 현상의 이해 관점 및 탐구 방법의 습득
사회 · 문화 관련 기능	• 사회문제의 합리적 해결 능력 • 사회 · 문화 현상 관련 정보 활용 능력 및 비판적 사고력
사회 · 문화 관련 가치와 태도	• 사회 · 문화 생활 관련 가치(자유, 평등, 정의, 관용, 다양성 등) • 사회 · 문화 생활 태도(협력, 배려, 문화 상대주의 등)
사회 · 문화생활의 참여	• 사회 · 문화 생활에의 능동적 참여 • 사회문제 해결에의 참여와 해결 노력

3) 사회 · 문화 교육의 내용

사회 · 문화 교육의 내용은 사회문제의 해결과 사회적 행위의 실천에 직접적으로 도움이 되는 '실천적 지식'(practical knowledge)을 중심으로 구성해야 한다. 명제적 지식과 달리, 실천적 지식은 '실제 상황에서 무엇을 할 줄 아는 것'과 관련된 지식이다(박상준, 2004: 15-16).

사회 · 문화 교육에서 가르쳐야 할 주요 개념들은 다음과 같다.

학자	사회 · 문화 교육의 주요 개념
Banks (1990)	• 사회학: 사회화, 역할, 규범과 제재, 가치, 사회 운동, 사회 계층, 의사소통, 상호 의존성, 사회, 사회집단과 조직, 갈등, 사회 변동 • 인류학: 문화, 문화 전파, 문화화, 전통, 상징, 종교, 문화 상대주의, 통과 의례
Savage & Armstrong (2000)	• 사회학: 사회화, 지위, 역할, 규범, 가치, 제재, 갈등, 편견, 인종주의, 차별, 관습, 전통, 신념, 사회제도, 사회 계층, 계급, 집단, 협동, 경쟁, 동화, 이주, 집합 행동 • 인류학: 문화, 문화 변동, 문화 지체, 적응, 문화 전파, 문화 해체, 관례, 종교, 전통, 인종, 자문화중심주의, 핵가족, 확대가족, 학습된 행동, 기술, 발명

(Banks, 1990: 295-304, 318-328; Savage & Armstrong, 2000: 119, 127)

이러한 사회 · 문화 교육의 주요 개념과 내용 요소가 2022 개정 통합사회에 어떻게 반영되었는지 살펴보면 다음과 같다.

▎2022 개정 통합사회 중 사회 · 문화 교육 관련 내용▎

주제	내용 요소	
통합적 관점	• 사회적 관점	
문화와 다양성	• 문화권 • 문화 변동	• 문화 상대주의 • 다문화사회
생활공간과 사회	• 생활공간과 생활양식: 생활양식의 변화와 문제 해결	
미래와 지속 가능한 삶	• 미래 삶의 방향: 미래 사회의 모습과 방향	

5. 지리 교육

1) 지리 교육의 의미

지리 교육에 대한 정의는 학자마다 다양하다. 임덕순은 “지리 교육을 폭넓은 지리적 통찰력을 지닌 민주적·애국적 인간을 양성하는 것”으로 규정했고, 미국 교육부의 지리평가위원회는 “지리적 지식과 기능을 발견하여 이를 체계적으로 실생활에 적용하는 시민을 기르는 것”으로 정의했다(서태열, 2010: 61).

그러나 일반적으로 “**지리 교육**은 지리학적 지식과 탐구 방식에 대한 이해를 통하여 지리적 관점에서 세계를 이해하고 가치 있는 세계에 입문하도록 도와주는 교육”이다(서태열, 2010: 36). 지리 교육은 지리적 지식과 기능을 발견하여 실생활에 적용할 수 있는 시민을 기르는 교육이라 할 수 있다.

지리 교육은 단순히 지리학의 지식을 개론적으로 가르치는 것이 아니라 지리적 지식을 통하여 지리 현상과 세계를 이해하도록 도와주는 것이다. 사회과의 한 영역으로서 지리 교육은 자연환경 및 인문환경에 대한 지식을 바탕으로 지리적 현상과 인간 생활방식의 상호 관계를 이해하고 공간상에 나타나는 문제들을 지리적 관점으로 파악하여 대응할 수 있는 능력을 기르는 과목이다(교육과학기술부, 2012: 79).

2) 지리 교육의 목표

여러 학자의 견해를 종합하여, 서태열은 지리 교육의 목표를 (1) 장소감, (2) 지리 도해력, (3) 공간 능력, (4) 지리적 상상력으로 제시하였다(서태열, 2010: 69-75).

장소감(sense of place)은 특정 장소에 대한 느낌을 넘어서 장소에 대한 인지적 인식과 함께 장소에 대한 정서적 유대감을 모두 포괄하는 개념이다. E. Relph(1976)는 장소감을 개인과 공동체 구성원으로서 어떤 장소에 속해 있다는 느낌이라고 정의했다.

또한 M. H. Matthews(1992)는 장소감을 인간과 장소 간의 정서적 유대라고 규정했다. 장소감은 개인이 경험과 의미 부여를 통해 어떤 장소에 대해 갖는 정서적 유대감이다. 사람은 어떤 장소와 만나면서 그 장소가 지리적으로 어떤 특성을 가진 곳인지 인식하고 나아가 그 장소에 대한 친밀감, 애착심, 소속감 등 정서적 유대감을 형성하게 된다. 이러한 장소에 대한 지리적 인식과 정서적 유대감이 바로 장소감이다.

지리 도해력(geo-graphicacy)은 언어나 숫자로 표시하기 어려운 공간의 정보를 전달할 수 있는 소통 능력이다(Balchin, 1976: 33-38). 다시 말하면, 도해력은 지도, 사진, 도표 등을 통해 지리적 정보를 시각적·공간적으로 표시하고 전달할 수 있는 능력이다. 도해력은 문해력, 수리력, 표현력과 함께 인간의 기본적 능력으로 간주된다. 도해력의 교육에서는 지리적 정보를 다양한 그래픽으로 표현하고 만들 수 있는 활동을 제공하는 것이 필요하다. 그래서 지도 학습은 도해력을 기르는 데 중요한 역할을 한다.

3) 지리 교육의 내용

지리 교육은 지리 현상을 종합적으로 파악하고, 지리적 관점과 탐구 방식에 의거해 지리적 현상과 문제를 분석하고 해결할 수 있는 '지리적 사고력'을 기르고자 한다. 이런 능력을 육성하기 위해서 지리 교육의 내용은 지리의 핵심 개념, 지리적 탐구 방법, 지리적 사고와 추론, 지리적 상상력 등으로 구성된다(서태열, 2010: 92-113).

지리 교육에서 가르쳐야 할 핵심 개념 또는 주제를 정리하면 다음과 같다

학자/단체	지리교육의 핵심개념 또는 주제
E.N. Thomas(1964)	지리적 사실, 공간적 분포, 지역 결합
R. Hall(1982)	장소, 경관, 지역, 공간, 환경
미국 지리 교육공동위원회(1984)	입지, 장소, 장소 내의 연관성, 이동, 지역

(서태열, 2010: 95-99).

이러한 지리 교육의 핵심 개념과 내용 요소가 2022 개정 통합사회에 어떻게 반영되었는지 살펴보면 다음과 같다.

❙ 2022 개정 통합사회 중 지리 교육 관련 내용 ❙

주제	내용 요소	
통합적 관점	• 공간적 관점	
인간, 사회, 환경과 행복	• 행복의 조건: 정주 환경의 조성	
자연환경과 인간	• 자연환경 • 자연관	• 환경 문제 • 생태 시민
생활공간과 사회	• 산업화와 도시화 • 교통 · 통신과 과학기술의 발달	• 생활공간과 생활양식 • 지역 사회
미래와 지속 가능한 삶	• 인구 문제	• 자원 위기: 기후 변화

6. 역사 교육

1) 역사 교육의 의미

역사 교육이 무엇인가에 대해서는 다양한 견해가 존재한다. 교과교육으로서 역사 교육은 초·중등학교에서 역사를 가르치는 데 유용한 교수 방법의 개발과 적용에 관한 것으로 간주되거나 역사와 관련된 교수 내용 지식에 대한 교육으로 이해되기도 한다. 넓은 의미에서 역사 교육은 역사학의 내용과 방법을 교육적 목적으로 이해하고 구성하는 것과 관련된 지식과 연구의 체계를 말한다(양호완 외, 2010: 17-24).

그러나 일반적으로 "**역사 교육**은 과거에 관한 지식을 가르치고 그에 기초하여 역사적 사고력을 신장시키며, 바람직한 역사적 가치관과 태도를 함양하기 위한 교육활동"이라고 할 수 있다(정선영 외, 2009: 19-20). 사회과의 한 영역으로 역사 교육은 인류가 살아온 과거의 다양한 모습을 이해함으로써 현재를 성찰하고 미래를 조망하는 능력을 기르는 과목이다. 역사 과목은 사료의 분석과 해석 과정에서 탐구 능력과 역사적 지식을 형성하고, 또한 과거를 공간적 다양성과 시간적 변화 과정 측면에서 파악하여, 현대 사회의 문제 해결 방안을 모색하는 통찰력을 갖춘 시민성을 함양하는 것이다(교육부, 2022b: 75).

사회과와 역사과의 관계에 대해서는 통합을 강조한 입장과 역사과의 독립을 주장한 입장이 있다. 어느 입장을 취하든지 역사과는 시민성 교육을 목표로 하고, 민주 시민에게 필요한 지식, 가치, 태도 등을 육성하며, 인간의 사회생활을 다루는 교과교육이라는 점에서 지리, 일반사회와 공통점을 갖고 있다. 그러나 역사과와 지리 및 일반사회 교과는 다른 부분도 있다. 지리는 주로 사회생활의 공간적 측면을, 일반사회는 현상적·원리적 측면을 다루지만, 역사는 사회생활의 시간적 측면을 다룬다는 점에서 다르다. 즉, 역사과는 사회생활에 대한 과학적 설명과 원리의 발견보다는 인간 행위와 사건의 동기와 성격에 대한 해석 및 상상적 이해 등을 강조한다(정선영 외, 2009: 22-24).

2) 역사 교육의 목표

여러 가지 견해를 종합하면, 역사 교육의 목표는 크게 ① 역사적 교훈의 획득, ② 유산의 전승, ③ 현재의 이해, ④ 인격과 교양의 육성, ⑤ 역사의식과 역사적 사고력으로 제시될 수 있다(최상훈 외, 2010: 15-26).

최근에는 사실을 전달하는 것보다는 '역사 의식'과 '역사적 사고력'이 역사 교육의 목표로 강조된다(양호환 외, 2010: 50-65, 307-384). 2022 개정 사회과 교육과정에서 역사 과목은 역사적 사실의 학습이 아니라 역사를 체계적·종합적으로 이해하는 것을 목표로 제시했다. 역사 과목은 역사적 탐구 과정을 통해 비판적으로 사고·판단하며 역사적 지식과 역사관을 형성하고, 이를 통해 현대 사회의 문제들에 대한 통찰력을 갖추게 하는 것이다(교육부, 2022b: 75).

'역사 의식'(historical consciousness)은 역사가 무엇인가에 대한 관점을 비롯하여 역사 속에서 자신의 존재를 파악하고, 문제를 발견하고 실천하려는 의식을 포함하는 데, 6가지 요소로 구성된다(최상훈 외, 2010: 23-24).

① **역 사 관**: 역사란 무엇인가에 대한 관점
② **자아의식**: 역사 속에서 자신의 실체를 파악하는 의식
③ **존재의식**: 역사 속에서 자신의 위치에 대한 의식
④ **시간의식**: 역사 속에서 시간의 존재와 시대의 차이에 대한 인식
⑤ **변화의식**: 역사의 변화와 발전에 대한 의식)
⑥ **실천의식**: 역사 속에서 인간과 사회의 문제 해결과 실천에 관한 의식)

'역사적 사고력'(historical thinking)은 어떤 문제에 처했을 때 역사적 지식을 활용하여 역사 문제에 가설을 세우고 해결 방안을 모색하면서 역사를 이해하려는 복합적인 정신의 능력이다. 역사적 사고력은 보통 4가지 하위 범주로 구성된다(최상훈 외, 2010: 25).

① **연대기 파악력**: 시간에 따른 변화를 중시하고 인간의 삶과 여러 현상을 연대기 속에서 이해하는 능력
② **역사적 탐구력**: 사료를 근거로 과거 사건이나 행위에 대한 해석과 설명을 통해 이해를 도출하는 능력
③ **역사적 상상력**: 사료의 불완전성을 보완하기 위해 관련 근거를 토대로 증거의 간극을 채워가거나 과거 인물의 심적 상황을 추체험하는 능력
④ **역사적 판단력**: 증거의 중요성을 판별하고 자료를 해석하고 추론하는 과정에서 편견을 찾아내고 균형 잡힌 결론을 도출하는 능력

요약하면, 역사 교육은 역사를 체계적·종합적으로 이해하고 자료에 대한 분석·해석을 통해 역사적 탐구력과 판단력을 기르고 다양한 정체성과 가치를 존중하며 현대 사회의 문제들에 대한 통찰력을 갖춘 시민성을 함양하는 것을 목표로 한다(교육부, 2022b: 75).

3) 역사 교육의 내용

역사 교육에서 가르쳐야 할 내용은 역사적 사실, 개념, 일반화, 탐구방법, 시대적·사회적 요구와 관련된 내용을 포함한다(정선영 외, 2009: 109-120). 역사 교육의 내용은 크게 역사 지식, 역사적 사고력, 역사적 태도 3가지로 구성된다(최상훈 외, 2010: 52-71). '역사 지식'은 역사와 관련된 구체적 사실(史實)과 개념, 일반화, 이론을 포함한다. '역사적 사고력'은 연대기 속에서 역사적 사실을 이해하며 사실의 의미를 해석하고, 객관적 자료에 의거해 역사적 문제를 추론하고 판단하는 능력이다. '역사적 태도'는 역사 교육을 통해 삶의 다양성을 이해하고 관용하는 태도, 역사의 변화를 추구하는 태도, 역사의 주체가 되려는 태도 등으로 구성된다.

역사 교육에서 개념은 그 자체가 목적이 아니라 역사적 사실을 이해하고 해석하기 위한 도구로서 가르쳐진다.

학자	역사교육의 주요 개념
최상훈 외 (2010)	변화, 지속, 시대, 발전, 인과관계, 사료, 증거, 실증, 문화사, 경제사, 심성사, 풍속사, 노동사, 노예제, 종교개혁, 절대주의, 계몽사상 등
Savage & Armstrong (2000)	변화, 계속성, 연대기, 다중 인과관계, 해석, 타당성, 사료(1차, 2차), 연대, 시대, 혁신

(최상훈 외, 2010: 61; Savage & Armstrong, 2000: 42)

2022 개정 역사 교육과정은 역사적 지식에서 벗어나 탐구 중심의 역사 교육과정으로 재구조화했다. 즉, 학생이 스스로 역사적 탐구 질문을 정하고 관련 자료를 비판적으로 분석하고 해석하여 결론을 도출하는 탐구의 과정을 강조했다(김정인 외, 2022: 2). 하지만 실제 역사 수업에서 탐구는 자연현상처럼 사건의 인과관계를 밝히는 것이 아니라 넓은 의미에서 역사적 자료를 분석·해석하여 사실 간의 상관관계를 파악하는 것이다(김한종, 2007: 118).

역사 교육에서 강조하는 **'탐구의 과정'**은 다음과 같다(교육부: 2022b: 94).

① 다양한 자료를 바탕으로 탐구 주제 설정하기
② 신뢰할 수 있는 자료를 증거로 선택하기
③ 역사적 맥락에서 자료를 비판적으로 분석하고 해석하기
④ 탐구 주제의 결론을 다양한 방식으로 표현하기

기본적으로 사회현상과 문제를 종합적으로 파악하기 위해서는 시간의 흐름 속에서 어떻게 변화되었는지를 살펴보는 것이 필요한 데, 이때 시간적 관점 또는 역사적 관점이 적용된다. 이런 점에서 2022 개정 통합사회는 역사와 관련된 내용이 별개의 주제와 단원으로 구성되지 않았지만, 많은 주제와 내용이 시간적 관점에서 탐색하는 것을 필요로 한다.

이러한 역사 교육의 주요 개념과 내용 요소가 2022 개정 통합사회에 어떻게 반영되었는지 살펴보면 다음과 같다.

❙ 2022 개정 통합사회 중 역사 교육 관련 내용 ❙

주제	내용 요소
통합적 관점	• 시간적 관점
인간, 사회, 환경과 행복	• 행복의 의미: 시대에 따른 행복의 의미와 기준 변화
문화와 다양성	• 문화 변동: 시대에 따른 문화의 변동
세계화와 평화	• 평화: 동아시아 역사 갈등 상황

7. 도덕 교육

1) 도덕 교육의 의미와 목표

사람이 갖추어야 할 도덕(성)이 무엇이고, 어떤 것을 강조하느냐에 따라 도덕 교육의 목표와 내용이 달라진다. **'도덕 사회화'**의 관점에서 뒤르켐(E. Durkheim)은 도덕을 사회적으로 형성된 규범으로 이해하였다. 이 관점에 따르면, 도덕

교육은 학생들에게 사회적 규범이나 관습을 내면화시켜서 사회생활에 입문하도록 도와주는 것이다. 다음 세대에게 기존의 사회적 규범이나 관습을 내면화시킴으로써 사회가 계속 유지될 수 있다는 입장이다(추병완, 2011: 43-45).

도덕적 사회화의 입장은 최근 교실 붕괴와 학교 폭력이 증가하고 갑질이 일상화되고 인간성이 상실되어 가면서, 인격 교육 또는 인성 교육(character education)으로 부활하여 강조되고 있다. 미국은 1994년 '미국학교 향상법'을 제정하여 학교에서 인성 교육 주 파일럿 프로젝트 프로그램을 운영하도록 하였다. 또한 2011년에는 '학술적 · 사회적 · 정서적 학습법'을 제정하여 학생의 인성과 행동 개선을 위한 훈련 프로그램을 운영하고 있다. 그리고 우리나라는 2015년 '인성교육진흥법'을 제정하여 학교는 매년 1시간 이상 교사 연수를 실시하고, 창의적 체험 활동에서 인성 교육을 의무적으로 실시하도록 규정하였다(박상준, 2023a: 88-89, 367-370).

반면에 도덕을 사회적 규범이나 덕성이 아니라 도덕적 사고력으로 이해하는 입장이 있다. 이런 입장에서 피아제(J. Piaget)와 콜버그(L. Kohlberg)는 도덕적 사회화의 관점에서 기존의 사회적 규범이나 가치를 내면화하는 도덕교육은 상대주의적인 덕목이나 가치를 학생이 비판적으로 성찰할 기회를 주지 않고 주입하는 문제가 있다고 비판하였다(박상준, 2023a: 286-287).

이러한 한계를 극복하기 위해서 콜버그는 **'인지 발달론적 접근'**(cognitive-developmental approach)에 따라 딜레마 상황에서 가치 갈등에 대한 소크라테스식 토론을 통해 도덕적 추론 능력을 발달시키는 도덕 교육을 제시했다. 콜버그는 아동의 도덕적 추론 능력은 연령에 따라 일련의 단계를 거쳐 상승하고, 한번 상승한 도덕 추론 단계는 아래 단계로 퇴행하지 않는다는 도덕 발달론을 주장했다(Kohlberg, 1981: 56-59).

콜버그의 **'도덕적 추론'**(moral reasoning)은 딜레마 상황에서 가치 갈등을 해결하는 도덕 판단을 내리고 합리적 이유에 근거해 정당화하는 사고 과정이다. 도덕적 딜레마 토론은 학생들이 갈등 상황에 직면하여 현재의 도덕 수준에 불만족을 느끼도록 유도함으로써 상충하는 도덕적 관점과 가치를 자유롭게 비교하는 토론과 관점 교환을 경험하면서 한 단계 높은 도덕 추론을 경험하게 하는 과정이다(Kohlberg, 1976: 214).

인지 발달론적 입장에서 도덕 교육은 도덕적 추론(판단) 능력의 발달을 목표로 한다. 왜냐하면 도덕적 추론이 도덕 행위를 결정하는 가장 중요한 요소이고, 도덕적 추론(판단)이 그대로 도덕적 행위로 연결될 것이라고 가정했기 때문이다(Kohlberg, 1976: 206). 또한 도덕적 추론 능력은 시대와 사회에 따라 변하지 않고 '보편적 특성'을 갖기 때문에, 콜버그는 도덕적 사회화에 반대하면서, '보편적' 도덕적 추론 능력의 발달을 도덕 교육의 목표로 강조했다.

2) 도덕 교육의 통합적 접근

그러나 도덕적 사회화의 관점에서 도덕 교육은 시대와 사회에 따라 변하는 '상대주의적' 규범이나 덕목에 대해 비판적 토론과 성찰의 기회 없이 일방적으로 '주입'하거나 '교화'시키는 문제를 지녔다(박상준, 2023a: 286-287). 반면에 인지 발달론의 관점에서 도덕 교육은 실제 상황에서 도덕적 행위를 결정하는 '정의적 요소'를 간과하는 한계를 지녔다. 첫째, 콜버그의 가정과 달리, 실제 상황에서 도덕적 추론(판단)은 도덕적 행위로 곧바로 연결되지 않았다(박상준, 2002: 18-22).

또한 콜버그는 도덕적 추론과 도덕 행동에서 인지적 요소만 고려했기 때문에, 실제 도덕적 판단과 행동에 큰 영향을 미치는 정의적 요소를 간과했다. 실제 상황에서는 이해 관심, 정서, 도덕적 분위기 등 정의적 요소가 개인의 도덕적 판단과 행위에 커다란 영향을 미친다.

그래서 최근 덕성의 내면화와 도덕적 추론을 통합하려는 시도가 이루어지고 있다. 피터스(R. S. Peters)는 전통적인 습관, 덕성과 합리적인 이성을 결합한 도덕 교육을 주장했다. 그는 초기에 습관과 전통을 습득하고 그런 토대 위에 합리적이고 자율적인 주체가 이성을 활용해야 한다고 제시했다. 즉, 습관과 전통의 뜰을 지나 이성의 궁전에 들어갈 수 있다는 것이다(박병기 · 추병환, 2017:

333-336).

다른 한편 리코나(T. Lickona)는 도덕적 사회화와 인지 발달론적 접근을 종합하여 통합적 접근을 시도했다. Plato은 덕을 아는 사람은 덕스럽게 된다고 보고 덕에 대한 '지식'의 인식을 강조했다. 반면에 Aristotle은 덕스러운 행동을 함으로써 덕스러운 인간이 된다고 보고 성품의 습득을 강조했다. 플라톤과 아리스토텔레스의 입장을 결합하여 리코나는 도덕 교육에 대한 **'통합적 접근'**을 제시했다. 그의 통합적 접근은 인격 또는 덕성의 3가지 요소, 즉 도덕적 지식, 도덕적 정서, 도덕적 행위의 상호 연관성을 개발하는 것이었다(Lickona, 1992: 67).

도덕적 지식은 도덕에 대한 인식, 도덕적 가치에 대한 지식, 관점 채택, 도덕적 추론, 의사 결정, 자기에 대한 지식으로, 도덕적 정서는 양심, 자기 존중, 감정 이입, 선에 대한 사랑, 자기 통제, 겸손으로, 도덕적 행위는 도덕적으로 행동할 역량, 의지, 습관으로 구성된다(박병기・추병환, 2017: 400-408, 재인용).

통합적 접근에 따르면, 도덕 교육은 도덕적 사고와 도덕적 행위의 연결고리로서 도덕적 가치와 정서도 가르쳐야 하고, 도덕적 판단을 실제 상황에서 실천해 봄으로써 도덕적 행위를 지속적으로 행하도록 하는 성품을 함양시켜야 한다.

이러한 맥락에서 2022 개정 도덕과 교육과정은 도덕 교육을 통합적 접근에 따라 규정했다. 도덕성을 개인적 도덕성과 사회적 도덕성으로 또는 사회적 규범과 보편적 판단 능력으로 규정했다. 두 유형의 도덕성이 지닌 유기적 관계에 기초하여 도덕 교육은 도덕적 가치를 체득하고 도덕적 판단과 실천을 연계하도록 가르침으로써 도덕적 인간을 기르고 나아가 정의로운 사회를 만드는 시민을 육성하는 것을 목표로 한다(교육부, 2022a: 5-6).

3) 도덕 교육의 내용

오늘날 도덕 교육은 통합적 접근에 따라 도덕적 지식의 비판적 이해, 도덕적 사고와 정서의 습득, 도덕적 가치와 태도의 함양 등을 종합적으로 가르치고자 한다. 이러한 도덕 교육의 내용은 **'가치 관계 확장법'**에 따라 자신과 관계,

타인과 관계, 사회·공동체와 관계, 자연과 관계로 구성된다(정창우, 2009: 55-58). 가치 관계 확장법은 자신-타인-사회·공동체 -자연과의 관계로 확장하면서 "어떻게 도덕적으로 살 것인가"와 관련된 내용으로 구성하는 원리이다.

2022 개정 도덕과 교육과정에서 도덕 교육의 4개 영역과 관련 내용을 살펴보면 다음과 같다.

영역	도덕교육의 내용 요소	
자신과 관계	• 도덕적 판단 능력 • 도덕적 정서	• 일상적 실천
타인과 관계	• 사회 규범 • 내적 도덕성(덕성)	• 일상적 실천
사회 및 공동체와 관계	• 비판적 사고 • 배려 • 민주적 가치 · 덕목 · 규범	• 내면화 • 일상적 실천
자연과의 관계	• 비판적 성찰 • 생태 윤리	• 지속 가능한 삶

(교육부, 2022a [별책6]: 6)

이러한 도덕 교육의 목표와 내용 요소가 2022 개정 통합사회에 어떻게 반영되었는지 살펴보면 다음과 같다.

❙ 2022 개정 통합사회 중 도덕 교육 관련 내용 ❙

주제	내용 요소	
통합적 관점	• 윤리적 관점	
인간, 사회, 환경과 행복	• 행복의 의미	• 행복의 조건: 도덕적 실천
자연환경과 인간	• 환경문제: 환경 윤리	• 생태 시민: 생태 윤리
문화와 다양성	• 문화 상대주의와 보편 윤리	
사회 정의와 불평등	• 정의의 실질적 기준	
미래와 지속 가능한 삶	• 미래 삶의 방향: 생태 윤리	

제6장

통합사회 교육과정의 조직 원리

앞에서 살펴보았듯이, 사회현상과 문제는 매우 복잡하고 상호 연계되어 작동한다. 그래서 미래 사회는 복잡한 현상이나 문제를 종합적으로 이해하여 비판적이고 창의적으로 해결하는 복합적 문제 해결력, 즉 융합적 역량을 필요로 한다.

이러한 미래 사회의 요구를 고려할 때, 통합사회 교육과정은 정치, 법, 경제, 문화, 지리, 역사, 도덕, 수학, 과학, 기술 영역의 주제와 관련 내용을 융합적으로 구성하는 것이 바람직하다. 복잡한 현상과 문제를 종합적으로 이해하여 창의적으로 해결하기 위해서는 하나의 분과 학문의 내용보다는 여러 학문에서 추출한 주제와 관련 내용을 결합하여 통합적 관점 또는 융합적 관점에서 구성하는 것이 필요하기 때문이다.

'통합적 관점'에서 사회과의 정치, 법, 경제, 사회와 문화, 지리, 역사, 도덕 영역의 주제와 관련 내용을 통합적으로 구성하는 방식에는 학문적 형태의 통합적 접근과 교육적 형태의 통합적 접근이 있다. 다른 한편 '융합적 관점'에서 사회과와 국어, 수학, 과학, 기술 등 여러 영역의 주제와 관련 내용을 융합적으로 구성하는 방식에는 교과 중심 융합적 접근과 주제 중심 융합적 접근이 있다.

이 장에서는 통합사회를 구성하는 두 가지 조직 원리를 유형별로 검토하고, 통합사회의 운영 현황을 살펴볼 것이다.

1. 통합 교육과정의 조직 원리

현재 통합사회는 복잡한 현상과 문제를 통합적 관점에서 종합적으로 이해하여 비판적이고 창의적으로 해결하는 시민의 역량을 함양하기 위해 정치, 법, 경제, 사회와 문화, 지리, 역사, 도덕 영역의 내용을 통합적으로 구성하고자 한다. 통합사회의 교육과정을 조직할 때, 어디에 초점을 두고 어떤 방식으로 구성하느냐에 따라 통합의 방식과 정도는 매우 다양하다.

사회과에서 통합사회 교육과정을 구성하는 방식과 유형은 학자들에 따라 다르지만, 교육의 목적과 관점에 따라 크게 '학문적 형태의 통합적 접근'과 '교육적 형태의 통합적 접근'으로 분류할 수 있다(Wraga, 1993: 201-231).

1) 학문적 형태의 통합적 접근

학문적 형태의 통합은 교육과정을 구성할 때 학문에 우선권을 두는 관점(academic priority)을 취한다. 이 관점은 교육적 목적보다는 학문의 발달을 더 중요시하고, 학교 교육의 목적을 대학 진학의 준비 과정으로 이해한다. 그래서 학문적 형태의 통합 교육과정은 각 분과 학문의 고유한 정체성을 그대로 유지하면서 각 학문의 주요 개념과 이론들로 구성된다. 이러한 통합 교육과정은 여러 교과목에서 중복되는 내용을 줄이고 주요 내용들의 상호 연결을 통해 복잡한 사회현상에 대한 이해를 더 증대시키는 데 기여한다.

학문적 형태의 통합 교육과정(integrated curriculum)은 다학문적 접근, 학제적 접근, 초학문적 접근에 따라 구성될 수 있다(Drake, 1993).

(1) 다학문적 접근

다학문적 접근(multidisciplinary approach)은 여러 학문에서 중요한 개념이나 주제를 추출하여 교육 내용을 **'별개의 단원으로 병렬적으로'** 구성하는 방식이다. 예컨대 사회과학, 인문학, 철학 등 여러 학문에서 사회생활과 관련된 개념이나 주제 등을 추출하여 별개의 단원으로 병렬적으로 조직하는 방식이다. 2022 개정 사회과 교육과정에서 초등학교와 중학교 사회 교육과정은 지리(세계 지리와 한국 지리)와 일반사회 영역(사회학, 정치학, 경제학, 법학, 문화인류학)에서 추출한 사실, 개념, 이론 등을 단원별로 병렬적으로 구성했다.

2022 개정 중학교 사회 교육과정은 다학문적 접근에 따라 지리 영역에서 12개 주제와 38개 성취 기준을 그리고 일반사회 영역에서 12개 주제와 36개 성취 기준을 각각 별개의 단원으로 병렬적으로 구성했다. 중학교 사회의 주제(단원)와 관련 내용을 구성한 방식을 살펴보면 다음과 같다.

┃중학교 사회 교육과정의 구성 방식┃

영역	주제와 내용 요소	
지리	(1) 세계화, 지리의 힘 (2) 아시아 (3) 유럽 (4) 아프리카 (5) 아메리카 (6) 오세아니아와 극지방	(7) 대한민국, 우리가 살아가는 곳 (8) 우리나라 자연환경과 인간 생활 (9) 중부 지역 (10) 남부 지역 (11) 북부 지역 (12) 지속 가능한 세계와 글로컬 시민
일반 사회	(1) 인간과 사회생활 (2) 다양한 문화의 이해 (3) 민주주의와 시민 (4) 정치과정과 시민 참여 (5) 일상생활과 법 (6) 인권과 기본권	(7) 헌법과 국가기관 (8) 경제생활과 선택 (9) 시장과 가격 (10) 우리나라 경제와 세계화 (11) 국제 사회와 한반도 (12) 사회 변동과 사회문제

(교육부, 2022b [별책7]: 40-67)

(2) 학제적 접근

학제적 접근(interdisciplinary approach)은 여러 학문에서 '공통적인' 주제와 개념을 추출하여 교육 내용을 **'통합적으로'** 조직하는 방식이다. 예컨대 '가족 문제'를 탐구하는 내용으로 구성할 때, 가족생활과 관련하여 사회학, 경제학, 정치학, 문화인류학, 심리학 등에서 공통된 개념, 일반화 - 즉, 지위와 역할(사회학), 희소성(경제학), 권력과 권위(정치학), 전통(문화인류학), 사랑과 인정(심리학), 그와 관련된 일반화 등-을 추출하여 교육 내용이 유기적으로 통합되도록 조직하는 방식이다. 학제적 접근의 사례는 다음 절에서 제시할 것이다.

(3) 초학문적 접근

초학문적 접근(transdisciplinary approach)은 특정 분과 학문을 초월하여 학생이 관심을 갖는 주제 또는 사회생활에 필요한 주제나 개념을 선정하여 새롭게 통합하는 방식이다. 이 접근에 따르면, 독립된 개별 교과목은 사라지고 학생의 흥미를 유발하고 사회생활에 필요한 주제와 개념, 활동을 중심으로 새로운 형태의 통합 과목이 형성된다.

우리나라 초등학교 1, 2학년의 '슬기로운 생활', '즐거운 생활' 과목이 초학문적 접근의 의도에 따라 새로 구성된 통합 교과라 할 수 있다. 하지만 이 교과목의 내용이 초학문적 접근의 본래 의도대로 하나의 주제 아래에 여러 가지 내용이 실질적으로 통합된 것은 아니다.

▎학문적 형태의 통합 교육과정▎

다학문적 접근	여러 학문들에서 '중요한' 개념이나 주제 등을 추출하여 교육 내용을 별개의 단원으로 '병렬적으로' 구성하는 방식
학제적 접근	여러 학문들에서 '공통적인' 주제와 개념을 추출하여 교육 내용을 '통합적으로' 구성하는 방식
초학문적 접근	특정 분과 학문을 초월하여 '학생의 흥미' 또는 '사회생활에 필요한 주제나 개념'을 중심으로 새롭게 구성하는 방식

(박상준, 2023a: 157, 인용)

(4) 학제적 접근의 구성 방안

학제적 접근은 다양한 사회과학과 인문학의 지식 중에서 '공통적인' 주제나 개념을 추출하여 교육 내용을 통합적으로 구성하는 방식이다.

통합사회에서 학제적 접근이 필요한 이유는 **'융합적 역량'**의 육성, 사회현상과 문제의 **'복잡성'** 및 **'상호 연관성'**에서 찾을 수 있다. 첫째, 통합사회의 목표는 복잡한 사회현상과 문제를 종합적으로 이해하여 비판적이고 창의적으로 문제를 해결할 수 있는 '융합적 역량'을 함양하는 것이기 때문이다.

둘째, 사회현상과 문제는 복잡하고 상호 연관되어 있기 때문에, 여러 학문의 지식을 종합하여 통합적으로 접근해야 한다. 복잡하고 상호 연관된 사회현상과 문제를 정확하게 이해하고 창의적으로 해결하기 위해서는 하나의 학문이나 교과보다는 여러 학문이나 교과의 내용을 통합하여 통합적 관점에서 접근할 필요가 있다.

학제적 접근에 기초한 학습 단원의 구성은 1969년 타바(H. Taba)의 사회과 교육과정에서 잘 나타났다. 타바는 다양한 사회과학들에서 추출한 11개의 핵심 개념을 제시했다. 11개의 핵심 개념은 인과관계, 갈등, 협동, 문화 변동, 차이, 상호 의존성, 사회 개혁, 권력, 사회 통제, 전통, 가치 등이다(Banks,1990: 45). 어떤 주제가 선정되면, 그것과 관련된 핵심 개념과 핵심 일반화를 추출하고, 그와 관련된 하위 개념, 학습 목표, 학습 활동, 참고 자료 등으로 단원을 구성하는 것이다.

그러면 학제적 접근에 따라 통합사회 교육과정을 어떻게 구성하는가? 먼저 사회과학이나 인문학에서 공통적인 개념이나 일반화를 추출하고, 그와 관련된 내용을 통합적으로 구성하는 것이다. 예컨대 '가족'이란 주제를 선정했다면, 경제학에서 희소성과 합리적 선택, 사회학에서 지위와 역할, 정치학에서 권력과 정치적 결정, 문화인류학에서 전통과 관습과 관련된 내용을 추출해 통합적으로 구성한다. 그래서 학생이 가족 문제를 종합적으로 이해하여 비판적이고 창의적으로 해결할 수 있도록 교육 내용을 통합적으로 구성한다.

'가족 문제'에 대하여 학제적 접근에 따라 통합사회의 내용을 구성하는 방안을 제시하면 다음과 같다.

학제적 접근의 단원 구성(예)

1. **단원 주제**: 가족 문제

2. **핵심 개념**: **희소성(경제학), 지위와 역할(사회학), 권력(정치학), 전통(인류학)**

3. **핵심 일반화:**

(1) 가족 구성원의 욕구는 무한하지만 가정의 소득 및 자원은 제한되어 있다.
(2) 가족 내에서 각 구성원은 지위를 갖고 역할을 수행한다.
(3) 가족 내에서 각 구성원의 역할 수행 방식과 의사결정은 구성원이 가진 힘에 의해 결정된다.
(4) 구성원의 역할 수행과 의사결정 방식은 가족의 전통에 의해 정해진다.

4. 하위 개념: **합리적 선택, 기회비용, 역할 갈등, 관습**

(1) **합리적 선택**: 가족의 소득이 제한되기 때문에, 구성원들은 욕구 충족을 위해 합리적으로 선택해야 한다.
(2) **기회비용**: 가족 구성원은 저축한 돈으로 해외여행 가는 것 대신에 TV를 새로 구입했다.
(3) **역할 갈등**: 어머니는 자녀 양육과 직장 일로 갈등을 겪고 있다.
(4) **관습**: 성역할의 관습이 바뀌면서 부모-자녀, 남편-아내 등의 역할 수행 방식이 달라진다.

5. 학습 목표:

학생은 희소성, 지위와 역할, 권력, 전통의 개념을 알고, 그 개념에 기초하여 가족 생활과 관련된 현상을 종합적으로 이해하고 가족 문제를 합리적으로 해결하는 능력을 기른다.

6. 동기 유발

최근 우리 사회의 가족 문제에 대한 영상자료를 보여주고, 가족 문제가 발생하는 이유에 대해 질문한다.

7. 교수 · 학습 활동(학생의 개념 이해와 사고력의 발달을 촉진하는 활동)

(1) 부모 모시기, 부모의 유산 상속, 자녀 교육 문제 등으로 갈등을 겪고 있는 가족에 관한 자료를 제시한다.
(2) 학생은 가족 구성원 사이에 갈등이 발생하는 하는 이유를 분석한다.
(3) 학생은 가족 구성원의 갈등을 합리적으로 해결할 수 있는 방안에 대해 토론한다.

8. **평가 활동**(학생의 개념 이해와 사고력을 측정하는 활동)
학생에게 희소성, 지위와 역할, 권력, 전통 개념을 가지고 가족 문제를 설명하는 짧은 글을 쓰도록 한다.

◆ 수업자료 첨부

2) 교육적 형태의 통합적 접근

교육적 형태의 통합은 교육과정을 구성할 때 학문 자체보다는 교육에 우선권을 두는 관점(educational priority)을 취한다. 이 관점은 학교 교육이 포괄적 의미에서 시민의 역량을 육성하는 것을 목적으로 하고, 각 학문은 이런 목적을 달성하기 위한 도구로 간주한다. 그래서 교육적 형태의 통합 교육과정은 특정한 학문을 상정하지 않고 여러 학문에서 추출한 주제와 개념 또는 문제와 쟁점을 중심으로 구성된다. 이런 시도는 크게 '주제 또는 개념 중심의 통합적 접근'과 '문제 또는 쟁점 중심의 통합적 접근'으로 나눌 수 있다(박상준, 2023a: 159-165).

▎교육적 형태의 통합 교육과정▕

주제(개념) 중심의 통합적 접근	사회과학과 인문학에서 중요한 **'주제'** 또는 **'개념'**을 추출하고, 그것을 중심으로 교육 내용을 통합하는 방식
문제(쟁점) 중심의 통합적 접근	사회에서 중요한 **'사회문제'** 또는 **'쟁점'**을 합리적으로 해결하는 능력을 기르도록 교육 내용을 통합하는 방식

(박상준, 2023a: 160, 인용)

(1) 주제(개념) 중심의 통합적 접근

이 접근은 사회과학이나 인문학에서 중요한 주제 또는 개념을 추출하고 그것을 중심으로 교육 내용을 통합하는 방식이다. 이러한 통합적 접근법은 1965

년 해나(P. R. Hanna)가 제시한 **'주제 중심 접근법'**(thematic approach)에서 찾을 수 있다. 사회과의 범위와 계열을 구성하는 방식으로 해나가 제시한 주제들은 자원의 보존, 생산, 지배, 창조, 운송, 정신적 표현, 교육, 재창조, 의사소통 등이다(Duplass, 2004: 20, 22).

해나가 제시한 사회과의 주제들은 미국사회과협회(NCSS)가 제시한 10가지 주제 스트랜드와 유사하다.

▌주제 중심의 통합적 접근▐

해나의 주제 중심 접근법(1965)	NCSS의 주제 중심 접근법(1994)
	문화
	시간, 연속성, 변화
자원 보존	인간, 장소, 환경
정신적 표현	개인의 발달과 정체성
	개인, 집단, 제도
지배	권력, 권위, 거버넌스
생산	생산, 분배, 소비
창조	과학, 기술, 사회
운송	글로벌 연결
교육	시민의 이상과 실천
재창조	
의사소통	

(Duplass, 2004: 22)

우리나라의 경우, **'주제 중심의 통합적 접근'**은 2007 개정 사회과 교육과정에서 잘 드러났다. 2007 개정 사회과 교육과정에서 10학년 사회는 지리와 일반사회 영역에서 추출된 5개 주제를 중심으로 지리와 일반사회 영역 안에서 관련 내용을 통합적으로 구성하고자 했다.

❙ 2007 개정 사회과의 내용 체계 ❙

학년	지리 영역	일반사회 영역
10	• 국토와 지리 정보 • 자연환경과 인간 생활 • 문화 경관의 다양성 • 장소 인식과 공간 행동 • 지역 개발과 환경 보전	• 문화 • 정의 • 세계화 • 인권 • 삶의 질

(교육인적자원부, 2007: 5)

그러나 사회과의 통합 교육과정에 대한 연구가 충분하게 진행되지 못했고 지리, 역사, 일반사회 등의 교과 이기주의가 작용하였기 때문에, 주제 중심의 통합적 접근에 따라 교육과정을 조직하는 단계까지 나아가지 못했다. 그에 따라 2009년 이후 사회과 교육과정과 사회 교과서는 '**다학문적 접근**'에 따라 구성되었다.

2022 개정 중학교 사회 교육과정은 지리와 일반사회 영역을 통합하려고 의도했지만, 실제 교육과정과 교과서는 '다학문적 접근'에 따라 지리와 일반사회 영역을 각각 별개의 단원으로 병렬적으로 조직했다. 또한 2022 개정 통합사회 교육과정은 통합적 관점과 인간과 행복 주제를 제외하면, 대부분 지리, 문화, 법, 정치, 경제 영역에서 추출된 주제와 내용 요소를 단원별로 별개로 구성하는 다학문적 접근에 따라 낮은 수준의 통합에 머무르는 한계를 지녔다.

(2) 문제(쟁점) 중심의 통합적 접근

이 접근은 사회에서 중요한 문제 또는 쟁점을 선정하고 그것을 합리적으로 해결하는 능력을 기르도록 교육 내용을 통합하는 방식이다. 미국의 경우에 1960년대 다양한 인종과 집단들로 인해 사회문제와 갈등이 급증하면서, 사회과에서 사회문제나 쟁점을 합리적으로 해결하는 시민을 요구하였다.

이런 사회적 상황과 요구에 따라, D. W. Oliver & J. P. Shaver는 사회과를 사회적 쟁점들에 대해 비판적으로 사고하는 능력을 육성하는 것으로 보고, 사회과에서 다루어야 할 문제로 '인종·민족 갈등, 이념 갈등, 개인의 안전 문제, 경제 집단의 갈등, 의료·교육·복지 문제, 국가 안보 문제 등'을 제시했다(Oliver & Shaver, 1966: 7-8, 136-165).

J. A. Banks는 합리적 의사결정력의 육성과 행위의 실천을 고려할 때, 사회과에서 다루어야 할 쟁점으로 국제 문제, 핵 문제, 성 문제, 소수 인종·민족 문제, 법 관련 문제 등을 제시하였다(Banks, 1990: 200-204, 209-230). 또한 R. E. Gross & T. C. Dynneson는 사회과에서 '빈곤, 편견, 공해, 인구 과잉, 불법 이민, 범죄, 갈등, 전쟁' 같은 사회문제를 합리적으로 해결하는 능력이나 비판적 사고력을 발달시켜야 한다고 강조했다(Gross & Dynneson, 1997: 21).

▌문제 또는 쟁점 중심의 통합적 접근▐

학자	Oliver & Shaver (1966)	Banks (1990)	Gross & Dynneson (1997)
내용 요소	• 인종 · 민족 갈등 • 이념 갈등 • 개인의 안전 문제 • 경제 집단의 갈등 • 의료 · 교육 · 복지 문제 • 국가 안보 문제	• 국제 문제 • 핵 문제 • 성 문제 • 소수 인종 · 민족 문제 • 법 관련 문제	• 빈곤 • 편견 • 공해 • 과잉 인구 • 불법 이민 • 범죄 • 갈등 · 전쟁

'문제(쟁점) 중심의 통합적 접근'은 학생이 사회에서 실제로 경험하는 문제 또는 쟁점을 해결하는 방법과 사고 능력을 학습함으로써 사회과의 교육 내용과 실제 생활을 연결하는 특성을 갖는다. 그래서 이 접근에 기초하여 구성된 사회과는 학생들의 흥미를 유발하고 사회문제를 해결하기 위해 참여하는 시민을 기르는 데 효과적이다.

하지만 문제(쟁점) 중심의 통합 교육과정에 대한 연구가 충분히 이루어지지 않았고, 다양한 분야의 학자들 사이에 통합 교육과정에 대한 합의가 어렵다. 그래서 실제 우리나라에서는 문제(쟁점) 중심의 통합적 접근에 따른 사회 교육과정과 교과서는 개발되지 못했다.

(3) 주제 또는 문제 중심의 통합적 접근의 비판적 평가

주제(개념) 또는 문제(쟁점) 중심의 통합적 접근은 사회문제를 비판적으로 이해하고 합리적 해결 방안을 찾는 비판적 사고력이나 의사 결정력의 발달에 기여할 수 있지만, 몇 가지 한계를 지닌다.

첫째, 주제 또는 문제 중심 통합적 접근은 각 학문의 구조와 체계에 맞게 교육 내용을 구성하기 어렵고, 사회현상과 문제에 대한 체계적인 지식을 가르칠 수 없다. 통합적 접근은 사회생활에서 중요한 주제 또는 문제를 중심으로 구성하기 때문에 사회문제와 쟁점을 해결하는 능력을 기르는 데 효과적이겠지만, 사회현상을 체계적으로 이해하고 설명할 수 있는 지식을 일관되게 가르치기는 어렵다.

둘째, 주제 또는 문제 중심 통합적 접근은 개별 사회과학의 고유한 정체성과 체계를 무너뜨리는 문제점을 안고 있다. 개별 사회과학은 각각 설명하고자 하는 사회현상이 있고 그에 대한 체계적인 지식들을 형성하고 있기 때문에, 한 측면에서는 사회현상을 더 명확하고 체계적으로 이해하도록 도와준다. 이런 의미에서 사회과 교육과정을 분과 학문의 논리에 따라 구성하는 방식이 선호되고 있다.

셋째, 문제 또는 쟁점 중심의 통합 교육과정은 실제 교과서로 만들어지기 어렵다. 통합 교육과정을 만들기 위해서는 관련 전문가들이 사회과에서 다루어야 할 문제 또는 쟁점에 대해 서로 합의하고 교육 내용을 통합적으로 구성하기 위해 협력해야 한다. 하지만 통합 교육과정에 대한 연구 부족과 교과 이기주의 등 여러 가지 이유로 통합 교육과정의 구성이 어렵다. 그래서 현재 우리나라 사회과 교육과정은 통합적 접근을 지향하고 있지만, 실제 사회 교과서는 '**다학문적 접근**'에 따라 지리, 역사, 일반사회 영역이 별개의 단원으로 병렬적으로 구성되어 있다.

또한 교과서를 만드는 기간 1~2년을 고려할 때, 통합사회에서 다루어야 할 문제 또는 쟁점은 시의 적절성, 학생의 흥미 반영 등에서 한계를 지닌다. 교과서가 출판되어 학교에서 가르칠 시기에는 그 문제와 쟁점은 이미 해결되어서 더 이상 쟁점이 아니고, 학생의 흥미도 떨어지는 경우가 많기 때문이다.

2. 융합 교육과정의 조직원리

1) 통합 교육에서 융합 교육으로

앞에서 살펴보았듯이, 현재 통합사회는 사회과에 속하는 일반사회, 지리, 역사, 도덕 영역에서 중요한 주제를 추출하여 관련 내용을 통합적으로 구성하고자 시도했다. 이처럼 비슷한 몇 개의 학문 또는 교과목에서 선정된 개념이나 주제를 중심으로 내용을 통합적으로 구성하여 가르치는 것이 '통합 교육'(integrated education)이다. 다시 말하면, 개별 학문의 체계에 따라 교육과정을 분과적으로 구성하는 방식에서 벗어나서, 통합 교육은 통합적 관점에서 사회과의 정치, 법, 경제, 사회와 문화, 지리, 역사, 도덕에서 추출한 주제와 관련 내용을 가르치는 것이다(박상준, 2017b: 2-3).

하지만 이런 통합 교육은 사회과 내 여러 영역의 지식을 결합하고자 의도했지만, 실제로는 분과 학문의 지식이 각 주제 또는 단원별로 별개로 구성되었고, 사회과 이외에 다른 교과와 유기적으로 융합하는 데까지 나아가지 못한 한계를 지녔다.

현대 사회는 정치, 경제, 법, 문화, 과학, 기술, 자연 생태계가 상호 유기적으로 연결되어 있고, 사회생활의 영역들이 인터넷과 통신망을 통해 네트워크로 상호 복잡하게 연결되어 작동한다. 그렇기 때문에 하나의 분과 학문의 관점과 지식만으로는 복합사회가 어떻게 작동하는지를 종합적으로 적절하게 이해하기 어렵다.

그래서 최근 융합적 관점에서 사회과학, 인문학, 과학, 기술, 예술을 상호 융합하려는 시도가 이루어지고 있다. 현대 복합사회를 종합적으로 파악하여 복잡한 문제를 창의적으로 해결하기 위해서는 다양한 영역의 지식을 융합해야 한다는 주장들이 제기되고 있다(Wilson, 1998; 이인식, 2008; 김광웅, 2009; 최재천 외, 2013). 다시 말하면, 사회과 안에서 여러 과목을 결합한 통합 교육을 넘어서 다른 여러 교과를 결합한 융합 교육이 시도되고 있다.

학생들이 복잡한 사회현상이나 문제를 종합적으로 이해하여 비판적이고 창의적으로 해결하는 복합적 문제 해결력을 기르기 위해서는 사회과뿐만 아니라 국어, 수학, 과학, 기술 등 다양한 교과의 지식을 융합하여 교육할 필요가 있다. 이런 필요에서 여러 교과의 지식을 융합하려는 시도들이 STS, MST, TSM, STEM, STEAM 교육 등으로 나타났는데, 이것을 통틀어 '융합 교육'이라고 한다(박상준, 2017b: 2).

융합 교육(conversion education)은 개별 교과로 분리된 지식을 상호 유기적으로 융합함으로써 복합적인 사회생활을 이해하고 복합적인 문제를 해결할 수 있도록 가르치는 것이다. 이처럼 융합 교육은 정치, 법, 경제, 문화, 과학, 기술, 예술 등을 종합한 융합적 관점에 기초하여 복잡한 문제를 창의적으로 해결할 수 있는 '융합적 역량'을 기르는 것을 목표로 한다(박상준, 2017b: 3).

융합 교육이 무엇인지 학자마다 의견이 다양하다. 김진수는 "STEAM 교육은 과학, 기술, 공학, 예술, 수학의 과목 또는 내용을 통합하여 가르침으로써 과학 기술에 대한 학생들의 흥미와 이해력을 높이고 창의적 문제 해결력을 기를 수 있는 융합 인재교육이다"라고 규정하였다(김진수, 2013: 176-177). 다른 한편 통섭이라는 용어를 사용하여, 허수미는 통섭교육(consilience education)을 "인간 삶의 다양한 영역을 넘나드는 초월적 지식과 방법을 동원하여 관찰된 사실에 존재하지 않는 연결 규칙들을 발견하는 마음의 능력을 발달시켜 궁극적으로 학문과 사회현상을 대하는 철학적 태도를 변화시키기 위한 의도적 노력"이라고 정의하였다(허수미, 2012: 81).

이러한 논의를 종합하면, **융합 교육**은 다양한 교과에서 현대 복합사회를 이해하는 데 중요한 주제를 중심으로 관련된 내용 요소를 유기적으로 통합한 융합적 지식에 기초하여 복합적인 사회생활을 이해하고 복합적인 문제를 창의적으로 해결할 수 있는 융합적 사고력을 기르는 교육이다"라고 할 수 있다(박상준, 2017: 3).

앞에서 살펴보았듯이, 현재 통합사회에 적용된 주제 중심 통합적 접근은 통합 교육의 차원에서 시간적, 공간적, 사회적, 윤리적 관점을 결합한 **'통합적 관점'**에서 접근해 인간과 사회생활을 종합적으로 이해하기 위해 '사회과 안에서'

정치, 법, 경제, 사회와 문화, 지리, 역사, 도덕 영역에서 추출한 주제 및 그와 관련된 내용을 통합적으로 구성하고자 한다(교육부, 2022b: 106-121).

하지만 현대 사회는 인간과 사회뿐만 아니라 인간 –기계(IoT) –생물 – 지구 생태계가 매우 복잡하게 연결되어 있고, 서로 영향을 주고받으며 작동한다. 이러한 복합사회에서 일어나는 현상이나 문제는 인간과 사회의 관점만으로 접근해서는 종합적으로 이해하기 어렵다. 사회과의 일반사회, 지리, 역사, 도덕 영역의 지식만을 통합해서는 복잡한 현상과 문제를 종합적으로 파악하여 복잡한 문제를 비판적이고 창의적으로 해결할 수 없다.

그러므로 복잡한 현상과 문제를 종합적으로 이해하려면, 인간 중심의 시간적, 공간적, 사회적, 윤리적 관점 이외에 과학적 관점, 기술적 관점을 추가해 접근하고, 사회과를 넘어 다른 여러 교과목을 서로 융합시킬 필요가 있다. 이런 이유에서 필자는 통합 교육의 차원을 넘어서 '융합 교육'의 차원에서 시간적, 공간적, 사회적, 윤리적 관점에 과학적 관점, 기술적 관점을 추가한 **'융합적 관점'**에서 접근하고 사회과를 넘어서 국어, 수학, 과학, 기술, 미술 등 다양한 교과목에서 중요한 주제를 추출하고 그와 관련된 내용을 융합적으로 구성하는 **'주제 중심 융합적 접근'**을 제안할 것이다.

▌주제 중심 통합적 접근과 주제 중심 융합적 접근의 비교▐

구분	주제 중심 통합적 접근	주제 중심 융합적 접근
배경	현대 사회의 복잡성: 인간과 사회의 상호 연결성 및 문제의 복잡성	현대 사회의 복합성과 초연결사회: 인간, 사회, 생물, 기계, 지구 생태계의 상호 연결성 및 문제의 복합성
차원	통합 교육	융합 교육
관점	통합적 관점: 시간적, 공간적, 사회적, 윤리적 관점의 통합	융합적 관전: 시간적, 공간적, 사회적, 윤리적, 과학적, 기술적 관점의 융합
결합 과목	'사회과 내' 여러 과목 (일반사회+지리+역사+윤리)	사회과와 '타 교과목'(사회+국어+수학+과학+기술+미술 등)
결합 주제	통합적 관점, 인간·사회·환경과 행복, 자연환경과 인간, 문화와 다양성,	환경, 공동체와 사회, 노동과 직업, 분배와 정의, 인권, 힘과 권력, 다양성과 다문

구분	주제 중심 통합적 접근	주제 중심 융합적 접근
(예)	생활공간과 사회, 인권 보장과 헌법, 사회 정의와 불평등, 시장경제와 지속가능발전, 세계화와 평화, 미래와 지속 가능한 삶. (교육부, 2022b [별책7])	화, 위치, 이동과 변화, 진화와 발달, 사랑과 가족. (박상준, 2017b)

융합 교육의 차원에서 통합사회의 교육과정을 융합적으로 조직하는 방식에는 크게 '교과 중심 융합적 접근'과 '주제 중심 융합적 접근'이 있다. 두 가지 융합적 접근에서 교육과정을 구성하는 방식의 차이를 살펴보자.

2) 교과 중심 융합 교육적 접근

전통적으로 개별 학문 중심의 분과교육이 지닌 문제점을 극복하기 위해서 여러 학문의 지식을 융합하여 가르치려는 시도들이 이루어졌다. 이러한 융합 교육은 1980년대 이후 주로 STS 교육, MST 교육, STEM 교육, STEAM 교육 등으로 나타났다(김진수, 2013).

그러나 이러한 교과 중심 융합 교육 접근법은 '과학 또는 수학'을 기반으로 기술, 사회, 예술 등 일부 교과를 융합하여 교육 내용을 구성하는 한계를 지녔다. 1980년대 중반 미국에서 추상적인 과학 이론과 법칙으로 구성된 과학교육은 학생의 흥미와 학습 동기를 유발하지 못하고 실제 사회생활에 연결되지 못한다는 비판이 제기되면서, 과학적 지식과 기술, 사회문제를 통합하여 가르치자는 운동이 일어났다. 과학교육에서 '과학'을 기반으로 기술과 사회 교과의 지식을 융합하려는 STS(Science, Technology, Society) 교육이 시도되었다.

STS 교육과정은 과학의 수업 내용과 관련된 기술 및 사회과 내용을 통합하는 방식으로 구성되었다. 예컨대 '반딧불의 생태계'가 기술의 발달과 환경의 변화에 어떤 영향을 받는지 그리고 사회생활과 어떻게 연결되는지 설명하는 것이다. 우리나라에서는 1990년대 중반 이후 STS 교육이 소개되었고, 주로 과학과에서 연구가 진행되었다(김진수, 2013: 85-89, 94).

다른 한편 1990년대 중반 이후 '수학'을 기반으로 과학과 기술을 융합하여 가르치려는 MST(Mathematic, Science, Technology) 교육 또는 '기술과'를 중심으로 과학과 수학을 융합하는 TSM(Technology, Science, Mathematic) 교육이 시도되었다. 1997년 미국 뉴욕주 교육부는 MST 교육을 위하여 학생들이 수학, 과학, 기술을 연계한 지식과 사고 기능을 배우기 위한 학습 표준 7가지를 제시하였다. 그리고 버지니아 공대는 기술과를 기반으로 제조, 건설, 수송, 통신, 생명 기술 등과 관련된 과학과 수학의 지식을 연계하여 활동하는 프로그램을 개발하였다. TSM 교과서는 기술과의 수업 내용과 연계된 과학과 수학의 내용을 통합하는 방식으로 조직되었다. 예컨대 고속도로에서 운전자의 반응 시간이 과학과 수학의 지식과 어떻게 연결되는지 설명하는 것이다. 우리나라에서는 2000년대 초반 이후 주로 과학을 기반으로 다른 교과의 지식을 융합하는 방안이 연구되었다(김진수, 2013: 90-94).

하지만 STS, MST 또는 TSM 교육은 주로 과학 또는 수학, 기술과를 기반으로 관련된 일부 교과의 지식을 부분적으로 결합하는 수준에 머물렀기 때문에, 과학, 수학, 기술, 사회, 국어를 실질적으로 융합하지 못하였다. 이러한 STS 또는 MST 교육은 복합적인 사회생활을 종합적으로 이해하고 복잡한 문제를 창의적으로 해결할 수 있는 시민 역량을 기르는 데 한계를 지녔다(박상준, 2017b: 5).

그래서 2000년대 들어오면서 미국에서는 21세기가 요구하는 과학, 기술, 공학, 수학에 관한 교양 시민을 기르는 것이 교육의 과제로 제시되었다. 과학과 수학의 경쟁력을 높이기 위해서 과학과 수학을 중심으로 2개 이상의 교과 내용을 융합하는 **STEM**(Science, Technology, Engineering, Mathematic) 교육이 시도되었다. 2007년 미국 의회는 미국 경쟁력 강화법을 통과시켰는데, 이 법률에 따라 STEM 실행 계획이 채택되었다.

그에 따라 학생들이 수학 및 과학에서 배워야 할 학습 표준을 제시하고, STEM 교육을 담당할 우수 교사를 양성하며, STEM 중점 학교를 육성하여 융합 인재를 육성하는 정책을 추진하고 있다. 예컨대, PLTW(Project Lead The Way) 프로그램은 과학과 기술을 중심으로 학생의 발명과 창의성을 기르도록 조직되었다. 중학교 PLTW 프로그램은 디자인과 모형 제작, 자동화와 로봇 공학, 에너지와 환경, 비행과 우주, 기술과 과학, 전자의 마법 단원으로 구성되었다(김진수, 2013: 99-110, 114-117).

그 후 STEM에 예술을 추가하여 **STEAM**(Science, Technology, Engineering, Arts, Mathematic) 교육이 제시되고 있다. D. A. Sousa & T. Pilecki는 예술이 인간의 인지(기억)를 향상시키고 창의성을 계발하며 사회적 발달을 증진시키고, 스트레스를 감소시키며, 교사의 가르침을 재미있게 만드는 장점이 있기 때문에, 기존의 STEM에 음악, 미술, 무용, 연극, 영화, 글쓰기 같은 예술을 추가하여 STEAM 교육을 해야 한다고 주장했다(Sousa & Pilecki, 2013: 32-53).

우리나라의 경우, 2010년 12월 교육과학기술부가 과학·기술 인재를 육성하기 위한 전략으로 초·중등학교의 STEAM 교육 강화 방안을 발표했다. 그 후 10개 정부 기관에서 제2차 과학 기술 인재 육성 지원 기본 계획(2011-2015)을 수립하였고, 초·중등학교에서 미래형 STEAM 교육의 강화 방안을 제시하였다. STEAM 교육을 강화하기 위해서 수학과 과학의 교육 내용은 이론적 지식 위주에서 문제 해결과 실험, 탐구, 창의성 발달 위주로, 기술은 첨단 기술과 생활 밀착형 기술 중심으로 구성하고, 예술 수업의 기법을 각 교과에 적용하도록 제시되었다(김진수, 2013: 157-167). 그러나 실제 STEAM 교육을 반영한 교육과정이나 교과서는 개발되지 못했다.

융합 교육의 측면에서 여러 교과의 지식을 통합하려는 시도들이 STS, MST 또는 TSM, STEM, STEAM 교육 등으로 나타났다(김진수, 2013). 하지만 기존의 융합 교육은 주로 (자연)과학이나 수학 교과를 기반으로 기술, 공학, 예술 교과의 지식을 부분적으로 융합하려는 시도들이었기 때문에, 현대 사회와 문제의 복합성을 종합적으로 이해하는 데 한계를 드러냈다. 또한 기존의 과학 또는 수학 교과 중심의 융합 교육은 정치, 경제, 법, 문화, 과학, 기술 등이 복합적으로 연결되어 작동하는 사회생활의 복합성을 이해하여 복잡한 문제를 해결할 수 있는 융합적 사고력을 기르는 데 한계를 지녔다(박상준, 2017b: 3).

이런 이유에서 허수미는 통섭 교육의 차원에서 통섭적 사회과교육의 실현 방안을 제시하였다. 허수미는 기존의 STEAM 교육이 주로 학생이 어렵게 느끼는 과학이나 수학 과목에 대한 흥미를 이끌어 내거나 과학적 지식에 실용성을 부여하기 위한 수단이었다고 비판하고, 사회과가 중심이 되는 통섭 교육의 측면에서 통섭적 사회과 수업의 설계 과정과 실천 사례를 제시하였다(허수미, 2012: 84-90).

나아가 통섭적 사회과교육의 실현 방안으로 과학 기술과 사회 변동의 연관성을 다루는 내용 요소를 교과서와 수업 내용에 포함하고, 과학 기술 발달의 동인이 되는 사회·정치·경제적 영향을 검증하는 학습 활동이 필요하다고 제안했다. 또한, 과학 기술의 발달이 가져올 사회적 변화에 대한 가치교육이 필요하고, 과학 기술 능력과 사회 조절 능력을 조화시킬 수 있는 과학 기술 시민권 교육을 제시하였다(허수미, 2012: 90-93).

이처럼 다양한 교과에서 복합적인 사회생활을 이해하는 데 중요한 주제를 추출해 그와 관련된 내용 요소를 유기적으로 통합하여 융합 교육과정을 구성하는 접근법이 필요하다. 이러한 주제 중심 융합 교육이 복합사회에서 요구되는 복합적 문제 해결력, 즉 융합적 역량을 기르는 데 적합할 것이다.

3) 주제 중심 융합 교육적 접근[1)]

앞에서 살펴본 것처럼, 현대 사회는 정치, 법, 경제, 문화, 과학, 기술 등이 상호 연결되어 작동하는 복합사회이기 때문에, 다양한 학문이나 교과에서 현대 사회와 문제의 복합성을 종합적으로 이해하는 데 중요한 주제를 추출하여 관련 내용을 유기적으로 융합하는 새로운 접근법이 필요하다.

또한 현상학에서 밝혀낸 인간의 존재론적 조건과 인식의 제약, 인지과학에서 밝혀낸 뇌의 인지 과정, 정보 처리 이론에서 제시한 정보의 저장과 처리 과정을 고려할 때, 특정한 교과 중심 융합 교육 접근과 다른 접근법이 요구된다.

1) 주제 중심 융합 교육적 접근의 개념, 이론적 토대, 교육 내용의 구성 요소, 구성 사례 등은 필자의 논문, 박상준(2017). '주제 중심 융합 교육과정의 구성 방안'. 사회과교육연구. 24(3). 1-24쪽을 참고하세요.

이러한 새 접근법을 필자는 주제 중심 융합 교육적 접근으로 제시하고자 한다 (박상준, 2017b: 6-23).

'주제 중심 융합 교육적 접근'은 사회, 과학, 수학, 실과, 기술, 국어, 미술, 음악 등 다양한 교과에서 복합적인 사회생활을 이해하는 데 중요한 주제를 추출하고, 그 주제를 중심으로 관련된 내용 요소를 유기적으로 융합하여 구성하는 것이다. 현대 사회는 다양한 영역이 상호 연결되어 작동하는 복합 사회이고, 복합사회에서 일어나는 문제들은 대부분 여러 가지 요인들이 복합적으로 얽혀 발생한다.

그래서 개별 교과의 지식이 아니라 여러 교과의 지식을 융합하여 복합사회를 종합적으로 이해하고 복잡한 문제를 창의적으로 해결할 수 있는 융합적 역량을 기르기 위해서 주제 중심 융합 교육 접근법이 필요하다. 이 접근법은 융합 교육에서 가르쳐야 할 교육 내용의 범위와 깊이를 어느 정도로 정할 것인가에 대한 기본틀을 제공하고, 학생이 성취해야 할 융합적 지식, 융합적 사고력, 기본적 가치, 참여 및 실천과 관련된 융합 교육의 목표를 제시한다.

(1) 주제 중심 융합 교육의 이론적 토대

주제 중심 융합 교육 접근의 이론적 토대는 인간의 존재론적 조건, 현상학, 인지과학, 정보 처리 이론 등에서 찾을 수 있다. 인간은 사회 안에서 태어나서 살아가는 존재이고, 사회생활은 정치, 경제, 법, 문화, 과학, 기술 등이 복합적으로 연결되어 있다. 인간의 행위는 상호 복합적으로 연결된 사회 속에서 이루어진다. 이러한 사실을 고려할 때, 복합사회에서 요구되는 시민의 역량을 함양하기 위해서는 수학이나 과학 교과를 기반으로 하는 교과 중심 융합 교육보다는 다양한 교과에서 추출한 주제와 관련 내용을 융합하는 주제 중심 융합 교육과정이 요구된다.

전통적 이원론은 인간의 의식이나 정신이라는 주체와 외부 세계에 존재하는 객관적 세계인 객체를 서로 분리된 것으로 간주하였다. 이러한 이원론을 극복하기 위해 E. Husserl은 객관적 세계가 인간의 의식과 연관되어 있기 때문에

서로 분리될 수 없음을 드러냈다. 다른 사람들과 함께 살고 의사소통하는 존재이기 때문에, 인간은 본질적으로 고립된 개인이 아니라 공통의 생활세계 안에 존재한다. 인간의 의식(정신)과 분리된 객관적 세계 또는 세계와 분리된 인간 의식을 반성적으로 인식하기 이전에, 이미 인간은 본질적으로 세계 안에 존재한다. 후설은 객관적 세계와 주관적 의식의 관계를 '세계의 의식'(a consciousness of the world)으로 정립하였다(Kearney, 2017: 26-38, 45).

후설과 마찬가지로 M. Heidegger는 존재론적으로 세계 안에서 타인과 함께 존재하는 주체를 **'세계-내-존재'**(a being-in-the-world)로 규정하였다. 하이데거는 객관적 세계 없이 주체가 구성될 수 있다는 관념론과 주체 없이 세계가 존재한다는 실재론의 극단적인 주체-객체의 이원론을 극복하기 위해 인간의 본질을 시간성(Zeitlichkeit)으로 제시하였다. 모든 인간은 특정한 시간에 주어진 세계 속에서 살아가는 존재, 즉 현존재(Da-sein)이다. 현존재로서 인간은 항상 특정한 시간에 주어진 세계 안에서 존재하고, 인간의 인식은 주어진 문화적·역사적·경제적 상황과 조건에 의해 제약받는다(Kearney, 2017: 45-51).

또한 인간의 행위가 일어나는 사회는 정치, 경제, 법, 문화, 과학, 기술, 예술 등이 서로 유기적으로 결합되어 작동한다. 따라서 복합적인 사회현상과 문제를 제대로 파악하기 위해서는 개별 학문의 지식을 분리된 형태로 배우는 것이 아니라 여러 학문의 지식을 융합하여 배워야 한다. 최근 뇌 과학이나 인지과학의 연구 결과에 의하면, 인간의 뇌는 여러 가지 정보를 별개로 다루는 것이 아니라 서로 통합하여 처리한다. 인간의 정신은 여러 가지 지식을 조각으로 구성하는 것이 아니라 상호 유기적으로 결합하여 처리한다(Caine & Caine, 1991).

이런 연구 결과에 따르면, 학생들이 분과 학문의 형태가 아니라 여러 학문의 지식을 유기적으로 융합한 형태로 배우는 것이 더 효과적이기 때문에, 복합적인 사회생활을 이해하는 데 중요한 주제를 중심으로 다양한 교과에서 관련된 내용 요소를 선정해 융합적으로 구성하는 주제 중심 융합 교육과정이 필요하다.

주제 중심 융합 교육과정은 다양한 교과에서 복합적인 사회생활을 이해하는 데 중요한 주제를 추출하고 그 주제를 중심으로 사회, 도덕, 과학, 수학, 공학,

실과, 국어, 미술, 음악 등의 교과에서 관련 내용 요소를 구성하기 때문에, 복합적인 문제를 해결하는 융합적 역량을 기르는 데 효과적이다. 최근 연구들은 융합 교육이 미래 사회에서 요구되는 창의적 사고, 문제 해결력 등을 신장시키는 데 효과적이라는 사실을 밝혀냈다. 이석진 등이 융합 교육의 효과를 분석한 논문 75편(2012~2015년)을 메타 분석한 결과에 의하면, 융합 교육이 창의성에 미치는 효과 크기가 0.776로, 문제 해결력에 미치는 효과 크기는 0.584로 유의미한 효과가 있는 것으로 나타났다(이석진 외, 2017: 90-100).

다른 한편 **정보 처리 이론**은 인간이 학습한 정보를 부호화하여 기억에 저장된 지식과 연결하여 새로운 지식을 처리하는 과정을 잘 드러냈다. 이 이론에 의하면, 인간의 정신은 일종의 정보 처리 시스템이고, 인지는 일련의 정보 처리 과정이다. 인간은 여러 가지 정보를 통합하여 처리하고 의미있는 지식으로 저장한다(Schunk, 2004: 163-164). 여러 가지 정보는 선택적 지각을 통해 받아들여지는데, 지각은 사회적 맥락 안에서 저장되고 활용된다. 이렇게 사회적 맥락 속에서 지각된 정보는 장기 기억에 저장된다. 이처럼 인간의 인지 과정에서 정보의 저장은 새로운 정보와 기존의 정보가 다양한 방식으로 통합되는 일련의 과정이다(Gagné etc., 2005: 61-65).

맥락에 관계 없이 정보를 처리하는 컴퓨터와 달리, 인간이 정보와 지식을 인식하고 처리하는 과정은 사회적 맥락(상황) 속에서 이루어진다. 인간이 정보를 인지하고 저장하는 과정과 기억은 상호 연결되어 저장되고 처리된다는 사실을 고려할 때, 사람은 사회적 맥락에서 더 많은 정보를 효율적으로 처리할 수 있다(Gagné etc., 2005: 68-69). 이처럼 인간의 인지와 학습은 사회적 맥락에 의존되어 있으므로, 복합적인 사회 상황을 종합적으로 이해하여 복잡한 문제를 창의적으로 해결하는 역량을 기르기 위해서는 주제 중심 융합 교육 접근법이 더 적합하다.

그러면 교과 중심 융합 교육 접근과 달리, 주제 중심 융합 교육 접근에서는 교육과정을 어떻게 구성하는가? 필자는 주제 중심 융합 교육과정을 구성하는 방식을 S. M. Drake가 제시한 '학제적 접근'과 미국사회과협회가 제시한 '주제

스트랜드 중심 통합적 접근'을 차용하여 제시하고자 한다.

미국사회과협회는 사회과학과 인문학에서 추출한 주제를 중심으로 관련된 내용을 결합하여 구성하는 통합 교육과정을 제시하였다. 하지만 그들은 사회과를 기반으로 주로 사회과학 및 인문학에서 공통적인 주제를 선정하여 '사회과'의 통합 교육과정을 구성하는 방안을 제시하였기 때문에, 과학, 수학, 기술, 국어, 미술, 음악 등 다양한 교과에서 복합적인 사회생활을 이해하는 데 필요한 주제를 추출해 관련된 내용을 유기적으로 통합하여 융합 교육과정을 구성하는 단계로 나가지 못했다. 이런 한계를 극복하기 위해서 필자는 다양한 학문 또는 교과에서 복합적인 사회생활을 이해하는데 '공통적인 주제'를 추출하여 그와 관련된 내용 요소를 상호 유기적으로 융합하여 교육과정을 구성하는 '주제 중심 융합 교육과정 접근'을 제시할 것이다(박상준, 2017b: 7-23).

(2) 주제 중심 융합 교육과정의 주제 선정

그러면 주제 중심 융합 교육과정을 구성하기 위한 주제는 어떻게 추출하는가? 복합적인 문제 해결력을 기르기 위해서는 몇 개의 학문이나 교과가 아니라 다양한 학문이나 교과에서 복합적인 사회생활을 이해하는 데 중요한 주제를 추출하고 그 주제를 중심으로 관련 내용 요소를 유기적으로 통합하여 융합 교육과정을 구성해야 한다.

현대 복합사회를 이해하는 데 중요한 주제는 사회과학, 인문학뿐만 아니라 과학, 수학, 기술, 국어, 미술, 음악 등에서 공통적인 것으로 추출된다. 다양한 학문이나 교과에서 복합적인 사회생활을 종합적으로 이해하는 데 중요한 주제를 추출해 보면, 환경, 공동체와 사회, 노동과 직업, 분배와 정의, 인권, 힘과 권력, 다양성과 다문화, 위치, 이동과 변화, 진화와 발달, 사랑과 가족이다. 각 주제는 다양한 학문이나 교과에서 공통적인 것으로 추출했고 복합적인 사회생활을 상호 연결해 주는 학제적 성격을 지녔다(박상준, 2017b: 8-23).

주제의 상호 연관성과 학제적 성격을 살펴보면, 인간과 생물은 지구 '환경' 속에 공동체와 사회를 형성하여 살아간다. 지구의 환경은 인간의 생활방식과 생물의 생존 방식에 영향을 미친다. 다양한 생물의 평형과 질서를 유지하기 위하여 지구 생태계에는 규칙이나 법칙이 존재한다. 마찬가지로 다양한 사람들의 삶과 질서를 유지하기 위하여 인간의 '공동체와 사회'에도 도덕, 관습, 법률 같은 사회 규범이 만들어진다.

사회 속에서 인간은 직업을 갖고 노동하며 살아간다. '노동과 직업'은 자아를 실현하고 삶의 목적을 실현하는 수단이다. 그런데 인간 사회에서 각자 갖고 싶은 부, 권력, 명예 등 가치는 한정되기 때문에, 사람들이 열심히 일하더라도 모두 가질 수 없다. 그래서 사회에는 희소가치를 둘러싼 갈등을 해결하고 공정하게 '분배'하는 기준으로서 '정의'가 요구된다. 또한 현대 사회는 모든 사람이 성별, 인종, 민족, 신분, 종교 등에 의해 차별받지 않고 인간으로 존중받을 기본적 권리, 즉 '인권'을 보장하고 있다. 나와 다른 사람들을 차별하지 않고, 소수자의 차이와 '다양성'을 존중하는 '다문화사회'로 나아가고 있다.

지구 환경에서 중력, 마찰력, 전기력 등이 상호 작용하면서 생물과 인간의 삶에 영향을 미친다. 또한 국가 공동체에서 '힘과 권력'은 인간의 행동과 생활방식에 영향을 미친다. 주어진 환경과 사회에 따라서 사람들 사이에 이루어지는 '힘과 권력'의 행사 방식, '노동과 직업'을 통한 삶의 방식, '사랑'과 그에 따른 '결혼' 및 '가족 형태' 등이 서로 다르고 변화한다.

지구 생태계에서 다양한 생물이 주변 '환경'에 적응하며 '진화'하기 때문에, 생태계의 건강한 유지와 존속을 위해 생물의 다양성이 필요하다. 인간도 환경을 극복하는 과정에서 과학과 기술을 '발달'시켜 왔다. 과학 기술의 발달은 경제를 성장시키고 사회를 발전시켰다. 사회가 발전하고 변화하면서, 그에 따라 인간의 지위, 인구, 상품, 자본 등이 끊임없이 '이동'하고, 이런 사회 이동과 인구 이동은 다시 사회를 '변화'시킨다.

이처럼 다양한 학문이나 교과에서 복합적인 사회생활을 이해하는 데 중요한 주제가 추출된다. 이 주제들은 서로 분리된 것이 아니라 현대 사회와 문제의 복합성으로 인해 상호 연관성을 지닌다. 또한 11개 주제는 복합적인 사회생활과 문제를 이해하는 데 중요한 요소들이기 때문에, 대부분의 교과에서 공통적으로 다루는 내용이다. 11개 주제를 중심으로 다양한 교과에서 관련된 내용 요소를 선정해 유기적으로 결합하여 융합 교육과정을 구성할 수 있다.

구체적으로 초·중등학교 수준에서 **'주제 중심 융합 교육과정'**을 구성하는 방안을 제시하면, 사회, 수학, 과학, 국어, 실과, 기술, 미술, 음악 등에서 복합적인 사회생활을 이해하는 데 중요한 주제를 추출하고, 그 주제를 중심으로 관련된 내용 요소를 선정한다. 이렇게 선정된 주제와 내용 요소를 연계하여 다양한 교과에서 서로 융합할 수 있는 학습 내용과 성취 기준을 도출한다. 그러면 주제를 중심으로 다양한 교과에서 선정된 융합 교육 내용과 성취 기준을 유기적으로 결합하여 융합적으로 구성한다. 이때 각 주제 안에서 관련된 내용 요소를 서로 융합할 뿐만 아니라 사회생활과 문제의 복합성을 고려하여 주제 간에도 학제적으로 융합되도록 조직한다(박상준, 2017b: 9-10).

주제 중심 융합 교육과정의 주제와 내용 요소

융합 교과	융합 교육 주제	융합 교육의 내용 요소
사회 도덕 과학 수학 국어 기술 실과 음악 미술	환경	자연환경과 인간 생활, 지구 환경과 생물, 인간의 생활, 안전한 환경과 실생활, 환경친화적 삶과 환경 윤리, 환경과 언어적 표현, 환경과 미적 표현
	공동체와 사회	사회 공동체와 법률, 공동체와 공중도덕, 정보 사회와 윤리, 자연 공동체와 자연법칙, 공동체 생활과 수학적 규칙, 공동체 생활과 언어의 규칙, 공동체와 미술·음악
	노동과 직업	노동과 경제 주체의 역할, 직업과 윤리, 직업과 진로 선택, 과학 기술의 발달과 직업, 직업 세계의 표현, 직업의 변화와 미술
	분배와 정의	정의 실현과 국가, 정의 실현과 법, 분배 정의와 분수 비례, 정의 실현과 절차 준수, 정의와 미적 표현
	인권	인권의 의미와 중요성, 인권의 발달과 헌법, 유전자 복제와 인권 보호, 표현의 자유와 인권 보호, 실생활 속의 인권 보장, 인권 보호와 미술
	힘과 권력	국민의 힘과 권력의 행사, 국가의 권력 행사와 정부 형태, 힘의 행사와 도덕, 자연의 힘과 에너지, 권력의 표출과 매체, 힘의 표현과 미술
	다양성과 다문화	문화의 다양성과 도덕, 사회의 다양성과 환경 요인, 다양성과 통일성의 조화, 물질의 다양성과 변화, 생물의 다양성과 진화, 표현의 다양성, 다양성의 표현과 미술

융합 교과	융합 교육 주제	융합 교육의 내용 요소
	위치	지리적 위치와 지도, 사회적 위치와 지위, 위치의 표시와 길이 · 좌표 · 그래프, 지구의 위치와 인간의 생활, 위치의 표현과 미술
	이동과 변화	사회 변화와 이동, 상품의 이동, 지역 및 국가 간 교류, 인구의 이동과 사회 · 문화의 변화, 물질의 이동과 변화, 도형의 이동과 변화, 인간의 성장과 지위 · 계층의 이동, 사회 변화와 가족의 변동, 사회 변화와 미술
	진화와 발달	과학 기술의 발달과 지속 가능한 발전, 경제 발전과 사회의 변화, 정치 발전과 사회의 변화, 지속 가능한 발전, 과학의 발달과 진화, 기술 발달과 사회의 변화, 사회의 발달과 작품의 이해, 사회의 발전과 미술
	사랑과 가족	사랑과 윤리, 사랑과 가족 형태, 사랑과 호르몬, 사랑의 표현과 글쓰기, 사랑의 표현과 음악 · 미술

(출처: 박상준, 2017b: 9. 인용)

(3) 주제 중심 융합 교육과정의 구성 사례

그러면 주제 중심 융합 교육 접근에 기초하여 다양한 교과에서 추출한 주제를 중심으로 관련 내용 요소를 유기적으로 결합하여 융합적으로 구성하는 사례를 '이동과 변화' 주제를 중심으로 살펴보자.

민주 사회에서 사람들은 교육이나 노력을 통해 다양한 지위를 획득하고 계층을 이동할 수 있다. 산업화와 도시화가 진행되면서 한 사회 안에서 직업이나 교육 등을 위해 사람들이 집단적으로 특정 지역으로 이동하는 현상-예컨대 이촌향도 현상-이 나타난다. 또한 최근 교통과 통신이 발달하고 세계화가 진전되면서, 이민 · 일자리 · 유학 등을 위해 다른 나라로 이주하는 국제 이동도 급증하고 있다. 세계화로 인해 국가 간에 사람뿐만 상품, 자본, 문화의 이동도 활발하게 이루어진다. 무역은 국가 간의 상품의 거래를 통해 각 나라들이 이익을 얻고 상호의존 관계를 형성하게 만들지만, 다른 한편으로 정치적 갈등을 초래하기도 한다.

이처럼 사회 속에서 인간의 지위, 인구, 상품, 자본은 끊임없이 이동하고, 이런 이동은 인간의 삶뿐만 아니라 자연 생태계에 서로 영향을 미친다. 마찬가지로 지구 생태계를 구성하는 물질도 끊임없이 이동하고 변화한다. 물질의 상태 변화와 이동도 인간의 삶에 영향을 미치기 때문에, 물질의 상태 변화를 이해하는 것도 필요하다. 수학의 도형, 문자와 식 개념을 통해 인간의 지위 이동, 인구 이동, 상품/자본 이동, 문화 이동, 물질의 변화에서 나타나는 규칙성을 찾아내면, 그런 규칙성과 특징을 수나 도형으로 나타낼 수 있다.

'이동과 변화' 주제에서는 환경의 변화에 따른 물질, 생물, 인간의 생활방식의 변화를 조사하고, 과학 기술의 발달과 사회의 변화에 따른 인간의 지위, 인구, 상품, 문화의 이동과 변화를 탐구하고, 그런 변화와 이동이 인간의 생활모습에 미치는 영향을 탐구하며, 사회 이동과 변화에 대응하는 태도를 기르는 내용을 사회, 과학, 수학, 국어, 실과, 미술에서 선정하여 융합적으로 구성한다.

'이동과 변화' 주제의 융합 교육과정의 내용 체계

교과	융합 내용요소	융합 교육 내용	융합 교육 관련 성취기준(2022)
사회	지위·계층의 이동과 사회 변화	사회 변화에 따른 지위와 계층의 이동 분석하기	[9사(일사)01-02] 사회적 지위와 역할의 의미를 설명하고, 일상생활에서 나타나는 역할 갈등 사례와 대응 방안을 탐색한다.
	자원, 노동, 자본, 상품의 이동과 국제 교류	지역 및 국가 간 이동 및 교류 탐색하기	[10통사2-03-04] 자원, 노동, 자본의 지역 분포에 따른 국제 분업과 무역의 필요성을 이해하고, 지속 가능 발전에 기여하는 국제무역의 방안을 탐색한다. [9사(지리)01-03] 세계의 변화가 지역에 영향을 미치고 지역의 변화가 세계에 영향을 미치는 사례를 조사한다. [9역07-03] 오늘날 세계화의 양상을 조사하고, 성과와 과제를 탐구한다.
	인구의 이동과 문화 변화	인구 이동과 사회 및 문화 변동의 관계 분석하기	[10통사2-05-01] 세계의 인구 분포와 구조 등에 대한 이해를 토대로 현재와 미래의 인구 문제 양상을 파악하고, 그 해결 방안을 제안한다. [10통사1-04-02] 문화 변동의 다양한 양상을 이해하고, 현대 사회에서 전통문화가 지니는 의의를 탐색한다.

교과	융합 내용요소	융합 교육 내용	융합 교육 관련 성취기준(2022)
과학	물질의 이동과 변화	물질의 상태 변화와 다른 현상의 관계 탐구하기	[9과04-04] 물질의 상태 변화와 열에너지 출입 관계를 이해하고, 이를 실생활에 적용하여 과학의 유용성을 인식할 수 있다. [9과16-06] 화학 반응에서 열에너지가 출입함을 알고, 생활 속 사례를 조사하여 발표할 수 있다.
		생물의 이동 및 변화의 관계 탐색하기	[9과02-03] 생물 다양성을 이해하고, 변이와 생물 다양성의 관계를 추론할 수 있다.
수학	도형의 이동과 변화	도형의 이동과 변화를 다양하게 표현하기	[9수03-01] 점, 선, 면, 각을 이해하고, 실생활 상황과 연결하여 점, 직선, 평면의 위치 관계를 설명할 수 있다.
국어	인간의 성장과 지위 · 계층의 이동	인간의 성장에 따른 지위와 계층 변화 파악하기	[9국05-03] 인간의 성장을 다룬 작품을 읽으며 문학의 가치를 내면화한다.
실과	사회 변화와 청소년, 가족의 변동	사회 변화에 따른 청소년과 가족의 형태 변화 탐색하기	[9기가01-06] 사회 변화로 증가하는 여러 가지 청소년 중독의 유형을 탐색하여 이를 예방하고 대응할 수 있는 방안을 제안한다.
미술	사회 변화와 미술	사회 변화의 모습을 다양하게 표현하기	[9미01-04] 삶과 미술의 관계를 이해하고 다양한 분야와의 연결 방안을 모색할 수 있다. [9미02-05] 미술 표현 과정에서의 경험을 성찰하고 삶의 문제 해결에 활용할 수 있다.

(출처: 박상준, 2017b: 20-21. 재구성)

'이동과 변화' 주제를 중심으로 사회, 과학, 수학, 국어, 기술, 미술에서 추출한 주제와 관련 내용을 융합적으로 구성하는 예를 제시하면 다음과 같다(박상준, 2017b: 21).

① 환경의 변화에 따른 물질의 상태 변화, 생물과 인간 생활의 변화를 조사한다.
② 과학 기술의 발달과 사회의 변화에 따른 인간의 지위, 인구, 상품/자본, 문화의 이동과 변화를 탐구한다.
③ 인간의 지위, 인구, 상품/자본, 문화의 이동과 변화가 인간의 생활과 생태계에 미치는 영향을 조사한다.
④ 물질의 변화, 인간의 사회 이동과 변화와 관련된 문제를 조사하고, 그 문제를 해결하는 방안을 탐구 또는 토론한다.
⑤ 물질의 변화, 인간의 사회 이동과 변화에 대응하는 능력과 태도를 기르는 방안을 글, 그림, 만화, 사진, 숏폼 콘텐츠(short-form) 등으로 창의적으로 표현한다.

제7장

2022 개정 통합사회의 분석과 운영 현황

OECD가 2030년 이후 미래 교육을 대비하기 위해 학생 주도성에 기초하여 변혁적 역량을 기르는 'Education 2030'(2018) 프로젝트를 발표하였다. 그에 따라 선진국들도 미래 교육을 대비하여 핵심 역량을 기르는 방향으로 교육과정을 바꾸거나 교육을 혁신하고 있다. 우리나라도 미래 사회의 변화에 대응하는 역량을 기르기 위해 2022년 12월 교육과정을 개정하였다(박상준, 2023a: 59).

2022 개정 교육과정은 '포용성과 창의성을 갖춘 **주도적인 사람**'을 교육의 비전으로 제시했는데, 주도적인 사람은 '자기 주도성', '창의와 혁신', '포용성과 시민성'을 갖춘 사람이다. 이러한 '자기 주도적인 사람'을 기르기 위하여 2022 개정 교육과정은 (1) 미래 사회에 대응하는 역량과 기초 소양(언어, 수리, 디지털 리터러시)을 함양하는 **'학습자 주도성'** 및 **'학생 맞춤형 교육'**을 강화하고, (2) 교과별로 **'핵심 아이디어'**를 중심으로 탐구, 문제 해결 같은 미래 역량을 기르고, (3) 기후・생태환경의 변화, 지속 가능성 등 '공동체 의식'을 강화하며, (4) 지역・학교가 선택 과목을 개발해 운영할 수 있도록 교육과정의 운영을 유연화하는 것을 기본 방향으로 정했다(박상준, 2023a: 59-60).

총론의 개정 방향에 따라, 2022 개정 통합사회는 미래 시민 역량을 함양하기 위하여 10개 주제를 중심으로 일반사회, 지리, 도덕 영역이 통합적으로 구성되도록 구성했다.

이 장에서는 2022 개정 통합사회 교육과정의 특징을 분석하고, 학교 현장에서 통합사회가 어떻게 운영되는지를 살펴볼 것이다.

1. 2022 개정 통합사회 교육과정의 분석

미래 사회에서 요구하는 시민 역량을 기르기 위하여 2022 개정 사회과 교육과정은 학생이 '주도성'(agency)을 갖고 사회현상이나 문제의 특징이나 결과 등을 스스로 '탐구'하는 활동을 강화했고, 문제의 합리적 해결 방안을 찾는 토의·토론 활동을 증대하였다. 또한 최근 '민주시민교육'에 대한 사회적 요구를 반영하여 생활 속 민주주의의 실천, 노동 인권교육, 선거 교육, 미디어 리터러시 교육 등의 내용 요소를 강화했다(은지용 외, 2022; 박상준, 2023a: 175-180).

이러한 2022 개정 사회과 교육과정의 개정 방향에 맞추어 통합사회는 핵심 아이디어를 중심으로 학습량을 적정화하고, 주제 중심의 통합적 접근에 따라 구성하고자 했으며, 총론 및 국가·사회적 요구를 반영했다.

2022 개정 통합사회 교육과정의 특징을 분석하면 다음과 같다.

1) 고교 학점제 대비 '통합사회 1, 2'로 과목 분리

2025년 고교 학점제가 시행되면, 고등학생은 대학처럼 학기별로 과목을 신청해 이수한다. 그에 따라 학기별 이수가 가능하도록 2022 개정 통합사회는 '통합사회 1'과 '통합사회 2'로 과목을 분리하여 편성했다. 그리고 고등학교 1학년 1학기에 진로 연계 활동과 연결할 수 있도록 '통합사회 1'은 5개 주제와 14개 성취 기준으로 구성했고, 대신에 '통합사회 2'는 5개 주제와 16개 성취 기준으로 편성했다(은지용 외, 2022; 전보애 외, 2023: 4-5).

<table>
<tr><th rowspan="2">2015 개정 통합사회</th><th colspan="2">2022 개정 통합사회</th></tr>
<tr><th>통합사회 1</th><th>통합사회 2</th></tr>
<tr><td>• 9개 핵심 개념(단원)
• 29개 성취 기준</td><td>• 5개 주제(단원)
• 14개 성취 기준</td><td>• 5개 주제(단원)
• 16개 성취 기준</td></tr>
</table>

2) 핵심 아이디어 중심의 통합적 구성 및 학습량 적정화

교육과정 총론의 개정 방향에 맞추어, 통합사회는 '**핵심 아이디어**'를 중심으로 '지식 · 이해', '과정 · 기능', '가치 · 태도'가 한 주제 안에서 서로 긴밀하게 연결되도록 통합적으로 구성하고자 했다.

또한 통합사회는 학습 부담을 줄이기 위해 학습량을 적정화하여 구성했다. '통합사회 1, 2'로 과목을 분리하였지만, 학생의 학습 부담을 줄이고 학습량을 학기별로 적정화하기 위하여 전체 성취 기준을 많이 증가시키지 않았다. 2015 개정 통합사회와 비교하여, 2022 개정 통합사회는 성취 기준 1개만 늘려서 10개 주제와 30개 성취 기준으로 구성하였다.

그리고 통합사회의 내용은 각 주제에서 핵심 아이디어를 추출하고 그것을 중심으로 관련 내용을 한 주제 안에서 통합적으로 구성하고자 시도했다. '통합적 관점' 주제는 인간, 사회, 환경을 통합적 관점에서 파악해야 하는 이유를 탐색하고, 시간적 · 공간적 · 사회적 · 윤리적 관점을 통합하여 종합적으로 파악하는 사례로 구성했다. '인간, 사회, 환경과 행복' 주제는 시간적 · 공간적 관점에서 행복의 의미와 기준이 시대와 지역에 따라 다름을 비교해 평가하고, 공간적 · 사회적 · 윤리적 관점에서 행복한 삶의 조건을 정주 환경, 경제적 안정, 민주주의, 도덕적 삶의 측면에서 종합적으로 파악하는 내용으로 구성했다.

❙ 통합사회의 내용 체계 ❙

핵심 아이디어	• 시간적, 공간적, 사회적, 윤리적 측면을 함께 고려하는 통합적 관점의 적용을 통해 인간, 사회, 환경의 특성 및 관련 문제를 잘 파악할 수 있다. • 질 높은 정주 환경의 조성, 경제적 안정, 민주주의의 실현, 윤리적 실천은 행복한 삶을 위한 중요한 조건이다. • 자연환경과 인간 생활의 유기적 관계를 고려하는 생태 시민의 태도가 자연과 인간의 공존을 가능하게 한다. • 다양성의 존중 태도는 서로 다른 문화권과 다문화사회의 특성을 이해하는 바탕이 된다. ⋮

범주		내용 요소	
지식·이해	통합적 관점	• 통합적 관점 • 시간적 관점 • 공간적 관점	• 사회적 관점 • 윤리적 관점
	인간, 사회, 환경과 행복	• 행복의 의미	• 행복의 조건
	자연환경과 인간	• 자연환경 • 자연관	• 환경 문제 • 생태 시민
	문화와 다양성	• 문화권 • 문화 변동	• 문화 상대주의와 보편 윤리 • 다문화사회
	생활공간과 사회	• 산업화와 도시화 • 교통 · 통신과 과학기술의 발달	• 생활공간과 생활양식 • 지역사회
		:	
과정 · 기능		• 주제와 관련된 다양한 가치를 통합적 관점에서 이해하고 가치 간의 관계 탐구하기 • 통합적 관점에서 해결 방안을 도출하고 타당성 평가하기 • 민주적 절차와 방법을 활용하여 합의 도출하기	
가치 · 태도		• 시간적, 공간적, 사회적, 윤리적 차원의 다양한 쟁점에 관한 관심 • 갈등 해결을 위한 타인과의 소통과 협력 • 다양한 생활방식과 문화에 대한 이해와 존중 :	

(교육부, 2022b [별책7]: 108-109)

3) 주제 중심 통합적 접근에 따른 내용 구성

2022 개정 통합사회 교육과정은 핵심 아이디어를 중심으로 통합적 관점에서 윤리, 지리, 문화, 정치, 법, 경제 등의 영역에서 추출한 중요한 주제들이 시간적, 공간적, 사회적, 윤리적 관점에서 서로 통합되도록 조직하고자 시도하였다(교육부, 2022b: 108-121). 통합사회는 여러 영역에서 중요한 주제를 추출하여 통합적 관점에서 각 주제와 관련 내용을 통합적으로 구성하고자 했다.

그래서 2015 개정 통합사회와 달리, 2022 개정 통합사회는 '(1) 통합적 관점'을 분리하여 독립된 주제(단원)로 분리하여 구성했다. 그다음 통합사회의 나머지 9개 주제를 시간적, 공간적, 사회적, 윤리적 관점에서 통합적으로 구성하도록 시도했다.

▌2022 개정 '통합사회 1, 2'의 주제▐

통합사회 1	통합사회 2
통합적 관점	인권 보장과 헌법
인간, 사회, 환경과 행복	사회 정의와 불평등
자연환경과 인간	시장경제와 지속가능발전
문화와 다양성	세계화와 평화
생활공간과 사회	미래와 지속 가능한 삶

(교육부, 2022b [별책7]: 108, 115)

이런 점에서 2022 개정 통합사회는 **'주제 중심 통합적 접근'**에 따라 교육과정을 구성하고자 의도했다. 주제 중심의 통합적 접근에 따라 통합적으로 구성한 좋은 사례는 '(2) 인간, 사회, 환경과 행복' 주제와 관련 내용이다. '시간적·공간적 관점'에서 사람들이 생각하는 행복의 의미와 기준이 시대와 지역(나라)에 따라 달라지는 것을 비교해 이해하고, 오늘날 행복의 의미를 성찰하는 내용으로 조직했다. 그다음 '공간적·사회적·윤리적 관점'에서 거주 환경, 경제적 소득과 안정, 민주주의의 발전, 도덕성이 행복한 삶의 조건과 상호 관계를 맺고 있음을 탐색하는 내용으로 구성했다.

▌통합사회 1-(2) 인간, 사회, 환경과 행복의 성취기준▐

[10통사1-02-01] 시대와 지역에 따라 다르게 나타나는 행복의 기준을 사례를 통해 비교하여 평가하고, 삶의 목적으로서 행복의 의미를 성찰한다.

[10통사1-02-02] 행복한 삶을 실현하기 위한 조건으로 질 높은 정주 환경의 조성, 경제적 안정, 민주주의 발전 및 도덕적 실천의 필요성에 관해 탐구한다.

(교육부, 2022b [별책7]: 110)

이처럼 통합사회 1의 2단원은 주제 중심의 통합적 접근에 따라 행복의 의미와 기준을 시간적, 공간적, 사회적, 윤리적 관점에서 종합적으로 이해하도록 여러 가지 주제와 내용을 통합적으로 구성했다.

그러나 '(1) 통합적 관점'과 '(2) 인간, 사회, 환경과 행복' 주제를 제외하면, 나머지 8개 주제는 지리, 문화, 법, 정치, 경제 영역에서 추출된 주제와 관련 내용을 단원별로 별개로 구성하는 **'다학문적 접근'**에 따라 낮은 수준의 통합에 머물렀다. 그래서 대부분의 교사들(70.4%)이 통합사회 교과서는 다학문적 접근 형태로 통합되었다고 인식했다(모경환 · 박형준, 2021: 83-84).

4) 총론 및 국가 · 사회적 요구의 반영

2022 개정 교육과정 총론은 미래 사회에 대비하여 생태전환교육, 민주시민교육, 디지털 소양 교육을 강조했다. 그리고 최근 우리 사회는 학교 폭력과 갑질의 일상화 등에 대비하기 위해 인성교육이 요구되고, 민주주의의 발전을 위하여 민주시민교육이 요구되고 있다. 대통령 직속 국가교육회의가 2021년 5월 국민 101,214명을 대상으로 2022 개정 교육과정에 대해 기대하는 것을 조사한 결과에 의하면, 국민들은 '개인과 사회 공동의 행복 추구'(38.5%), '책임 있는 시민으로 성장'(32.0%), '자기 정체성에 기반한 자기 주도 학습'(31.0%), '공동체 구성원의 다양성 인정'(20.2%) 등을 원하는 것으로 나타났다(국가교육회의, 2021. 6. 22).

이러한 2022 개정 교육과정 총론과 국가 · 사회적 요구를 반영하여 통합사회는 기후 위기와 생태 전환 교육, 민주시민교육, 인성 교육, 인권 교육 등을 반영하였다(은지용 외, 2022; 전보애 외, 2023: 4)

▎통합사회의 총론 및 국가 · 사회적 요구의 반영▎

총론/국가 · 사회적 요구	2022 개정 통합사회의 주제	성취기준 반영
기후 위기 생태전환교육	• 자연환경과 인간 • 미래와 지속 가능한 삶	• 10통사1-03-02 • 10통사2-05-02 • 10통사2-05-03
민주시민교육	• 인간, 사회, 환경과 행복 • 사회 정의와 불평등 • 미래와 지속 가능한 삶	• 10통사1-02-02 • 10통사2-02-03 • 10통사2-05-03
인성 교육	• 문화와 다양성 • 생활공간과 사회 • 사회 정의와 불평등	• 10통사1-04-04 • 10통사1-05-03 • 10통사2-01-03
인권 교육	• 자연환경과 인간 • 인권 보장과 헌법	• 10통사1-03-01 • 10통사2-01-01 • 10통사2-01-03

2. 통합사회 수업의 운영 현황

그러면 통합사회가 실제 교실에서도 본래의 목적과 취지에 맞게 학생이 통합적 관점에서 인간 및 사회생활 관련 주제와 내용을 통합적으로 학습하도록 수업이 이루어지고 있는가? 학교 현장에서 통합사회가 어떤 방식으로 운영되고 있는지 연구 결과를 통해 살펴보자.

모경환 · 박형준(2021: 70-85)은 2021년 고등학교 사회 교사 162명을 대상으로 통합사회가 운영되는 실태를 설문 조사한 결과를 발표했는데, 주요 내용을 살펴보면 다음과 같다.

1) 통합사회의 통합 방식과 운영 실태

'통합사회의 통합 방식과 개선 방향'에 대해 살펴보면, 많은 교사들(70.4%)이 현재 통합사회 교과서는 **'다학문적 접근'** 형태로 통합되었다고 인식했다. 통합사회의 가장 이상적인 통합 유형은 '주제 스트랜드 중심의 통합(3.62)이 가장 높게 나타났다. 향후 통합사회를 개선하는 방향은 미래 사회 대비를 위한 내용 강화(4.17), 역량 교육 강화(3.99), 다양한 교수・학습 활동 구현(3.97) 순으로 나타났다.

교사단체와 시민사회단체가 주장한 것처럼, 통합사회를 민주시민교육 과목으로 재구조화하는 방안에 대해서는 '민주시민교육 관련 내용과 요소를 새로 추가해야 한다'(29.6%), '민주시민교육의 핵심 과목으로 전면 재구조화해야 한다'(29.0%), '기존 민주시민교육 관련 내용을 보완해야 한다'(27.2%) 순으로 나타났다(모경환・박형준, 2021: 83-85). 절반 이상의 교사(56.8%)가 통합사회를 전면 재구조화하기 보다는 민주시민교육의 내용을 추가하거나 보완하는 방식으로 점진적으로 개선하는 것을 선호했다.

'통합사회의 단원 특성'에 대한 인식에서 교사들은 '자연환경과 인간'(3.77), '생활공간과 사회'(3.48), '인간, 사회, 환경과 행복'(3.43) 단원을 가르치기 어렵다고 인식했다. 다른 단원의 평균은 1.86~2.98점으로 상대적으로 낮았다. 또한 교사들은 '인간, 사회, 환경과 행복'(4.20), '생활공간과 사회'(3.67), '자연환경과 인간'(3.62) 단원 순으로 크게 내용을 개정해야 한다고 생각했고, 반면에 '문화와 다양성'(2.83), '인권 보장과 헌법'(2.86) 단원은 낮게 나타났다(모경환・박형준, 2021: 72-73).

항목	단원(평균 점수)		
이 단원은 가르치기 어렵다	2. 자연환경과 인간 (3.77)	3.생활공간과 사회 (3.48)	1. 인간, 사회, 환경과 행복(3.43)
이 단원은 크게 내용을 개정해야 한다	1. 인간, 사회, 환경과 행복(4.20)	3.생활공간과 사회 (3.67)	2. 자연환경과 인간 (3.62)

그 이유는 조사 대상의 교사들이 대부분 일반사회(109명) 또는 공통사회(51명) 전공이었기 때문으로 추정된다. 일반사회 교사들은 자신이 전공하지 않은 지리 영역의 단원을 가르치기 어렵다고 인식했고, 그에 따라 지리 영역과 관련

된 단원을 주제 중심으로 통합이 되도록 개선해야 한다고 응답했을 것이다. 만약 지리 전공 교사를 대상으로 조사했다면, 반대로 일반사회 영역의 단원이 가르치기 어렵다고 응답했을 것이다.

그다음 '통합사회의 편성과 운영' 실태를 살펴보면, 절반 정도의 학교(51.6%)가 통합사회와 통합과학을 똑같이 6~7단위로 감하여 편성했고, 통합사회만 감하여 편성한 학교는 17.4%, 3~4단위로 편성한 학교는 4.9%로 나타났다. 학급당 통합사회의 수업은 2/3 정도의 학교(64.2%)에서 2명 이상의 교사가 영역별로 나누어 가르치고 있었다. 교사 1명이 맡아 가르치는 학교(35.8%)가 가장 많았지만, 교사 2명(32.1%), 3명(24.7%), 4명 이상(7.4%) 나누어 가르치는 경우가 많았다.

통합사회를 운영할 때 가장 어려운 점은 통합사회 취지에 대한 교사의 이해 부족(24.7%), 담당 교사의 배정(22.8%), 담당 교사 간 협력(18.5%), 통합사회 과목에 학생들의 관심 유도(13.0%) 순으로 나타났다. 기타 의견으로 전공과 다른 비전공 영역을 가르치는 것이 어렵다는 응답이 많았다(모경환・박형준, 2021: 74-78).

항목	단위 편성 및 담당 교사 수(비율)			
통합사회/통합과학의 편성	각각 8단위 (23.0)	각각 6~7 단위 (51.6)	통합사회 6~7 단위 통합과학 8단원 (17.4)	통합사회 8단위 통합과학 6~7단원 (3.1)
학급당 통합사회 담당 교사 수	1명 (35.8)	2명 (32.1)	3명 (24.7)	4명 (7.4)

많은 학교에서 일반사회와 지리, 윤리 교사가 각 해당 영역을 나누어 통합사회를 가르치는 경우가 많았고, 1명이 모두 담당하는 경우에는 자신의 전공과 다른 영역의 내용을 가르치는 데 어려움을 겪는 것으로 나타났다.

2) 통합사회의 교수 · 학습과 평가 방식

'통합사회의 교수·학습' 실태를 살펴보면, 통합사회 수업에서 자주 사용하는 교수·학습 방법은 **강의식 수업**(3.86)이 가장 많았고, 탐구 학습(3.41), 토의·토론 학습(3.28), 협동·협력 학습(3.24), 사례 조사 학습(2.99), 프로젝트 학습(2.98) 순으로 나타났다. 교수·학습 자료는 교과서(4.08)가 많았고, 자체 개발 자료(3.49)도 많이 사용하는 것으로 나타났다.

'통합사회 수업의 만족 요인'은 다양한 수업 방식의 적용(3.65), 대학 입시로부터의 자유(3.43), 다양한 평가 방식의 적용(3.41), 새로운 분야의 지식 습득(3.19) 순으로 나타났다. 반면에 내용 측면에서 '통합사회 수업의 곤란 요인'은 비전공 영역에 대한 이해 부족(3.96)이 가장 높았고, 학습 내용의 적정 수준 결정(3.52), 교육과정 재구성에 대한 부담(3.49), 내용 요소 부족(3.41) 순으로 나타났다. 방법 측면에서 수업의 곤란 요인은 적절한 수업 방법에 대한 부담(3.67), 평가 방법에 대한 부담(3.63), 과정 중심 평가에 대한 부담(3.54), 학생 참여 수업에 대한 부담(3.41), 교수·학습 자료의 부족(3.35), 대학 입시 위주의 교육 환경(3.28) 순으로 높게 나타났다(모경환·박형준, 2021: 78-80).

항목	교수 · 학습 방법 및 수업 곤란 요인(평균 점수)			
교수 · 학습 방법의 활용	강의식 수업 (3.86)	탐구 학습 (3.41)	토의 · 토론 학습 (3.28) 협동 · 협력 학습 (3.24)	사례 조사 학습 (2.99) 프로젝트 학습 (2.98)
수업 곤란 요인	비전공 영역에 대한 이해 부족 (3.96)	학습 내용의 적정 수준 결정 (3.52)	교육과정 재구성에 대한 부담 (3.49)	내용 요소 부족 (3.41)

'통합사회의 평가 방법'에 대해 살펴보면, 통합사회의 평가는 지필 평가(58.91%)와 수행평가(38.86%)가 6대 4 정도의 비중으로 이루어졌다. 현재 실시하는 수행평가 방법은 서술 및 논술형(3.91), 토론 및 발표(3.65), 포트폴리오

(3.55), 연구 보고서(3.41) 순이었고, 반면에 관찰(2.54), 자기 평가 및 동료 평가(2.35), 면접(1.77), 구술시험(1.72)은 낮았다. 교사가 적절하다고 생각하는 수행평가 방법은 토론 및 발표(4.19), 서술 및 논술형(3.93), 포트폴리오(3.92), 연구 보고서(3.84)가 높게 나타났다(모경환·박형준, 2021: 81-82).

전반적으로 교사들은 통합사회의 내용 중 자신의 전공 영역이 아닌 내용에 대한 이해 부족으로 적절한 교수·학습 방법을 적용해 가르치고 과정 중심 평가를 하는 것에 부담을 느꼈다. 많은 교사들이 통합사회의 수행평가 방식으로 토의·토론, 포트폴리오, 연구 보고서 등을 적절하다고 생각했다. 하지만 내신 성적 반영과 수행평가의 객관성과 공정성의 문제로 인한 민원이 발생하지 않도록 비교적 객관적으로 평가할 수 있는 서술 및 논술형, 토론 및 발표 방식을 많이 실시하는 것으로 추정된다.

제8장 탐구 학습

앞에서 살펴보았듯이, 현대 사회에서 인간과 환경, 기계, 자연 생태계는 네트워크를 통해 서로 밀접하게 연결되어 있으며, 상호 영향을 주고받으며 작동한다. 이처럼 오늘날 사회현상이나 문제는 매우 복잡하게 연결되어 있고 복합적인 요인에 의해 작동한다. 그래서 복합적인 문제를 종합적으로 이해하여 해결하기 위해서는 복잡한 현상이나 문제의 원인을 과학적으로 탐구하여 이해하는 것이 요구된다. 즉, 어떤 현상이나 문제의 원인과 결과에 대한 과학적 조사를 통해 관련된 객관적 사실을 확인하는 것이 필요하다.

이런 이유에서 통합사회에서 사회현상이나 문제를 과학적으로 탐구하는 과정과 방법을 가르치는 것이 중요하다. 탐구는 현상이나 문제를 객관적으로 이해하고 해결하는 데 필요한 사실적 지식을 획득하는 과정이다. 이런 탐구는 학생들이 현상이나 문제와 관련된 사실적 지식을 종합적으로 파악하여 문제를 비판적으로 성찰하고 창의적으로 해결하는 능력을 기르는 데 기여한다.

이처럼 통합사회는 융합적 관점에서 복잡한 현상과 문제를 종합적으로 이해하고 비판적으로 성찰하고 기존과 다른 방식으로 창의적으로 해결할 수 있는 교수·학습 방법의 활용이 요구된다. 그렇지만 2021년 고등학교 사회 교사 162명의 조사 결과에 의하면, 강의식 수업 이외에 통합사회 수업에서 탐구 학습과 토의·토론 학습이 가장 많이 활용되는 것으로 나타났다(모경환·박형준, 2021: 78-80).

이 장에서는 통합사회에서 현상이나 문제를 과학적으로 탐구하는 과정과 방법을 가르치는 탐구 학습에 대하여 살펴볼 것이다.

1. 개인적 탐구 학습

1) 탐구 학습의 의미

사회과와 통합사회에서 '탐구'(inquiry)는 사회현상이나 문제를 과학적으로 조사하여 일반화된 지식을 형성하는 과정이다(Banks, 1990: 72). 이런 점에서 '탐구 학습'은 학생이 사회과학자처럼 사회현상이나 문제의 원인과 결과에 대하여 과학적 방법으로 조사하여 일반화된 결론을 도출하는 과정과 방법을 가르치는 것이다. 탐구 학습은 탐구의 결과물이 아니라 과학적 탐구의 과정과 방법을 가르치는 것이다.

탐구 학습에서 가르쳐야 할 탐구 방법은 조사할 문제의 성격에 따라 달라진다. 수 또는 양으로 측정할 수 있는 현상이나 문제는 가설을 설정하고 객관적 자료를 수집하여 검증하고 일반화된 지식을 형성하는 양적 연구의 방법을 사용한다. 반면에 계량화할 수 없는 인간의 심리, 의도, 행위 등은 그것의 의미를 해석하는 질적 연구 방법을 사용한다.

통합사회에서 탐구 학습은 지식의 이해가 아니라 사회과학적 탐구력의 발달을 목표로 한다. '탐구력'은 어떤 현상이나 문제의 원인, 이유 등을 찾기 위해 탐구할 문제, 즉 가설을 만들고 자료를 수집하고 분석하여 검증하는 사고 능력이다. 일련의 탐구 과정을 통해 가설을 검증함으로써 일반화된 지식이 도출된다. 이렇게 형성된 일반화된 지식은 사회현상을 객관적으로 이해하고 문제를 합리적으로 해결하는 토대를 제공한다.

2) 개별적 탐구 학습의 방법

그러나 기존의 통합사회에서 활용된 탐구 학습은 주로 교사 주도의 탐구였다. 교사가 탐구할 문제, 즉 가설을 정하고 관련 자료를 제공하면, 학생들은 그 자료를 분석하여 가설을 검증하는 방식이었다. 또한 기존의 탐구 학습은 학생이 개별적으로 사회현상과 문제의 원인과 결과를 사회과학적 방식으로 조사하여 일반화된 결론을 도출하는 방법을 학습하는 데 초점을 맞추었다.

이러한 탐구 학습의 방법은 여러 학자에 의해 제시되었는데, 학자별로 탐구의 과정과 방법을 간략히 살펴보면 다음과 같다.

뱅크스, 울레버와 스콧 등은 탐구의 과정을 8단계로 제시하였다(Banks, 1990: 74-86; Woolever & Scott, 1988: 287-292).

(1) 문제 제기	(2) 주요 용어의 정의	(3) 가설 설정
(4) 자료의 수집	(5) 자료의 분석・평가	(6) 가설 검증
(7) 결론 도출	(8) 새로운 문제의 탐구	

그러나 이들은 탐구의 과정을 너무 세분화했다. 실제 수업에서 탐구 학습이 항상 8단계를 거쳐야 하는 것은 아니다. 탐구할 현상이나 문제의 성격, 그리고 학습 상황에 따라 탐구 학습의 절차와 방식은 융통성 있게 적용될 수 있다. 또한 탐구할 현상이나 문제의 성격에 따라 '용어의 정의'는 필요 없는 경우도 있으며, 가설 검증과 결론 도출은 명확히 구분되는 단계가 아니라 연속적으로 이루어지는 활동이다.

그래서 T. V. Savage와 D. G. Armstrong, J. A. Duplass 등은 탐구 활동의 핵심만 추출하여 탐구의 과정을 5단계로 제시하였다(Savage & Armstrong, 2000: 239-241; Duplass, 2004: 291-292).

(1) 문제 제기	(2) 가설 설정	(3) 자료의 수집
(4) 자료의 분석	(5) 결론 도출	

여러 학자의 입장을 종합하여, 필자는 사회과에서 탐구 학습의 과정을 다음과 같이 제시하였다(박상준, 2023b: 150-159).

(1) 문제 제기 및 용어 정의	(2) 가설 설정
(3) 자료 수집	(4) 자료 분석
(5) 검증 및 일반화	

물론 이러한 탐구 학습 모형을 소집단(모둠) 학습에 적용할 수 있다. 학생 개인이 아니라 소집단(모둠)을 만들어 구성원들이 서로 소통하고 협력하여 탐구 과정을 집단적으로 수행하도록 진행할 수 있다. 그렇게 할지라도 학생 주도의 집단적 탐구 학습의 과정 및 방식과는 차이가 있다.

3) 개별적 탐구 학습의 적용

그러면 개별적 탐구 학습 모형에 따라 통합사회 1의 (2) 인간, 사회, 환경과 행복 단원에서 '정주 환경, 경제적 안정, 민주주의와 행복한 삶의 관계'와 관련된 현상을 탐구하는 과정과 방법을 살펴보자.[1]

(1) 문제 제기 및 용어 정의

교사는 사회현상이나 문제와 관련된 다양한 시청각 자료, 신문 기사 등을 제시함으로써 학생들의 흥미와 호기심을 자극하고, 문제의 해결책에 대해 조사할 필요성을 느끼도록 만든다. 이 단계에서 교사의 주요 역할은 학생들이 스스로 문제와 관련된 사실(지식)의 탐구를 위해 필요한 문제를 만들도록 인도하는 것이다.

보통 탐구해야 할 질문은 '사실을 조사하기 위한 진술'의 형태로 표현되어야 한다. 탐구 질문은 가치문제가 아니라 '사실문제'로 진술되어야 한다. 가치문제는 객관적 방법으로 조사하여 검증할 수 없기 때문에, 탐구에 적합하지 않다. 예컨대, 탐구할 질문은 '정부 환경이 좋으면, 행복한 삶을 살 수 있는가?', '경제

1) 통합사회의 성취 기준과 학습 주제별로 적용할 수 있는 교수·학습 방법의 사례는 [부록]을 참고하세요.

적 안정이 되면, 행복한 삶을 살 수 있는가?', '민주주의가 발전하면, 국민이 행복한 삶을 살 수 있는가?' 등 객관적으로 검증할 수 있는 사실문제로 제시되어야 한다.

그다음 제기된 탐구 문제와 관련된 주요 용어들을 명확하게 정의할 필요가 있다. 왜냐하면 사회과학자들도 같은 용어 또는 개념을 다른 의미로 정의하여 사용하기 때문이다. 또한 똑같은 용어이지만 학생마다 서로 다른 의미로 사용할 수 있고, 그러면 탐구가 적절하게 이루어지기 어렵기 때문이다.

예컨대, 정주 환경, 경제적 안정, 민주주의와 행복한 삶의 관계'에 대해 탐구할 경우에, '행복한 삶의 의미'(행복은 주관적 만족감인가 또는 객관적 척도가 있는가?), '경제적 안정의 의미'(소득의 증가를 의미하는가? 안정된 직업/직장을 의미하는가?), '민주주의의 의미와 발전 기준'(민주주의가 발전한 것은 어떤 의미이고 무엇을 기준으로 측정할 수 있는가?)에 대해 협의하여 결정하고 서로 공유해야 한다. 그렇게 할 때, 정주 환경, 경제적 안정, 민주주의와 행복한 삶의 관계'에 대해 탐구할 문제, 즉 가설을 세우고 가설을 검증하기 위해 어떤 자료를 수집할지 정할 수 있다.

(2) 가설 설정

사실의 탐구에서 가설(hypothesis)은 제기된 질문의 **'잠정적 해답'**이다. 가설은 보통 '두 요소 이상의 상관관계'를 표현하는 형태로 진술되어야 한다. 가설을 설정할 때 교사는 학생들에게 필요한 정보를 제공할 수 있다. 그러면 학생들은 교사가 제공한 정보와 자신이 알고 있는 정보 및 경험을 종합하여 탐구할 문제를 제시한다. 각 학생은 탐구 문제가 객관적으로 검증할 수 있는지, 자료를 수집할 수 있는지 등을 검토하여 최종적으로 탐구할 문제, 즉 가설을 몇 개 정한다.

'정주 환경, 경제적 안정, 민주주의와 행복한 삶의 관계'에 대한 질문과 관련 용어의 정의에 대해 협의한 내용을 고려하여, 구체적으로 탐구할 가설을 세워보자.

(1) 주거 환경이 좋아질수록, 행복감이 증가할 것이다.
(2) 소득이 증가할수록, 행복감이 증가할 것이다.
(3) 민주주의가 발전할수록, 국민의 행복감이 증가할 것이다.

이런 가설은 학생이 어디에 초점을 맞추어 탐구를 진행하고, 어떤 자료를 수집하고 분석해야 하는지 알려준다.

(3) 자료 수집

탐구할 질문과 관련하여 가설을 만들었다면, 학생들은 그 가설이 옳은지 증명하기 위해 여러 가지 사실과 증거를 제시해야 한다. 가설을 증명하기 위해 사용되는 일반적인 방법은 다양한 학문, 경험, 통계 자료 등에서 '**객관적 자료**'를 수집하는 것이다.

가설 설정과 마찬가지로 학생이 스스로 가설을 세우고 그 가설을 증명할 수 있는 자료를 찾는 것이 바람직하다. 하지만 학생들이 저학년이거나 지적 수준이 낮은 경우에, 교사는 학생들이 가설을 증명하기 위한 자료들을 찾을 수 있는 인터넷 주소, 도서와 논문목록 등을 알려주거나 자료들을 제공해 줄 수 있다.

교사는 학생에게 검증할 가설의 성격에 따라 '**자료 수집의 방법**'이 달라질 수 있고, 자료의 수집 방법은 다양하다는 점을 알려준다. 교사는 필요한 자료를 수집하는 방법들-설문조사법, 면접법, 관찰법, 사례연구법, 실험법, 문헌조사법 등-을 학생들에게 가르쳐 주고, 가설을 증명하기 위해 가장 적절한 방법을 결정하는 능력을 길러주어야 한다.

(4) 자료 분석

학생들이 자료를 찾아왔더라도, 그 자료 자체가 곧바로 가설을 증명하는데 사용할 수 있는 것은 아니다. 수집된 자료는 가설과 관련하여 비판적으로 분석되고 평가되어야 가설을 증명하는 증거로 사용될 수 있다. 학생들은 수집된 자료들 중에서 가설 검증에 적합한 자료와 부적합한 자료를 분리하고, 적합한 자료가 무엇인지를 선택해야 한다.

그다음에 아래와 같은 질문에 비추어 그 자료들의 신뢰성과 타당성을 비판적으로 평가해야 한다. 즉, 그 자료는 어디에서 누가 어떤 방법으로 만든 것인가? 그 자료는 신뢰할 만한 것인가? 자료는 가설을 증명하기에 적합하고 타당한가? 그 자료는 다른 사실들 또는 지식들과 일치하는가?

예컨대, 학생이 정주 환경, 경제적 안정, 민주주의와 행복한 삶의 관계'를 탐구할 가설을 세우고, 그 가설을 증명하기 위해 (1) 주택 매매 가격 지수, 자가・전세・월세 가구 비율, (2) 1인당 국민총소득, 도시 근로자 평균 임금, (3) 민주주의 지수(EIU), (4) 세계 행복지수(SDSN) 자료를 찾아왔다. 그러면 이 자료들을 가설 검증에 사용할 수 있는지 비판적으로 분석해 보면, 자료 (2)~(4)은 주거 환경, 소득, 민주주의 발전과 행복의 관계에 대한 가설을 검증하는 데 적합하게 사용될 수 있다. 하지만 자료 (1)의 '주택 매매 가격 지수'는 시장에서 주택의 평균적인 거래 가격의 변화를 측정하는 지표로서 개별 가구의 주택 소유 여부와 주택 가격의 상승 정도를 알려주지 않기 때문에, 가설 1을 검증하는 자료로 적합하지 않다.

(5) 검증 및 일반화

수집된 자료를 적절하게 분석하고 평가했다면, 학생들은 자료를 가지고 가설을 검증한다. 가설은 수집된 자료에 기초하여 검증되는 것이기 때문에, 가설을 검증하여 결론을 도출할 때, '자료의 범위 안에서' 일반화된 지식을 형성해야 한다. 그렇지 않으면 가설을 일반화하는 과정에서 논리적 오류를 범할 수 있다.

예컨대, 자료 (2)와 자료(4)에 근거하여 "2015년부터 2022년 사이에 1인당 국민총소득(GNI)은 2만 734달러에서 3만 27달러로, 도시 근로자 월평균 소득은 481만 6천 원에서 762만 2천 원으로 상승하면서, 행복 지수는 5.835점에서 5.935점으로 상승했다. 그래서 2015~2022년 사이에 소득이 증가함에 따라 행복감도 증가했다"라고 일반화해야 한다. 자료 (2)와 (4)에 제시된 '2015년부터 2022년'까지의 범위와 조건에서만 가설이 정당화될 수 있다. 자료 (2)와 (4)에서는 2015년 이전이나 2022년 이후에 1인당 국민총소득, 도시 근로자 월평균 소득, 행복지수를 알 수 없기 때문이다.

소득과 행복감 사이에는 이스털린의 역설(The Easterlin Paradox)이 나타난다. 이스털린(R. A. Easterlin, 1974: 89-125)이 1946년부터 1970년까지 세계 19개국을 대상으로 소득과 행복감의 관계를 조사한 결과를 살펴보면, 주어진 한 시점에는 소득과 행복 사이에 상관관계가 있지만, 시간의 경과에 따라 소득이 증가하더라도 행복감이 함께 증가하지는 않았다. 미국의 경우 1946~1970년 사이 소득의 증가가 더 큰 행복감을 동반하지 않았다.

그 후 프린스턴 대학교의 M. A. Killingswortha, D. Kahnemanb, B. Mellers (2023: 1-5)가 2008~2009년 미국인 45만 명을 대상으로 조사한 결과에 따르면, 미국인의 경우 연 소득이 7만 5000달러(약 9800만 원)까지 상승할 때 행복감이 증가했지만, 그 이상으로 소득이 높아지면 행복감이 더 이상 증가하지 않은 것으로 나타났다.

앞에서 개별적 탐구 학습의 과정과 방법을 살펴보았다. 기존의 탐구 학습은 주로 학생이 개별적으로 수행했을 뿐만 아니라 주로 교사 주도의 탐구 수업으로 진행되었다. 즉, 대부분의 탐구 수업은 교사가 탐구 문제를 정하고, 그다음 학생이 자료 수집과 분석, 결론의 도출을 수행하는 경우가 많았다. 어떤 경우에는 교사가 탐구 문제를 정하고, 가설 증명에 필요한 자료를 제공하면, 그다음 학생이 주어진 자료를 가지고 가설을 검증하여 결론을 도출하였다. 그래서 기존의 교사 주도 탐구 수업에서 학생은 탐구의 전 과정을 수행하면서 탐구의 방법과 탐구 능력을 온전히 배우기 어려웠다.

그러나 복잡한 현상이나 문제에 대해 스스로 탐구할 능력을 배우기 위해서는 교사 주도의 탐구 수업을 학생 주도의 탐구 학습으로 패러다임 자체를 전환해야 한다. 학생 주도의 탐구 학습은 탐구 문제를 만드는 단계부터 학생이 주도하여 스스로 정하고 그에 따라 어떻게 탐구할 것인지 계획을 수립하고 자료를 수집하고 분석한 후 가설을 검증해 결론을 도출한다. 또한 복잡한 현상이나 문제를 종합적으로 탐구하기 위해서는 학생 혼자 개별적으로 수행하기 보다는 여러 학생이 다양한 입장에서 서로 협의하고 협력할 때 더 적절하게 탐구할 수 있다. 이런 이유에서 학생 주도 탐구 학습은 소집단을 형성하여 구성원들이 서로 소통하고 협력하면서 탐구의 과정을 수행하는 것이 특징이다.

▎교사 주도 탐구 수업과 학생 주도 탐구 학습의 비교▎

과정	교사 주도 탐구 수업	학생 주도 탐구 학습
가설 설정	• 교사가 탐구할 문제에 대해 질문 • 교사가 탐구 문제를 정리 및 선정	• 학생들이 스스로 탐구할 질문을 제기 • 학생들이 협의해 탐구 문제를 선정
자료 수집	• 교사가 가설을 증명하기 위한 자료 수집 방법을 안내 • 학생이 자료를 조사하고 수집 (교사가 자료를 제공하기도 함)	• 학생들이 협의해 탐구 계획을 수립 • 학생들이 역할 분담해 스스로 자료를 수집
자료 분석	• 학생이 수집한 자료 또는 교사가 제공한 자료를 비판적으로 평가	• 학생들이 수집한 자료를 비판적으로 평가
결론 도출	• 학생이 자료에 의거 결론 도출	• 학생들이 어떤 결론이 타당한지 협의해 결론을 도출

2. 집단적 탐구 학습

오늘날 사회현상과 문제는 매우 복잡하게 연결되어 작동하고 상호 영향을 주고받는다. 이런 복잡한 현상과 문제를 종합적으로 이해하고 그에 기초하여 비판적이고 창의적으로 문제를 해결하는 시민의 역량이 요구된다. 이런 복합적 문제 해결력을 기르기 위해서는 한 개인보다는 여러 사람이 다양한 관점에서 복잡한 현상과 문제를 파악하고 서로 협의하여 문제의 해결 방안을 찾기 위해 협력하는 것이 필요하다. 그래서 미국교육학회, 21세기 학습 파트너십(P21), 세계경제포럼(WEF) 등은 미래 사회에 필요한 핵심 역량으로 '의사소통력'과 '협력'을 제시했다.[2)]

그러므로 통합사회에서 미래 핵심 역량을 가르치기 위해서는 개별적 탐구 학습보다는 집단적 탐구 학습이 더 적합하다. 학생들이 소집단(모둠)별로 서로 협의하여 탐구 문제를 정하고 서로 협력하여 탐구 활동을 수행하는 '집단적 탐구 학습 모형'에 대해 살펴보자.

1) NCSS의 탐구 구조

미국사회과협회(NCSS)는 2013년 미래의 대학·직업·시민 생활에 필요한 사회과 표준 교육과정(C3 Framework)을 개발했다. 이 협회는 대학, 직업, 시민 생활에 필요한 역량으로 기본적 문해력, 비판적 사고력, 문제 해결력, 협력을 제시하였다. 이런 역량을 기르기 위해 '탐구 기반 사회과'를 구성하고, 교육과정을 집단적인 탐구 과정으로 조직하였다(박상준, 2023a: 39-41).

기존의 개별적 탐구와 달리, 이 **'탐구 과정'**(Inquiry Arc)은 소집단(모둠)별로 학생들이 서로 소통하고 협력해서 탐구 활동을 수행하는 것으로 구성된다. 소집단별로 학생들이 스스로 탐구할 문제를 정하고 그에 맞추어 탐구 계획을 세운 후, 문제 해결에 필요한 개념과 지식을 학습하고, 필요한 자료를 수집하여 평가하고, 구성원들이 서로 소통하고 토의하여 결론을 도출한다(NCSS, 2013: 12-13).

이러한 탐구 과정은 소집단에서 학생이 서로 소통하고 협력하면서 '주도적으로' 탐구를 수행한다는 것이 특징이다. 또한 교사가 탐구의 문제와 자료 등을 제시하는 것이 아니라 학생이 주도하여 탐구의 문제를 정하고 소집단별로 서로

2) 여러 단체에서 제시한 미래 핵심 역량이 무엇이고, 미래 역량을 기르기 위해 통합사회 교육이 요구되는 이유에 대해서는 이 책의 제4장 1절을 참고하세요.

소통하고 협력하여 '집단적으로' 탐구를 진행하는 것이 특징이다.

탐구 과정은 (1) 질문의 개발과 탐구 계획의 수립, (2) 관련 교과 개념과 도구의 적용, (3) 관련 자료의 평가와 증거의 활용, (4) 결론의 소통과 자료 기반 행동 4가지 차원(단계)으로 구성된다(NCSS, 2013: 12).

▌탐구 과정(Inquiry Arc)▐

차원1(D1): 질문의 개발과 탐구의 계획	**차원2(D2):** 과목의 개념과 도구의 적용	**차원3(D3):** 자료의 평가와 증거의 활용	**차원4(D4):** 결론의 소통과 자료 기반 행동
• 질문 개발하기 • 탐구 계획하기	• 공민 • 경제 • 지리 • 역사	• 자료 수집하기 • 자료 평가하기	• 결론에 대해 소통하고 비판하기
		• 주장 전개하기 • 증거 활용하기	• 자료에 근거해 행동하기

이 탐구 과정에서 차원 2(D2)는 탐구할 문제와 관련된 개념과 지식을 학습하는 것이다. 학생들이 차원 2의 공민, 경제, 지리, 역사 과목에서 배워야 할 기본적 내용과 기능 요소는 다음과 같다(NCSS, 2013: 12-13).

▌과목의 개념과 도구의 적용▐

공민(Civics)	경제(Economics)	지리(Geography)	역사(History)
공공 제도와 정치 제도	경제적 의사결정	지리적 재현: 세계에 대한 공간적 관점	변화, 연속성, 맥락
시민 참여와 심의: 시민 덕목과 민주주의 원리의 적용	거래소와 시장	인간-환경의 상호작용: 장소, 지역, 문화	관점
과정, 규칙, 법률	국민 경제	인구: 공간적 패턴과 이동	역사적 자료와 증거
	세계 경제	글로벌 상호 연결: 공간적 패턴의 변화	인과관계와 논증

각 과목의 영역 안에는 12학년을 졸업할 때까지 대학, 직업, 시민 생활을

위한 준비도를 알려주는 지표가 제시되었다. 이 지표에는 학생이 어떻게 각 과목의 개념과 기능에 대한 능숙함을 개발할 수 있는지에 대한 경로가 학년별로 제시되었다. 이 지표와 경로는 2, 5, 8, 12학년이 끝날 때, 각 과목의 개념과 기능에 대한 이해와 함께 학생이 도달해야 할 '능숙함'의 정도를 제시했다.

예컨대, '공민'(Civics) 과목에서 '차원 2: 시민 참여와 심의'에서 학년별로 학습해야 할 탐구의 경로(K-12 Pathway)를 제시하면 다음과 같다(NCSS, 2013: 33).

2학년 끝날 때	5학년 끝날 때	8학년 끝날 때	12학년 끝날 때
개인적으로 그리고 다른 사람들과 함께, 학생이 …			
D2. Civ.7. K-2 학교 환경에 참여할 때 시민 덕목을 적용한다.	D2. Civ.7. 3-5 학교 환경에 시민 덕목과 민주주의 원리를 적용한다.	D2. Civ.7. 6-8 학교와 공동체 환경에 시민 덕목과 민주주의 원리를 적용한다.	D2. Civ.7. 9-12 다른 사람과 함께 일할 때, 시민 덕목과 민주주의 원리를 적용한다.
D2. Civ.8. K-2 평등, 공정성, 정당한 권위와 규칙의 존중 같은 민주주의 원리를 기술한다.	D2. Civ.8. 3-5 정부, 사회, 공동체를 주도하는 시민 덕목과 민주주의 원리를 파악한다.	D2. Civ.8. 6-8 미국의 건국 문서에 포함된 관념과 원리를 분석하고, 그것이 사회·정치 시스템에 어떻게 영향을 미치는지 설명한다.	D2. Civ.8. 9-12 시민 덕목과 민주주의 원리를 법제화하는 사회·정치 시스템을 다른 맥락, 시대, 장소별로 평가한다.
D2. Civ.9. K-2 집단에서 아이디어를 말하고 의사결정할 때, 타인에게 반응하며 토론의 규칙을 지킨다.	D2. Civ.9. 3-5 집단에서 의사결정이나 판단할 때, 심의 과정을 활용한다.	D2. Civ.9. 6-8 다양한 환경에서 여러 집단들에 의해 사용된 심의 과정을 비교한다.	D2. Civ.9. 9-12 다양한 환경에서 적절한 심의 과정을 활용한다.
D2. Civ.10. K-2 자신의 관점과 타인의 관점을 비교한다.	D2. Civ.10. 3-5 공공 쟁점에 대한 자신과 타인의 관점에 기초가 되는 신념, 경험, 관점, 가치를 파악한다.	D2. Civ.10. 6-8 사람들이 정부와 시민사회의 문제와 쟁점을 말할 때, 개인적 이해관계 및 관점, 시민 덕목, 민주주의 원리와의 관련성을 설명한다.	D2. Civ.10. 9-12 시민 덕목, 민주주의 원리, 헌법상 권리, 인권을 적용할 때, 개인적 이해관계와 관점이 미치는 영향과 역할을 분석한다.

2) 집단 탐구(GI) 모형

집단 탐구(Group Investigation) 모형은 학생들이 탐구할 주제를 자유롭게 선택한 후 집단적으로 탐구 계획을 수립하고 주도적으로 탐구를 수행하는 것이다. 집단 탐구는 학생이 주도성을 갖고 집단적으로 탐구를 계획하고 수행하는 과정이다. 그래서 집단 탐구는 민주적인 수업 환경에서 자유로운 소통과 상호 작용을 통해 조사하고 지식을 형성하는 사회적 과정을 강조한다(박상준, 2023b: 245).

이런 주장은 듀이(J. Dewey)의 '반성적 사고'에서 찾을 수 있다. J. Dewey (1910)는 학교를 민주 사회의 축소판으로 조직함으로써 학생이 민주적인 환경 속에서 반성적 사고의 과정을 경험하도록 가르쳐야 한다고 주장했다. 그렇게 함으로써 민주 사회에서 요구되는 시민의 역량을 기를 수 있다.

또한 사회적 구성주의에서 지식은 교사가 일방적으로 전달하는 것이 아니라 수업 맥락에서 교사-학생이 상호작용하면서 구성하는 것임을 드러냈다. 지식은 객관적으로 주어진 것이 아니라 사회적 맥락에서 구성된 결과물이고, 사회적 과정을 통해 재구성된다.

이러한 이론적 토대에 기초하여 H. Thelen(1960)이 집단 탐구 모형을 개발하였다. '사회적 협의'의 과정으로서 탐구는 소집단에서 학생들이 현상이나 문제에 대해 다른 사람들과 소통하면서 관련된 견해와 입장을 재구성하여 새로운 결론에 도달하는 과정이다. 집단 탐구에서 학생들은 문제를 과학적으로 해결하는 방법뿐만 아니라 구성원들과 함께 탐구를 계획하고 수행하면서 다른 견해를 접하고 의사소통을 통해 견해 차이를 조정하는 방법을 배운다. 작은 사회로서 교실 속에서 학생들은 사회에서 요구되는 협의의 과정과 방법을 배운다. 그래서 탐구는 혼자 하는 것보다는 집단적으로 수행하는 것이 더 효과적이다.

학생은 자신이 관심을 갖는 하위 주제를 자유롭게 제시한 후, 같은 주제를 선택한 학생들이 한 모둠을 구성하여 '집단적으로' 탐구 계획을 세우고, 자료를 수집하여 분석하고 구성원들과 '민주적인 의사소통'을 통해 탐구 결과를 종합해 결론을 도출한다. 이것이 집단 탐구의 특징이다. 여러 연구 결과에 의하면, 집단 탐구는 전통적인 교사 중심 수업보다 학업 성취도와 고차적 사고력을 더 향상시키는 것으로 나타났다(박상준, 2023b: 245).

통합사회에서 집단적 탐구 학습을 적용할 수 있는 주제는 다음과 같다(부록 참고).

> ▣ **통합사회 1**
>
> 2. 인간, 사회, 환경과 행복
>   - 시대 흐름과 행복의 의미·기준이 변화하는지를 탐구할 문제
>   - ▹시대가 변화면 행복의 의미와 기준도 변할 것이다.
>   - 정주 환경, 경제적 안정, 민주주의는 행복한 삶과 어떤 관계에 있는지 탐구할 문제
>   - ▹주거 환경이 좋을수록, 행복(감)이 증가할 것이다.
>   - ▹소득이 증가할수록, 행복(감)이 증가할 것이다.
>   - ▹민주주의가 발전할수록, 국민의 행복(감)이 증가할 것이다.
>
> 3. 자연환경과 인간
>   - 자연환경의 변화와 인간의 생활방식에 미치는 영향을 탐구할 문제
>   - ▹○○지역의 자연환경이 변화하면, 지역의 삶의 방식이 변할 것이다.
>
> 5. 생활공간과 사회
>   - 산업화와 도시화는 생활방식의 변화와 어떤 관계에 있는지 탐구할 문제
>   - ▹산업화가 진행될수록 농촌 인구는 감소하고 서비스업은 증가할 것이다.
>   - ▹도시화가 진행될수록 교통 혼잡 비용은 증가할 것이다.

(1) 집단 탐구의 방법

그러면 개별적 탐구와 달리, 집단 탐구는 어떻게 수행하는 것인가? 집단 탐구는 다양한 방식으로 이루어질 수 있는데, Y. Sharan과 S. Sharan(1994: 257-276), 정문성(2006: 216-217)은 집단 탐구의 과정을 6단계로 제시하였다.

(1) 소주제와 모둠 조직	(2) 탐구 계획 수립 및 역할 분담
(3) 모둠별 탐구 실행	(4) 모둠별 발표 준비
(5) 발표	(6) 활동 평가

집단 탐구에서 학생은 '자유로운 문제 선택', '집단적인 탐구 계획의 수립과 역할 분담', '탐구 결과의 종합'을 집단적으로 수행한다. 이런 특성을 반영하여, 필자는 집단 탐구의 교수·학습 과정을 다음과 같이 제시할 것이다(박상준, 2023b: 246-247).

(1) 교사의 탐구 안내	(2) 하위 문제별 소집단 구성
(3) 탐구 계획의 수립과 역할 분담	(4) 집단 탐구의 수행
(5) 모둠 발표와 피드백	(6) 모둠의 활동 평가

① 교사의 탐구 안내

먼저 교사는 탐구할 주제에 대해 간략히 소개한다. 그리고 하위 문제의 선택, 탐구 계획의 수립, 역할 분담, 자료 수집과 분석 방법, 탐구 결과의 종합 등 집단 탐구의 과정과 방법에 대해 안내한다.

② 하위 문제별 소집단 구성

학생은 탐구 문제와 관련해 각자 탐구하고 싶은 하위 문제를 발표한다. 교사는 학생이 얘기한 하위 문제들을 비슷한 것끼리 묶어 문제별로 정리한다. 그 다음 각 학생은 자신이 탐구하고 싶은 문제를 자유롭게 선택한다. 같은 하위 문제를 선택한 학생들이 하나의 소집단(모둠)을 구성한다. 많은 학생이 한 문제를 선택할 경우, 협력 학습이 이루어지도록 한 모둠에 4~5명 이내로 분리해 구성한다.

③ 탐구 계획의 수립과 역할 분담

각 모둠별로 구성원들이 민주적으로 소통하여 하위 문제를 어떻게 탐구할 것인지 계획을 세운다. 학생들은 어떤 자료를 어디에서 수집하고, 어떻게 결과를 도출할 것인지 협의하여 탐구 계획을 수립한다. 그다음 탐구를 수행하기 위해서 각 구성원이 담당할 역할을 나누어 배정한다.

④ 집단 탐구의 수행

각 모둠별로 각 학생은 자신이 맡은 역할에 따라 하위 문제와 관련된 자료를 수집하고 분석한 후 탐구 주제에 대한 답을 정리한다. 그다음 학생들이 함께 모여 집단적으로 탐구한 결과를 종합하여 탐구 문제에 대한 답을 협의하여 정한다.

⑤ 소집단 발표와 피드백

각 모둠은 탐구의 결과를 정리하여 보고서를 작성하고, 전체 학생들에게 발표한다. 학생들은 다른 소집단의 발표를 잘 듣고 내용을 요약해 정리한다. 그렇게 함으로써 자기 소집단에서 탐구하지 않은 문제에 대해서도 이해할 수 있다. 그리고 모둠의 발표가 끝나면, 그 모둠의 탐구 계획과 탐구 결과에 대하여 질문을 하거나 피드백을 제공한다. 학생들은 다음에 집단 탐구 활동을 계획하고 수행할 때 피드백의 내용을 반영한다.

⑥ 모둠 활동의 평가

교사는 모둠별로 탐구 계획의 수립, 역할 분담과 이행, 집단적인 탐구의 수행 등 집단 탐구의 '과정'이 협력적으로 잘 이루어지는지 평가한다.

3. 탐구 학습의 지침

앞에서 살펴보았듯이, 융합적 관점에서 복잡한 현상이나 문제를 과학적 방법으로 조사하고 창의적으로 해결하는 시민 역량을 기르기 위해서 통합사회는 개별적 탐구 학습보다는 집단적 탐구 학습이 더 적합하다. 집단적 탐구 학습을 하기 위해서는 먼저 교사가 집단적 탐구 학습의 절차와 방법을 충분히 이해고 모둠별로 집단 탐구를 진행하도록 준비해야 한다. 그다음 통합사회 교과서 내용 중 탐구 학습에 적합한 주제와 내용을 선정하거나 재구성한다. 또한 집단 탐구를 수행할 수 있는 민주적인 수업 환경을 만드는 것이 중요하다.

집단적 탐구에서 학생들은 혼자 개별적으로 수행하는 것이 아니라 3~4명 정도씩 모둠을 형성하여 구성원들이 서로 소통하고 협력하며 탐구를 수행한다. 다시 말하면, 모둠 안에서 학생들은 서로 협의하여 탐구할 문제, 즉 가설을 세우고, 어떤 자료를 수집하고 분석할지 함께 탐구의 계획을 수립하며, 구성원들이 함께 자료를 분석하여 어떤 결론이 타당한지 토의하여 결정한다.

그래서 집단적 탐구 학습을 수행할 때 교사와 학생이 지켜야 할 지침을 살펴보면 다음과 같다.

❙ 탐구 학습의 지침 ❙

교사의 역할
• 학생이 스스로 탐구할 문제를 정하고 결론을 도출하도록 도와주라. • 학생의 다양한 관점을 인정하고 잘못된 대답을 했다고 야단치지 말라. • 개방적이고 관용적인 분위기에서 의사소통(토론)하라. • 서로 다른 관점을 지닌 자료들을 고르게 제공하라. • 학생의 능력에 맞게 탐구 활동을 구성하라. • 필요할 때마다 자주 학생들을 격려(칭찬)하라. • 학생이 스스로 탐구할 기회와 환경을 만들라. • 탐구의 과정(방법)을 가르치라.
학생의 역할
• 문제를 제기하고 해답을 찾는 활동에 적극 참여하라. • 여러 가지 대안과 가능성에 대해 개방적 태도를 취하라. • 관련 증거를 충분히 검토하기 전에는 판단을 유보하라. • 학생 스스로 탐구하도록 노력하라. • 친구들과 정보를 공유하고 모둠에서 협동하여 탐구를 수행하라. • 문제의 해답을 찾도록 지속적으로 노력하라. • 탐구의 과정(방법)을 배우라.

(표: Woolever & Scott, 1988: 293)

집단적 탐구 학습은 탐구의 결과로 도출된 지식을 아는 것이 아니라 학생들이 스스로 탐구할 수 있는 탐구력을 발달시키는 것을 목표로 한다. 그래서 탐구 학습은 탐구의 결과로 도출된 지식보다는 탐구의 과정과 방법을 습득하는 데 초점을 맞추고, 탐구의 과정을 평가하는 것이 중요하다.

제9장 토의 · 토론 학습

토의 또는 토론은 민주 사회에서 시민들이 공동체 문제를 함께 논의하고 결정하는 방법으로 발전해 왔다. 또한 현대 사회에서는 다양한 문제와 갈등이 발생하는데, 물리적 힘이나 법보다는 당사자들의 상호 대화와 토론을 통해 합리적으로 해결하는 것이 민주적이고 바람직하다. 그렇게 할 때 불필요한 사회문제와 갈등을 해결하기 위한 사회적 비용의 지출을 줄일 수 있을 것이다.

이런 이유에서 민주 사회는 대화와 토론을 통해 문제를 민주적으로 해결하는 의사소통 능력이 강조된다. 복잡한 문제를 종합적으로 이해하여 비판적이고 창의적으로 해결할 때 필요한 시민 역량을 함양하고자 하는 통합사회에서 토의 · 토론 학습은 매우 중요하다.

그래서 2021년 고등학교 사회 교사 162명을 조사한 결과에 따르면, 통합사회 수업에서 교사들은 탐구 학습이나 토의 · 토론 학습을 많이 사용하는 것으로 나타났다. '**토의**는 어떤 주제와 관련된 정보나 견해를 상호 교환하면서 그에 대한 이해를 높이고 문제의 해결 방안 등에 대해 소통하는 과정이다. 주제에 대한 정보나 의견을 교환하는 것을 넘어서, 토론은 객관적 근거를 제시하면서 자기의 견해나 주장을 정당화하고 상대방을 설득하려는 소통의 과정이다. 그렇지만 학교 현장에서는 토의와 토론을 엄격하게 구분하지 않고 일반적으로 '토의 · 토론 학습'으로 사용하고 있다.

이 장에서는 통합사회 수업에서 활용할 수 있는 토의토론 학습으로 배심토의, 모둠 토론, 찬반 토론, 찬반 논쟁 협동 학습을 중심으로 살펴볼 것이다.

1. 토의와 토론

역사적 관점에서 접근하면, 토의 또는 토론의 기원은 고대 아테네의 민주정치와 소크라테스의 대화법에서 찾을 수 있다. 아테네의 민주정치에서 20세 이상의 시민들은 민회나 광장에 모여 법률안, 행정관이나 장군 등의 선출 같은 공동체의 문제에 대해 함께 토론하여 결정했다(박상준, 2020: 41-44). 당시 광장에서 소크라테스는 사람들이 무지를 깨닫게 하고 참된 진리를 깨닫게 하는 방법으로서 문답법과 토의를 사용했다. 또한 토의 또는 토론은 로마 공화정의 원로원과 평민회 회의에서도 활성화되었다. 그 후 근대 민주정치가 도입되면서 의회에서 의사결정의 과정으로서 제도화되었다.

이처럼 민주 사회는 어떤 문제에 대하여 구성원들이 서로 의견을 나누고 공동체 문제의 해결 방안을 논의하는 토론 문화가 일상화되었다. 그러면서 일상적으로 토의와 토론은 비슷한 의미로 사용되고 있다.

그러나 학문적으로 토의와 토론은 엄밀하게 구분하기도 한다. 토의는 둘 이상의 사람들이 모여 공통의 주제에 대하여 서로 가진 정보와 생각을 교환하는 의사소통의 방식이다. 반면에 토론은 둘 이상의 사람들이 모여 공통의 주제에 대하여 각자 서로 다른 주장을 하면서 자기 주장에 적합한 증거와 논리를 제시하며 자기 주장을 정당화하거나 상대방을 설득하는 의사소통의 방식이다(구정화, 2009: 26).

J. T. Dillon은 **'토의'**(discussion)는 공동의 관심사에 대하여 서로 다른 관점에서 의견을 교환하고 그 문제와 관련된 지식과 이해, 판단과 의사 결정, 해결 방안 등을 발전시키려는 집단적 상호작용의 형태이다"라고 정의하였다(Dillon, 1994: 8). 정문성은 "토의는 어떤 주제에 대해서 여러 사람이 정보와 의견을 교환하여 그 주제에 대해 학습하거나 문제를 해결하려는 말하기와 듣기 활동이다"라고 규정하였다(정문성, 2013: 14).

여러 학자의 정의를 종합해 보면, **'토의'**는 사람들이 어떤 주제와 관련된 정보나 견해를 상호 교환하면서 그 주제에 대한 이해를 높이고 문제의 해결 방안 등에 대해 의사소통하는 과정이다.

반면에 **'토론'**(debate)은 논의의 목적과 방법에 있어서 토의와 다르다. 정문성은 "토론은 어떤 주제에 대해 서로 다른 주장을 하는 사람들이 논증과 설증을 통해 규칙에 따라 자기 주장을 정당화하여 다른 사람을 설득하려는 말하기와 듣기 활동이다"라고 규정하였다(정문성, 2013: 17).

여러 학자의 정의를 종합해 보면, **'토론'**은 어떤 주제에 대한 자신의 견해나 주장을 객관적 근거를 제시하며 정당화하거나 타인을 설득하는 의사소통의 과정이라고 할 수 있다. 어떤 주제에 대한 정보나 의견을 교환하는 것을 넘어서, 토론은 객관적 근거를 제시하면서 자신의 견해나 주장의 정당성을 논증하여 상대방을 설득하려는 의사소통의 과정이다.

토의와 토론은 어떤 주제에 대하여 여러 사람이 함께 논의하는 상호적인 소통의 과정이라는 점에서는 공통적이다. 하지만 토론은 어떤 주제에 대한 자기 주장의 정당성이나 문제 해결책의 정당성에 대하여 논증하면서 상대방을 설득하는 것을 목표로 한다. 또한 토론은 자기 주장의 정당성을 입증하기 위해 '객관적 근거'를 제시하여 '논증'하고 상대방을 '설득'하고자 한다는 점에서 토의와 다르다.

토 의	• 의미: 주제에 대한 의견의 교환 • 과정: 정보의 교환
토 론	• 의미: 주장의 정당성에 대한 논증 • 과정: 객관적 근거에 의한 논증 → 상대방의 설득

이처럼 학문적으로 엄밀하게 구분하면, 토의와 토론은 논의의 목적, 과정, 방법이 다르다. 그러나 학교 현장에서 토의와 토론은 엄밀하게 구별되지 않고 혼용되고 있다. 또한 실제로 어떤 주제에 대하여 논의하는 과정에서 토의와 토론이 엄격하게 구별되기보다는 함께 활용되는 경우가 많다(김영석, 2021: 191). 그래서 사회과와 통합사회에서는 토의와 토론 학습을 비슷한 의미로 사용할 것이다.

2. 토의 · 토론 학습의 목표와 효과

1) 토의 · 토론 학습의 목표

앞에서 살펴보았듯이, 토의·토론은 민주 사회에서 사람들이 어떤 현상이나 문제와 관련된 정보를 교환하거나 문제를 해결하기 위해 소통하고 합의에 이르는 과정이다. 이런 측면에서 토의·토론은 본질적으로 사회적이고 집단적인 소통의 과정이다. **토론 학습**은 학생들이 어떤 주제에 대한 자신의 견해나 주장을 객관적 근거에 기초해 논증하고 상대방을 설득하는 방법과 능력을 가르치는 교육적 활동이다. 토론 학습은 사실적 지식을 가르치기보다는 학생들이 객관적 근거를 제시하면서 자신의 주장이나 견해가 타당하다는 것을 논증하고 상대방을 설득하는 방법과 능력을 신장시키는 데 초점을 맞춘다.

그래서 학생들이 토론 학습에서 어떤 주제를 분석할 때 비판적 시각을 가지고 접근하는 것이 필요하다. 학생들은 서로 다른 관점에서 기존에 당연시된 사실이나 현상 또는 견해에 의문을 제기하면서 비판적으로 이해하도록 노력해야 한다. 이런 점에서 토론 학습은 **'비판적 사고력'**의 신장을 목표로 한다.

비판적 사고가 무엇인가에 대하여 R. H. Ennis, J. E. McPeck, M. Lipman, B. Beyer 등이 다양하게 정의하였다(박상준, 2006: 20-36). 여러 학자의 견해를 종합해 보면, **'비판적 사고'**는 객관적 근거'에 기초해 합리적으로 분석하고 평가하는 사고 기능과 사고 성향이다(박상준, 2006: 36-38).

비판적 사고는 다른 고차적 사고와 구별되는 몇 가지 특징을 지닌다(박상준, 2006: 41; 2023a: 241-242).

- 평가의 대상에 언어적 자료와 비언어적 자료를 모두 포함하는 사고 과정
- 대상을 당연한 것으로 판단하지 않고 의문을 제기하는 것
- 대상에서 오류-비일관성, 비합리성, 부적합성, 비현실성 등-를 찾는 활동
- 더 완전한 것을 실현하기 위해 오류를 개선하는 사고의 과정
- 대상을 객관적 기준에 의거해 논리적으로 분석하고 합리적으로 평가하는 활동

다른 한편 토론 학습에서 학생들은 자신의 주장이나 견해를 논증하고 설득하는 과정에서 상대방의 말을 경청하고 자기와 다른 주장이나 견해를 존중해야 한다. 토론의 과정에서 학생들은 자신의 입장뿐만 아니라 반대쪽의 입장에서 그들의 주장과 근거를 꼼꼼히 생각하도록 노력하고, 자기와 다른 주장이나 견해를 존중하면서 논증하려는 태도가 필요하다. 이런 점에서 토론 학습은 의사소통 능력의 향상을 목표로 한다.

'의사소통 능력'은 공론의 장에서 공동체의 문제에 대하여 자유롭게 정보와 의견을 교환하고 민주적으로 토론하면서 합리적인 해결책에 합의해 가는 능력이다(박상준, 2012: 20-21). 민주 사회는 공동체의 문제에 대하여 공공선과 보편적 가치에 의거해 자유로운 소통과 토론을 통하여 합리적으로 해결할 수 있는 시민의 역량을 필요로 한다. 이러한 의사소통 능력은 교과서 지식을 통해 습득되는 것이 아니라 실제로 교사와 학생이 민주적인 의사소통과 토론에 참여하여 자유롭게 소통하고 토론하는 경험을 통해 습득될 수 있다.

요약하면, 토론 학습은 사실적 지식을 가르치기보다는 어떤 주제에 대한 자신의 견해나 주장을 객관적 근거에 의거해 논증하여 설득하는 과정에서 필요한 비판적 사고력이나 의사소통 능력의 신장을 목표로 한다. 토론 학습은 민주 사회에서 서로 다른 입장을 가진 사람들이 토론을 통해 문제를 창의적으로 해결하는 시민의 역량을 기르는 데 기여할 것이다.

2) 토의 · 토론 학습의 효과

강의식 수업은 교사가 중심이 되어 지식을 전달하지만, 토론 학습은 교사와 학생, 학생과 학생이 의견과 정보를 자유롭게 교환하면서 논증하는 의사소통의 과정으로 진행된다. 그래서 토론 학습은 여러 가지 면에서 교육적 효과가 크다. 연구 결과들을 보면, 토론 학습은 고차적 사고력의 신장, 도덕성의 발달, 수업 참여도의 증가 등에서 효과가 있는 것으로 나타났다(정문성, 2013: 24-33).

첫째, 토론 학습에서 활발한 대화와 상호작용은 지적 자극을 일으켜 인지 능력을 발달시킬 수 있고, 자기 생각을 논증하고 정당화하면서 인지와 사고가 정교화되는 효과를 나타낸다. 또한 토론 학습은 집단적인 의사소통과 논증의 과정을 통해 개인의 고립된 생각을 넘어 구성원의 다양한 생각을 공유하고 문제를 합리적으로 해결하려는 공동체적 사고와 집단 지성을 기르는 데 기여할 수 있다.

둘째, 토론 학습은 학생의 도덕성 발달과 도덕적 태도의 변화에도 영향을 미친다. L. Kohlberg와 제자들의 실험 결과에서 드러나듯이, 도덕적 딜레마 토론은 학생들이 도덕 문제를 판단하는 능력을 신장시키는 데 기여하였다. 또한 여러 사람과 토론을 통해 타인의 인식, 감정, 행동에 도덕적으로 반응하는 태도의 변화를 가져올 수 있다.

셋째, 토론 학습은 교사보다 학생이 주체가 되어 소통하고 논증하는 수업이기 때문에, 학생들의 자발적 참여도를 높일 수 있다. 강의식 수업에서 교사는 일방적 전달자이고 학생은 수동적 청취자이기 때문에, 학생들의 수업 몰입도와 참여도가 낮고, 학습의 효과도 수업 시간이 흐르면서 떨어진다. 반면에 여러 가지 실험 결과에 의하면, 토론 학습은 학생의 자발적 참여와 소통을 통해 수업 몰입도를 높이고 주체적으로 사고하고 문제를 해결하도록 함으로써 학습의 효과를 높일 수 있다.

실제로 초등 교사 255명을 대상으로 조사한 구정화의 연구 결과에 의하면, 교사들은 토론 학습이 사회현상에 대한 관심의 증가, 비판적 사고력 같은 고차적 사고력의 신장, 다양한 대립 가치의 발견, 사회문제에 대한 자신의 입장 선택, 사회성 및 수업 태도의 향상, 지식의 적용 기회 등 여러 면에서 효과가 높은 것으로 평가하였다(구정화, 2009: 40-41).

3. 토의 · 토론 학습의 방법

토의·토론 학습은 토론할 주제와 방식에 따라 매우 다양하다. 통합사회에서 토의·토론 학습을 적용할 수 있는 주제는 매우 다양하다(부록 참고).

▣ 통합사회 1

1. 통합적 관점: 인간과 사회생활을 파악할 때, 통합적 관점이 중요한 이유에 대해 토의하기
2. 인간, 사회, 환경과 행복: "행복한 삶을 위해 좋은 주택, 높은 소득이 필수적인가?"
3. 자연환경과 인간: "경제성장 또는 도시 발전 위해 자연을 개발해야 하는가?(PCCL)
   환경문제의 유형별로 해결 방안을 토의하기
4. 문화와 다양성: "히잡 또는 조혼을 인정해야 하는가?(PCCL)
5. 생활공간과 사회: "우리 지역 문제의 해결 방안 토의하기

▣ 통합사회 2

1. 인권 보장과 헌법: 소수자의 인권 침해 문제의 해결 방안을 토의하기
2. 사회정의와 불평등: "불평등 해소와 사회정의를 위해 부자세를 부과해야 하는가?(찬반토론), "의대와 지방 공공기관에 지역 인재 30% 이상 선발 제도는 정의로운 제도인가?(PCCL)
3. 시장경제와 지속 가능 발전: "시장의 자유와 효율성 위해 공기업을 민영화해야 하는가?", "경제 안정을 위해 부실기업의 부도를 막기 위해 정부가 세금을 지원해야 하는가?", "고소득 얻기 위해 주식, 코인 등에 투자해야 하는가?"
4. 세계화와 평화: "남북 대립의 해소 위해 평화 통일 방안에 대해 토의하기

통합사회 수업에서 많이 활용할 수 있는 것은 배심 토의, 모둠 토의, 찬반 토론, 찬반 논쟁 협동 학습 등이다.

1) 배심 토의

'배심 토의'(Panel discussion)는 어떤 주제와 관련된 전문가 4~6명 정도로 구성된 토론 위원단이 여러 사람 앞에서 토의하는 방법이다. 사회자의 진행에 따라 토론 위원들은 주제에 대하여 자유롭게 토의하고, 청중들은 토의 내용을 듣는다. 토의가 정리되면, 사회자는 청중으로부터 질문을 받고 토론 위원들이 답변하게 한다. 이런 방식으로 진행되는 것이 배심 토의이다.

배심 토의는 토론 학습에 익숙하지 않은 학생들에게 민주적인 토론의 방법을 익히게 하거나 어려운 주제에 대하여 토의할 때 유용하게 활용될 수 있다. 모든 학생이 토론에 익숙하지 않은 경우 또는 모든 학생이 토의하기에 어려운 주제일 경우에, 우수한 학생을 토론 위원단으로 구성하여 여러 학생에게 토의하는 방법을 보여줌으로써 토론의 방법과 과정을 습득하게 할 수 있다. 즉, 배심 토의는 학생들이 토론 위원들의 토의 모습을 보고 민주적이고 합리적인 토의 방법을 습득할 수 있다.

그러나 우수한 학생을 중심으로 토론 위원단을 구성하여 토의를 진행하기 때문에, 다수의 학생이 토의에서 구경꾼으로 전락하여 배심 토의 수업에 참여하지 않게 될 위험이 있다. 이런 문제를 해결하기 위해서 교사와 사회자는 나머지 학생들이 토의 주제와 관련된 주요 사실과 쟁점을 정리하여 제출하고, 자유롭게 질문할 기회를 부여하는 것이 필요하다.

학자마다 조금씩 다르지만, 배심 토의는 다음과 같이 진행될 수 있다.

(1) 토의 주제의 선정	(2) 사회자와 토론 위원단의 구성
(3) 사회자의 진행과 위원단의 토의	(4) 청중의 질문과 위원단의 답변
(5) 토의 내용의 정리	

배심 토의에서 이루어지는 교수·학습 활동을 살펴보면 다음과 같다.

배심 토의의 과정

▣ **단원:** 통합사회 1 (3) 자연환경과 인간
▣ **학습주제:** 환경 문제의 원인과 해결 방안을 제시한다.

1. 토의 주제의 선정

- 학생들이 협의를 통해 학습 주제와 관련하여 배심 토의에 적합한 문제를 정한다.
  - 환경오염의 유형: 대기, 토양, 수질 오염, 플라스틱 쓰레기 등
- 교사가 토의 문제와 배심 토의의 방식에 대하여 설명한다.

2. 사회자와 토론 위원단의 구성

- 토의 문제와 관련해 더 많은 지식을 갖고 있는 학생들 중에서 토론 위원 4~6명과 사회자 1명을 선발한다.
- 토론 위원단과 사회자는 토의 문제와 관련된 자료를 찾고 미리 학습하여 토의를 준비하게 한다.
- 교사는 토론 위원단과 사회자, 학생에게 토의의 규칙과 방식을 설명해 준다.

3. 사회자의 진행과 토론 위원단의 토의

- 사회자는 토의 문제와 관련된 질문을 제시하면서 토론 위원들이 자유롭게 토의하게 한다.
- 토론 위원들이 자유롭게 답변하고 서로 반론을 제기한다.
- 나머지 학생들은 토론 위원들의 토론 내용을 들으며 정리하고, 질문할 내용을 기록한다.

4. 청중의 질문과 토론 위원단의 답변

- 사회자는 나머지 학생들에게 토의 문제와 관련하여 질문하게 한다.
- 학생들의 질문에 대하여 토론 위원들이 답변한다.

5. 토의 내용의 정리

- 사회자는 토론 위원들이 문제와 관련해 자신의 생각과 주장을 간략히 정리하도록 한다.
- 사회자가 토의의 핵심 내용을 정리하고 마무리한다.

2) 모둠 토론

'모둠 토론'은 4명을 한 모둠으로 만들어 모둠별로 구성원들이 어떤 주제에 대해 심층적으로 토론하는 방법이다. 배심 토의나 전체 토의에는 일부 학생만 참여하고 특정 학생이 토론을 주도하는 문제가 생긴다. 반면에 모둠 토의는 4명 내외로 구성되기 때문에, 구성원 모두가 토론에 참여하고 토론이 활발하게 이루어질 수 있다. 먼저 모둠에서 모든 학생이 토론에 참여하고 자유로운 토론이 이루어지도록 교사는 학생들의 인지적 수준, 성격, 성별 등을 고려해 모둠을 고르게 편성해야 한다. 그다음 교사는 모둠 토론에서 특정 학생이 토론을 독점하지 않도록 각 구성원이 발언 기회, 발언 순서와 시간, 경청 등 토론의 규칙을 지키면서 토의하도록 지도해야 한다.

토론 주제가 찬반 의견이 대립하는 쟁점인 경우, 학생은 찬성과 반대 입장으로 나누어 찬반 토론 방식으로 진행할 수 있다. 먼저 학생 2명씩 토론 문제에 대해 찬성과 반대 입장을 각각 선택하고, 찬반 토론을 10~15분 정도 실시한다. 그다음 찬성과 반대 입장을 바꾸어 다시 찬반 토론을 진행한다.

이렇게 찬반 입장을 바꾸어 토론함으로써 각 학생은 자신과 다른 입장과 견해를 객관적으로 이해할 수 있다. 또한 자신과 다른 견해를 가진 사람들과 편견 없이 민주적으로 토론하면서 견해 차이를 좁혀 조율하거나 합의에 이르려고 노력하는 태도를 기를 수 있다. 이것이 모둠 토론의 목표이다. 내가 옳고 상대방이 틀렸다는 것을 증명하여 상대방을 말로 이기는 것이 토론의 목적은 아니다. 토론은 자기 주장을 논리적으로 제시하여 상대방을 이기는 말싸움이 아니다. 토론은 서로 다른 입장과 의견을 가진 사람들이 충분한 소통을 통해 다른 견해를 조율하거나 합의에 이르는 것을 목표로 한다. 이처럼 토론의 규칙에 따라 민주적인 소통을 하면서 서로 다른 견해를 조절하거나 합의에 도달하는 방법과 능력을 배우는 것이 모둠 토론의 목표이다.

학생의 특성과 토론 주제에 따라 모둠 토론은 다양한 방식으로 이루어질 수 있는데, 일반적으로 모둠 토론은 다음과 같이 진행될 수 있다.

(1) 토론 문제의 선정	(2) 모둠의 편성
(3) 토론 자료의 수집 및 이해	(4) 모둠 토론의 실시
(5) 토론의 정리 및 발표	

모둠 토론에서 이루어지는 교수·학습 활동을 살펴보면 다음과 같다.

모둠 토론의 과정

▣ **단원:** 통합사회 1의 (5) 생활공간과 사회
▣ **학습주제:** 지역 문제를 조사하여 해결 방안을 토의한다.

1. 토론 문제의 선정

- 학생들이 서로 논의하여 '지역 문제의 해결 방안'과 관련하여 토론할 문제를 스스로 정한다.
  - 예시: 쓰레기 매립장을 어디에 설치할 것인가?
    일회용품 쓰레기를 효과적으로 줄이는 방안은 무엇인가?

2. 모둠의 편성

- 학생 4명 내외로 모둠을 편성한다.
- 모둠은 학생의 인지적 수준, 성격, 성별 등을 고려해 고르게 편성한다.

3. 토론 자료의 수집 및 이해

- 학생들이 토론에 필요한 자료를 인터넷, 문헌 등에서 찾아온다.
- 학생은 토론 자료를 분석해 토론에 활용할 수 있는 자료를 정리하고, 내용을 파악한다.

4. 모둠 토론의 실시

- 각 모둠별로 토론을 실시한다.
- 각 학생은 발언 기회, 발언 순서와 시간 등을 동등하게 지키고, 다른 사람의 발언 내용을 경청하고 정리한다.
- 교사는 각 모둠을 순회하며 토론 활동이 민주적으로 진행되도록 지원한다.

5. 토론의 정리 및 발표

- 각 모둠은 지역 문제의 해결 방안과 관련하여 토의한 내용과 합의한 방안을 정리한다.
- 각 모둠별로 토론 내용을 정리해 발표한다.

3) 찬반 토론

'찬반 토론'(debate)은 쟁점과 관련하여 찬성과 반대 집단이 각자 자기의 주장이 옳음을 논증하고 반대쪽 주장을 반박하는 과정으로 진행된다. 찬반 토론은 먼저 각 학생이 쟁점과 관련해 찬성이나 반대 입장을 정하고, 자기 입장을 지지해 줄 자료를 찾아 파악한다. 그다음 각 집단은 자료에 기초해 자신의 입장을 정당화하고, 상대방 주장과 근거를 반박한다. 학생은 자신의 진짜 입장과 관계없이 처음에 정한 찬·반 입장을 한 시간 동안 계속 유지하고, 그 입장에서 주장을 제시하며 설득하고자 시도한다.

이처럼 찬반 토론에서 각 집단은 상대방의 주장을 반박하고 설득하는 데 초점을 맞추기 때문에, 서로 합의를 시도하는 과정은 없다. 또한 찬반 토론 과정에서 처음에 정한 입장과 견해가 바뀔 수 있지만, 토론의 마무리 단계에서 학생이 자신의 진짜 입장을 밝히는 기회가 없다. 찬반 토론 학습은 객관적 자료에 근거하여 자기 입장과 주장을 정당화하고 반대쪽 주장의 문제점에 대해 비판하면서, 상대방을 설득하는 것을 목표로 한다.

찬반 토론 학습에서 모든 학생이 찬성 또는 반대 집단으로 참여하기 때문에, 교사는 모든 학생이 알고 있는 토론 주제를 선정해야 한다. 그다음 찬반 토론 과정에서 특정 학생만 발표를 독점하지 않고 여러 학생이 고르게 말할 기회를 갖도록 토론 규칙을 정해야 한다. 또한 찬반 집단이 각자 자신의 입장과 주장을 제시하고 상대방의 주장을 반박할 때, 인신을 공격하거나 감정을 상하게 하지 않도록 지도해야 한다.

찬반 토론 학습의 과정과 방법은 학자마다 다양한데, 정문성은 찬반 토론 학습의 단계를 다음과 같이 제시했다(정문성, 2013: 178-181).

(1) 준비 단계	(2) 찬성 측 발제	(3) 반대 측 발제
(4) 1차 작전 타임	(5) 찬성 측 1차 논박	(6) 반대 측 1차 논박
(7) 2차 작전 타임	(8) 찬성 측 2차 논박	(9) 반대 측 2차 논박
(10) 찬성 측 정리	(11) 반대 측 정리	

여러 학자의 견해를 종합하여, 필자는 찬반 토론 학습의 과정을 다음과 같이 제시하고자 한다.

(1) 토론 문제의 선정	(2) 찬반 집단의 구성
(3) 찬성 측의 주장 제시	(4) 반대 측의 주장 제시
(5) 찬성 측의 반론 제기	(6) 반대 측의 반론 제기
(7) 토론의 정리	

찬반 토론에서 이루어지는 교수 · 학습 활동을 살펴보면 다음과 같다.

찬 · 반 토론의 과정

▣ **단원**: 통합사회 1의 (3) 자연환경과 인간
▣ **학습주제**: 인간과 자연의 바람직한 관계를 제시한다.

1. 토론 문제의 선정
- 학생들이 서로 논의하여 인간과 자연의 관계와 관련해 토론할 문제를 정한다.
  – 예시: 개발 대 보전, 온실가스 감축 방안, 기후 위기 대응 방안 등
- 학생은 토론 문제와 관련된 자료와 정보를 인터넷, 문헌 등에서 찾아온다.

2. 찬 · 반 집단의 구성
- 교사는 각 학생이 토론 문제에 대한 자신의 입장을 정하게 하고, 찬성과 반대 집단으로 나누어 구성한다.
- 학생들은 토론 문제와 자료를 읽고 토론할 준비를 한다.

3. 찬성 측의 주장 제시
- 찬성 측에서 학생이 토론 문제와 관련된 쟁점을 정리하여 발표한다.
- 찬성 측에서 다른 학생이 쟁점별로 찬성의 이유를 제시하고, 객관적 사실과 근거를 제기하며 반대 측을 설득한다.

4. 반대 측의 주장 제시
- 반대 측에서 학생이 토론 문제와 관련된 쟁점을 정리하여 발표한다.
- 반대 측에서 다른 학생이 쟁점별로 반대의 이유를 제시하고, 객관적 사실과 근거를 제기하며 찬성 측을 설득한다.

5. 찬성 측의 반론 제기
- 찬성 측에서 학생이 반대 측 주장의 문제점에 대하여 근거를 들어 비판한다.
- 찬성 측에서 다른 학생이 추가 자료를 제시하며 자기 측 주장을 더 정당화하고 강화한다.

6. 반대 측의 반론 제기
- 반대 측에서 한 학생이 찬성 측 주장의 문제점에 대하여 근거를 들어 비판한다.
- 반대 측에서 다른 학생이 추가 자료를 제시하며 자기 측 주장을 더 정당화하고 강화한다.

7. 토론의 정리
- 찬성 측과 반대 측의 대표자가 문제에 대한 최종 입장을 정리해 발표한다.

4) 찬반 논쟁 협동 학습(PCCL)

찬반 논쟁 협동 학습(Pros and Cons of Cooperative Learning)은 협동 학습의 구조에서 '미니 집단별로' 쟁점에 대해 찬반 논쟁을 하는 학습 모형이다. 쟁점의 해결 방안에 대해 모둠별로 토론한다는 점에서 논쟁 문제 학습, 토론 학습 등과 유사하지만, PCCL은 쟁점의 토론 방식과 해결 과정에 있어서 차이가 있다.

논쟁 문제 학습은 쟁점과 관련된 사실과 가치를 확인하고 '대립 가치'들의 우선순위를 분석한 후 그것을 종합해 여러 대안 중에서 합리적으로 선택하는 방법과 능력을 배우는 과정이다. 찬반 토론 학습은 쟁점과 관련하여 '찬성이나 반대 입장'을 먼저 정한 후 객관적 자료에 기초해 자기 주장을 정당화하며 다른 사람을 '설득'하는 방법과 능력을 배우는 과정이다.

반면에 찬반 논쟁 협동 학습은 협동 학습의 구조에서 2명씩 '미니 집단'을 구성해 쟁점에 대해 '찬반 입장을 바꾸어' 가며 토론하는 과정이다. 그래서 모둠의 구성원들이 찬성과 반대 입장을 모두 경험하면서 객관적으로 쟁점을 이해하고, 토론의 마무리 단계에서 '자신의 진짜 입장'을 발표한 후 서로 '합의'에 이르고자 노력하게 된다. 이것이 PCCL의 중요한 특징이다.

이 모형은 D. W. Johnson과 R. T. Johnson(1987)에 의해 시도되었다. 그들은 개인이 경험하는 논쟁 과정으로부터 소집단에서의 찬 · 반 토론의 과정을 도출했다. 논쟁은 그 특성상 협동 학습의 구조에서 민주적으로 진행될 수 있기 때문이다. 협동 학습의 구조에서 학생들은 2명씩 찬반 입장으로 나눠 미니 집단을 구성하고, 열린 마음을 갖고 적극적으로 찬반 논쟁을 한다. 이런 측면에서 사회과에서 쟁점을 해결하는 다른 교수 · 학습 모형보다 PCCL이 쟁점을 해결하는 데 민주적이고 효과적인 방법이다.

앞에서 살펴본 것처럼, 찬반 논쟁 협동 학습은 2명씩 **미니 집단**을 구성해 쟁점에 대해 **찬반 입장을 바꾸어** 가며 토론하는 과정이다. D. W. Johnson과 R. T. Johnson은 찬반 논쟁 협동 학습의 과정을 6단계로 제시했다(Johnson & Johnson, 1994: 306-331).

(1) 정보의 조직과 잠정적 결론의 도출
(2) 자기 입장의 발표와 지지 호소
(3) 반대 관점에 의한 비판의 경험
(4) 개념 갈등과 불확실성의 경험
(5) 인지적 호기심과 관점의 채택
(6) 재개념화, 종합, 통합

다른 한편 정문성은 찬반 논쟁 협동 학습의 과정을 다음과 같이 제시하였다(정문성, 2006: 389-392).

(1) 토론 문제의 부여와 미니 모둠의 구성
(2) 미니 모둠별 입장의 발표 준비
(3) 미니 모둠별 입장 발표
(4) 상대방 주장의 반박
(5) 미니 모둠의 찬반 입장 바꾸어 토론
(6) 모둠 의견의 종합 및 발표

여러 학자의 의견을 종합하여, 필자는 찬반 논쟁 협동 학습의 교수・학습 과정을 다음과 같이 제시할 것이다.

(1) 토론 문제의 안내
(2) 미니 집단의 구성과 토론 준비
(3) 미니 집단의 찬반 토론
(4) 미니 집단의 찬반 입장 바꾸어 토론
(5) 자기 입장의 발표 및 합의 시도
(6) 모둠 활동의 평가

(1) 토론 문제의 안내

교사는 학습 주제와 관련해 간략히 소개한다. 학생들이 협의하여 학습 주제와 관련해 세부적으로 토론할 문제를 정한다. 예컨대, 통합사회 2의 (2) 사회 정의와 불평등 단원에서 '다양한 정의관과 개인-공동체의 관계'와 관련된 학습 주제에 대해 토론할 문제를 학생들이 스스로 정한다. '의대 또는 지역 공공기관의 지역 인재 선발 30% 제도는 정의인가 역차별인가? 의대 정원 2천 명 증원은 공익을 위한 것인가 국민 건강권 침해인가? 같은 구체적인 토론 문제를 정할 수 있다.

그다음 학생은 인터넷, 문헌, 신문 기사, 외국 사례 등에서 토론 문제와 관련하여, 찬성 측과 반대 측 자료를 모두 찾아온다.

(2) 미니 집단의 구성과 토론 준비

먼저 학생 4명씩 소집단을 구성한다. 그다음 소집단 안에서 각 학생 2명씩 찬성과 반대 입장으로 나누어 '미니 집단'을 만든다. 각 미니 집단은 토론 문제와 관련해 자기 입장을 정당화하는 데 필요한 자료를 읽고 찬반 토론을 준비한다.

(3) 미니 집단의 찬반 토론

미니 집단별로 돌아가면서 쟁점과 관련하여 토론을 실시한다. 이때 다른 학생은 상대방이 제기하는 주장과 근거를 요약하고, 이해하지 못한 부분에 대해 질문할 수 있다. 미니 집단별로 돌아가면서 자신의 주장을 정당화하고 상대방을 설득하고자 시도한다.

(4) 미니 집단의 찬반 입장 바꾸어 토론하기

그다음 미니 집단은 찬반 입장을 바꾸어 처음과 다른 입장에서 토론할 준비를 한다. 즉, 처음에 찬성 입장에서 토론한 학생들은 반대 입장에서, 반대 입장에서 토론한 학생들은 찬성 입장에서 토론할 자료를 읽고 준비한다. 그다음 3단계에서 했던 토론처럼, 찬반 입장을 바꾸어 다시 미니 집단별로 돌아가면서 자신의 주장을 정당화하고 상대방을 설득한다.

(5) 자기 입장의 발표 및 합의 시도

미니 집단에서 찬반 입장을 바꾸어 토론을 진행하기 때문에, 학생들은 찬반 입장을 모두 경험하면서 쟁점의 해결 방안에 대해 더 객관적으로 이해하게 된다. 토론이 마무리되면, 각 학생은 쟁점과 관련해 자신의 진짜 입장과 주장을 제시한다.

그 후 학생들은 민주적인 소통을 통해 쟁점의 해결 방안에 대해 '합의'를 시도한다. 억지로 합의에 도달할 필요는 없지만, 찬반 입장을 바꾸어 토론하면서 상호 합의에 도달하고자 노력하는 것이 중요하다. 이것이 협동 학습의 구조에서 입장을 바꾸어 가며 찬반 토론을 하는 목적이기 때문이다.

(6) 모둠 활동의 평가

교사는 모둠별로 쟁점에 대한 소통과 경청, 합의 시도 등 찬·반 논쟁의 과정이 민주적이고 협력적으로 이루어지는지 평가한다.

6) 찬반 토론 학습과 찬반 논쟁 협동학습의 차이

얼핏 보면 쟁점에 대하여 모둠별로 찬성과 반대 입장으로 나누어 토론한다는 점에서 찬반 토론 학습과 찬반 논쟁 협동 학습(PCCL)이 유사한 것처럼 보인다. 그러나 두 가지 학습 모형은 토론의 목표, 찬반 토론의 방식, 자기 입장의 발표, 합의 시도 등에 있어서 차이가 있다.

첫째, 찬반 토론 학습에서 학생은 상대방의 주장을 반박하고 자기 주장을 정당화하여 상대방을 설득하는 것을 목표로 한다. 반면에 PCCL에서 학생은 찬성과 반대 입장을 바꾸어 토론한 후 서로 합의에 이르려고 시도한다. 찬반 토론 이후 '합의'에 도달하려는 노력이 PCCL의 중요한 부분이다.

둘째, 찬반 토론 학습에서 학생은 쟁점과 관련해 먼저 찬성이나 반대 입장을 정하고, 한 시간 동안 계속 그 입장에서 자기 주장을 정당화하고 상대방을 설득하는 방식으로 토론을 진행한다. 반면에 PCCL에서 학생은 쟁점에 대한 찬성과 반대 입장을 바꾸어 가며 두 번 토론한다. 즉, 학생은 먼저 2명씩 쟁점에 대해 찬성이나 반대 입장을 정해서 토론하고, 그다음 찬성과 반대 '입장을 바꾸어' 토론한다.

셋째, 찬반 토론 학습에서 학생은 토론의 마무리 단계에서 쟁점과 관련해 자신의 진짜 입장과 주장을 밝히는 기회가 없다. 반면에 PCCL에서 학생은 찬성과 반대 입장을 바꾸어 가며 토론한 후, 각 학생이 자신의 진짜 입장을 정해서 발표한다.

❙ 찬반 토론 학습과 찬반 논쟁 협동 학습의 비교 ❙

구분	찬반 토론 학습	찬반 논쟁 협동 학습
목표	• 반대쪽 주장을 반박해서 상대방을 '설득'하거나 이기는 것	• 찬반 입장을 바꾸어 토론 후 '상호 합의'에 도달하는 것
찬반 토론 방식	• 먼저 찬반 입장을 정함 • 처음 입장을 계속 유지하며 토론을 진행함	• 미니 집단에서 찬반 입장을 정해 토론함 • 미니 집단의 찬반 입장을 바꾸어 토론함
자기 입장	• 자신의 진짜 입장을 제시할 기회 없음	• 자신의 진짜 입장을 정리해 발표함
합의	• 합의의 시도 없음	• 상호 합의의 노력

앞에서 토의·토론 학습의 과정과 방법을 살펴보았다. 그런데 기존의 토론·토론 학습은 주로 교사 중심의 토론·토론 수업으로 진행되었다. 즉, 토의·토론 수업에서 교사가 토의 또는 토론의 문제를 정하고 관련 자료를 제공하면, 그다음 학생이 주어진 문제와 자료에 의거해 토론하는 경우가 많았다.

그래서 학생들은 자신이 관심 있는 문제에 대해 토론하지 못했고, 교사가 특정한 문제와 특정한 가치를 은연중에 주입한다는 비난을 받기도 했다. 특히 교사가 사회적으로 뜨거운 논란이 되는 쟁점-동성애, 성전환, 이태원 참사 등-을 선정하여 토론 수업을 진행하는 경우, 보수적인 학부모들이 항의하고 사회적으로 비난받는 일이 발생하기도 했다.

이런 문제가 발생하지 않고 통합사회의 주제와 관련하여 교실에서 자유로운 토론 학습이 이루어지려면, 교사 주도의 토의·토론 수업을 학생 주도의 토의·토론 학습으로 패러다임 자체를 전환하는 것이 필요하다. 학생 주도의 토의·토론 학습은 처음부터 학생이 토의·토론할 문제를 협의하여 스스로 정하고, 그 문제와 관련된 자료를 스스로 조사하고 그에 의거해 자율적으로 토론하여 스스로 최종 입장을 정하는 것이다.

▌교사 주도 토론 수업과 학생 주도 토론 학습의 비교▐

과정	교사 주도 토론 수업	학생 주도 토론 학습
토론 문제 선정	• 교사가 토론의 주제를 제시 • 교사가 토론 문제와 방향을 제시	• 학생들이 스스로 토론의 주제와 문제를 제안 • 학생들이 협의해 토론 문제를 선정
자료 수집	• 교사가 토론 문제와 관련된 자료를 학생들에게 제공	• 학생들이 역할 분담해 스스로 자료를 수집
토론 활동	• 학생이 모둠별로 토론 • 교사가 토론 중간에 개입해 문제에 대해 자신의 입장 · 의견을 제시	• 학생이 사회자가 되어 자율적으로 토론을 진행(교사는 비개입)
결론	• 학생의 발표 후 교사가 마무리하고 교사의 입장과 의견을 제시	• 학생들이 협의해 토론을 마무리 (교사의 의견 제시 없음)

요약하면, 교사 주도의 토의·토론 수업을 학생 주도의 토의·토론 학습으로 바꾸고, 학생이 주도하여 자율적으로 토론하게 한다. 학생 대표가 사회자가 되어 중립적으로 토론을 진행한 후 최종 입장을 자율적으로 정하는 것이 학생 주도의 토의·토론 학습의 특징이다. 학생이 토의·토론할 문제를 협의하여 스스로 정하게 하고, 토론 문제와 관련된 자료를 스스로 찾아오고, 그에 의거해 자율적으로 찬반 토론을 하고 자율적으로 최종 입장을 정하도록 한다.

이러한 학생 주도의 토의·토론 학습에서 교사는 구체적으로 토론할 문제를 정하는 데 개입하지 않는다. 또한 학생들의 토론 과정에서 교사는 '중립적 공정형' 또는 '공정한 의장형' 역할을 수행하고, 문제와 관련하여 자신의 입장과 의견을 제시하지 않는다. 특히, 진보-보수의 이념적 대립이 심해지고 학부모의 민원이 많이 제시되는 우리나라의 교육환경에서 교사는 중립적 역할을 유지하는 것이 좋다.

4. 토의 · 토론 학습의 규칙과 교사 역할

1) 토의 · 토론 학습의 규칙

토의·토론 학습은 학생들이 어떤 주제에 대한 자신의 견해나 주장을 객관적 근거에 기초해 논증하면서 상대방을 설득하는 과정이다. 따라서 토론에서 학생들은 상대방의 말을 경청하고 자기와 다른 주장이나 견해를 존중하면서 자신의 주장을 논증하는 것과 관련된 규칙과 절차를 지켜야 한다. 그래서 교사는 토론 학습을 진행할 때마다 학생들에게 토론의 규칙을 알려주고 이 규칙에 따라 토론하는 습관과 태도를 기르도록 지도해야 한다. 이런 토론의 규칙 준수와 습관의 형성이 토론 학습을 하는 이유 중의 하나이다.

일반적으로 민주적으로 토론하기 위해서 학생들이 지켜야 할 규칙들은 다음과 같다.

(1) 토론에서 발언할 기회는 모든 학생에게 동등하게 부여되어야 한다.
(2) 다른 사람의 주장과 발언을 끝까지 경청해야 한다(다른 사람의 발언을 중간에 끊으면 안 된다).
(3) 나와 다른 사람의 견해와 주장을 존중해야 한다.
(4) 다른 사람의 견해나 주장에 대하여 객관적 근거를 제시하며 반박한다(다른 사람의 인신을 공격하면 안 된다).
(5) 감정이나 권위에 호소하지 않고, 객관적 근거에 기초해 자신의 주장이나 입장을 논증해야 한다.
(6) 토론자는 정해진 발언 시간과 순서를 지켜야 한다.

2) 토의 · 토론 학습에서 교사의 역할

토의 · 토론 학습은 기본적으로 학생들이 어떤 문제에 대해 자율적으로 논의하는 방식으로 진행된다. 하지만 토론 학습에서 교사가 어떤 입장을 취하는가에 따라 토의 · 토론 학습이 다르게 진행될 수 있다. 토의 · 토론 학습에서 교사의 역할은 여러 가지로 분류될 수 있다.

T. E. Kelly는 토론 학습에서 교사가 자신의 입장을 표현하는 정도와 수업 방식에 따라 교사의 역할을 (1) 배타적 중립형, (2) 배타적 편파형, (3) 중립적 공정형, (4) 신념을 가진 공정형으로 분류하였다(Kelly, 1986: 113-138; 이광성, 2002: 234-236).

(1) 배타적 중립형

배타적 중립형(exclusive neutrality)의 교사는 학교에서 논쟁 문제를 가르치는 것을 반대한다. 교사는 학교가 과학적 탐구와 가치중립적 지식을 가르치는 곳이고, 다양한 사회집단들에 대하여 객관적 입장에서 다루어야 할 책임이 있다고 믿는다. 따라서 학교와 교사는 논쟁 문제를 수업에 도입해서는 안 된다. 교사가 모든 문제에 대해 객관적이고 공정한 입장에서 가르치기 어렵고, 찬반 논쟁으로 인해 기존의 규범과 질서를 무너뜨릴 위험이 있기 때문이다.

그러나 교사는 교과서 지식을 단순히 전달하는 자가 아니고 자신의 철학, 관점, 가치관 등에 따라 해석하고 재구성해서 가르친다. 또한 교과서 지식 자체가 모두 가치중립적인 것은 아니고, 학교에서는 교과서뿐만 아니라 다양한 잠재적 교육과정을 통해 전통적인 규범과 가치를 전달하고 있다.

(2) 배타적 편파형

배타적 편파형(exclusive partiality)의 교사는 논쟁 문제와 관련해 한쪽 입장만 가르치고 다른 입장에 대해서는 소홀히 다룬다. 이 유형의 교사는 논쟁 문제 학습에서 한쪽 입장만 가르침으로써 학생을 특정한 입장이나 가치로 유도한다. 교사는 자신의 입장과 견해에 대한 강한 확신을 가지고, 그런 입장과 견해에 의거해 논쟁 문제에 대하여 자신과 일치하는 입장을 옳다고 가르치고 자신과 다른 입장을 반대한다.

하지만 교사의 입장과 견해만이 옳다고 주장하기 어렵고, 여러 가지 입장과 견해를 객관적 기준에 의해 비판적으로 분석하고 평가할 수 있어야 한다. 또한 교사는 자신의 입장과 견해를 학생에게 맹목적으로 주입함으로써 학생의 자율성과 비판적 사고력의 발달을 저해한다. 학생은 교화의 대상이 아니라 자율적이고 주체적인 존재이다.

(3) 중립적 공정형

중립적 공정형(neutral impartiality)의 교사는 자신의 견해를 밝히지 않고 논쟁 문제와 관련된 다양한 관점을 제시하고, 학생이 토론을 통해 다양한 입장들을 분석하고 자율적으로 결정하도록 한다. 배타적 중립형과 달리, 교사는 논쟁 문제를 수업에서 중요하게 다루고, 배타적 편파형과 달리 논쟁 문제와 관련된 다양한 입장을 모두 제시하고 자신의 견해를 밝히지 않는다.

교사는 논쟁 문제 학습에서 중립을 유지하고, 학생이 자유로운 토론과 비판을 통해 논쟁 문제를 해결하고 자신의 입장을 선택하도록 한다. 이 유형은 공적 신분으로서 교사의 중립성, 절차의 공정성 유지, 가치 상대주의 등의 측면에서 지지받고 있지만, 지나친 중립성의 유지는 교육적 목적을 달성하기 어렵다는 비판을 받는다. 즉, 교사가 자신의 견해를 밝히지 않고 중립을 유지하는 것이 학생의 사고력과 판단력을 향상시킨다는 경험적 증거가 부족하다.

(4) 신념을 가진 공정형

신념을 가진 공정형(committed impartiality)의 교사는 논쟁 문제를 가르칠 때, 교육적으로 바람직한 방향을 제시한다. 이 유형의 교사는 논쟁 문제 학습에서 학생과 동등한 위치에서 다양한 정보를 제공하고 자신의 의견을 표현하면서 문제 해결의 바람직한 방향을 제시한다.

그러나 문제 해결의 바람직한 방향이 객관적으로 분명하지 않고, 교사의 관점과 견해에 의해 주관적으로 정해질 수 있다. 또한 교사는 권위를 통해 학생에게 교사의 입장과 견해를 강요할 수 있고, 그에 따라 학생의 비판적 사고와 합리적 판단을 방해할 수 있다고 비판받는다.

Kelly의 교사 역할 유형

배타적 중립형	교사는 학교에서 논쟁 문제를 가르치는 것 자체를 반대함
배타적 편파형	교사는 한쪽 입장만 가르치고 다른 입장에 대해서 소홀히 다룸
중립적 공정형	교사는 자신의 견해를 밝히지 않고 다양한 관점을 제시하고, 학생이 토론을 통해 다양한 입장들을 분석하고 결정하도록 함
신념을 가진 공정형	교사는 학생과 동등한 위치에서 다양한 정보를 제공하고 자신의 의견을 표현하며 문제 해결의 바람직한 방향을 제시함

반면에 Kelly와 달리, D. Hawood는 교사가 자신의 견해를 표현하는 정도에 따라 교사의 역할을 (1) 신념형, (2) 객관형, (3) 악마 옹호형, (4) 관점 옹호형, (5) 공정한 의장형, (6) 선언적 관심형으로 분류했다(차경수 · 모경환, 2008: 347, 재인용).

① 신념형: 교사가 자신의 의견을 자유롭게 제시함.
② 객관형: 교사가 자신의 의견을 밝히지 않고 다양한 관점들을 객관적으로 설명함.
③ 악마 옹호형: 교사 자신의 의견과 관계없이 좌충우돌하며 학생의 의견에 대해 반대 입장을 취하면서 토론을 진행함.
④ 관점 옹호형: 교사가 다양한 관점들을 제시하고 그것을 종합하여 자신의 의견을 제시함.
⑤ 공정한 의장형: 교사와 학생이 다양한 관점들에 대해 토론하는데, 교사의 의견은 말하지 않고 토론을 공정하게 진행함.
⑥ 선언적 관심형: 교사가 먼저 자신의 입장을 밝히고 다양한 견해를 객관적으로 소개해 줌.

6가지 교사의 역할 중에서 Hawood는 '**공정한 의장형**'이 가장 바람직한 교사의 역할이라고 주장하였다. 하지만 공정한 의장형은 교사의 역할을 너무 소극적 부분으로 축소하고 교육의 목표를 달성하기 어려운 한계를 지녔다고 비판받는다.

그러면 우리나라 통합사회 수업에서 교사는 어떤 역할을 하는 것이 바람직한가? 우리 사회의 전통과 학교 문화를 고려할 때, 토의·토론 학습에서 교사는 '**신념을 가진 공정형**'의 역할을 수행하는 것이 적절한 것으로 간주된다(차경수·모경환, 2008: 348; 노경주 외, 2001: 37-38, 72). 경험적 연구들도 '신념을 가진 공정형'이 사회과의 토론 학습이나 논쟁 문제 학습에 적합하다는 사실을 보여준다. 이광성의 연구에 따르면, 논쟁 문제 학습에서 교사의 역할에 따라 학업 성취도에 차이가 나타났다. 즉, 교사가 '설명식 수업'보다는 '신념을 가진 공정형'이나 '중립적 공정형'의 입장에서 논쟁 문제를 가르칠 때 학생의 학업 성취도가 더 높게 나타났다(이광성, 2002: 245-247).

'신념을 가진 공정형'의 경우에도, 교사가 수업의 어느 단계에서 어떻게 자신의 견해를 제시하느냐에 따라 학생들의 입장과 토론 학습의 흐름에 영향을 미칠 수 있다. 교사가 수업의 처음이나 중간 단계에서 자신의 입장이나 견해를 제시하면, 교사의 권위와 영향력으로 인해 학생들이 자유롭게 토론하기 어렵고 교사의 의견을 따를 가능성이 높다. 그러므로 신념을 가진 공정형의 교사는 학생들이 자유롭게 토론하게 한 이후에, 토론의 마무리 단계에서 교사의 권위가 아니라 '한 사람으로서' 자신의 입장과 견해를 표현하는 것이 바람직하다.

제10장 프로젝트 학습

현대 사회는 인간과 기계, 네트워크가 복잡하게 연결되어 작동한다. 그래서 한 사회에서 발생하는 현상이나 문제는 정치, 법, 경제, 지역과 환경, 가치와 도덕, 과학, 기술 등이 서로 복잡하게 연결되어 있다. 사회가 복잡해지면서 전문가도 혼자 문제를 정확히 파악해 해결하기 어렵고 여러 사람 또는 집단이 서로 협력해야 문제를 해결할 수 있다.

그래서 현대 사회는 복잡한 현상과 문제를 종합적으로 이해하여 창의적으로 해결할 수 있는 시민의 역량을 요구한다. 급변하는 미래 사회는 지식을 기억하는 암기력이 아니라 지식을 활용하여 창의적으로 문제를 해결하는 역량을 요구한다. 이러한 복합적인 문제 해결력을 기르는 방법으로 프로젝트 학습이 주목받고 있다. 프로젝트 학습은 학생이 주도적으로 과제(프로젝트)를 기존과 다른 방식으로 창의적으로 해결하는 과정이기 때문이다. 프로젝트는 개인 혼자 해결하기 보다는 구성원들이 서로 소통하고 협력하여 해결하는 과제이다.

이런 이유에서 선진국에서는 이미 1990년대 후반부터 많은 학교들이 교사 중심의 수업을 학생 중심의 수업으로 패러다임으로 바꾸어 프로젝트 학습을 실시하고 있다.

이 장에서는 프로젝트 학습이 무엇이고 교실 수업에서 어떻게 적용할 수 있는지 살펴볼 것이다.

1. 프로젝트 학습의 의미와 목표

1) 프로젝트 학습의 의미

전통적인 교실 수업에서 '프로젝트'는 보통 교과 수업이 끝난 후 숙제로 부여되는 추가 과제를 의미하였다. 즉, 전통적 수업에서 프로젝트는 교실 수업 후 주로 방과 후 활동 과제로 제시되었다.

그러나 최근 강조되는 '**프로젝트 학습**' 또는 '**프로젝트 기반 학습**'(Project Based Learning: PBL)은 방과 후 활동 과제가 아니라 수업 시간에 교육 내용의 학습이 효율적으로 이루어지도록 고안된 교수・학습 방법이다. 프로젝트 학습은 학습자가 교과 내용과 실제의 문제를 연결하여 스스로 조사하여 해결함으로써 교과 지식과 사고력을 동시에 배우도록 만들어진 학습 방법이다. 프로젝트 학습은 교과 지식을 활용하여 실제의 문제를 조사하고 해결하는 사고력을 함께 기르도록 하는 방법이다.

이러한 프로젝트 학습은 1900년대 초반 J. Dewey가 주장한 실험 학교와 경험 학습, W. H. Kilpatrick의 논문 '프로젝트 방법'(1918)에서 시작되었다. 그 후 1980년대 후반 L. G. Katz와 S. C. Chard의 '프로젝트 접근법'으로 발전하였다. 최근 프로젝트 학습은 각 학교 급별로 그리고 각 교과목의 성격에 따라 다양한 방식으로 활용되고 있다. 프로젝트를 수업 시간에 어떻게 활용하고 어떤 방식으로 운영하는가에 따라 프로젝트 학습은 매우 다양하게 실시된다.

L. G. Katz와 S. C. Chard는 "**프로젝트 접근법**(project approach)은 개인별 또는 모둠별로 학생들이 하위 주제에 대하여 깊이 탐구하는 것이다"라고 규정하였다(Katz & Chard, 2000: 3). 그들은 프로젝트 접근법을 하나의 학습 방법으로 간주하였고, 프로젝트의 핵심은 '학생이 스스로 하는 조사'라고 보았다(Katz & Chard, 2000: 8-18).

프로젝트는 특정한 주제에 대하여 학생들이 스스로 질문을 제기하고, 그 질문을 해결하기 위해 조사하고, 조사한 내용을 정리해 보고서를 작성하고 결과물을 발표하는 일련의 활동으로 구성된다(Katz & Chard, 2000: 7-8). 프로젝트 학습은 토론 → 현장 조사 → 표현 → 탐구 → 전시 5가지 핵심 활동으로 구성된다(Katz & Chard, 2000: 128-132).

다른 한편 T. Markham, J. Larmer, J. Ravitz는 교과 내용의 성취 기준을 중심으로 프로젝트 학습은 "복합적이고 실제적인 질문과 결과물을 해결하는 조사 과정을 통하여 학생들이 지식과 사고 기능을 학습하도록 하는 체계적인 교수 방법이다"라고 정의하였다(Markham et al., 2003: 21).

프로젝트 학습을 구성하는 핵심 요소는 일반적으로 3가지로 정리될 수 있다(김대현 외, 2001: 10-11).

(1) 학생이 프로젝트의 주제 선정과 수행 과정에 주체적으로 참여하고 학습의 전 과정을 책임진다.

(2) 학생은 주제 또는 문제 등에 관한 조사, 관찰, 탐구 활동을 실시하고, 그것의 결과에 대하여 여러 가지 형태로 표현하는 결과물을 제출한다.

(3) 프로젝트 학습은 새롭게 만들어 가는 교육의 과정이다. 학생이 교사와 함께 프로젝트를 계획하고 스스로 탐구하며 결과물을 표현한다는 점에서, 프로젝트 학습은 학생의 주도성, 자율적 탐구, 표현 활동을 통해 교육과정을 새롭게 구성해 가는 학습의 과정이다.

종합하면, '**프로젝트 학습**'은 개인보다는 주로 팀(모둠)을 구성하여 구성원들이 서로 협력하여 과제를 수행하고 결과물을 제출하는 활동이고 과제의 수행 과정에 대해 구성원들이 함께 책임지는 활동이다. 프로젝트 학습은 학생들이 스스로 질문을 제기하고 그 질문을 해결하는 활동으로 학생 주도적인 학습 방법이다. 또한 프로젝트 학습은 문제의 조사 과정을 통하여 교과 지식과 사고력을 결합시키는 교수·학습 방법이다.

2) 프로젝트 학습의 목표

지식 또는 사고력의 발달에 초점을 맞춘 다른 교수·학습 방법과 달리, 프로젝트 학습(PBL)은 교과 지식을 활용하여 실제 문제를 해결하는 사고력을 함께 기르는 교수·학습 방법이다. 그래서 프로젝트 학습은 교과의 기본 지식의 교육과 사고력의 교육을 균형 있게 통합하고, 프로젝트를 완성하기 위해 상호 소통하고 협력하는 능력을 종합적으로 기르는 것을 목표로 한다. 한마디로 프로젝트 학습은 구성원들이 교과 지식과 사고력을 통합하여 상호 소통하고 협력함으로써 과제를 완성하는 융합적 역량을 기르는 것을 목표로 한다.

프로젝트 학습은 교과의 기본 지식을 바탕으로 실제 문제를 조사하여 해결하는 것이다. 여러 학생과의 소통과 협력을 통하여 문제를 조사하고 토론을 통해 해결하는 과정에서 결과물을 완성한다. 이런 경험을 통해 교과 지식과 사고력을 통합시키는 학습 기회를 제공한다(Markham et al., 2003: 21-22). 이런 측면에서 프로젝트 학습은 다른 교수 방법보다 미래 사회에서 요구하는 복합적 문제 해결력을 기르는 데 적합하다.

요약하면, 프로젝트 학습은 전통적인 강의식 수업과 구별된다.

영 역	강의식 수업	프로젝트 학습
수업의 초점	• 교육내용의 빠른 전달 및 지식의 이해	• 학생이 학습한 지식과 사고력을 활용할 탐구 경험의 제공
학습의 동기	• 외재적 동기: 시험과 상급학교의 진학에서 우수한 성적을 획득하려는 동기	• 내재적 동기: 학생의 흥미와 참여를 통해 스스로 문제 해결에 도전하려는 동기
교수 · 학습 과정	• 교사가 수업의 전 과정을 계획하고 지식을 직접 가르침	• 교사는 프로젝트 수행의 과정을 안내하고, 학생이 스스로 탐구하며 학습함
교사/학생의 역할	• 교사: 수업의 전달자 • 학생: 수동적 학습	• 교사: 프로젝트의 안내자 • 학생: 자율적 탐구/능동적 학습

2. 프로젝트 학습의 방법

학교 급별, 교과의 성격과 교육 내용에 따라 프로젝트 학습의 구체적인 과정과 방법은 달라진다. 하지만 프로젝트의 특성상 학생이 개별적으로 수행하는 것보다 모둠을 구성해서 과제를 정하고 서로 협력하여 과제를 완성하는 것이 핵심이다. 이것이 프로젝트 학습의 본질적 특성이고 장점이다.

T. Markham, J. Larmer, J. Ravitz는 프로젝트 학습의 과정을 5단계로 자세하게 제시하였다(Markham et al., 2003: 31-165).

> (1) 결과물에서 시작하기: 아이디어 개발하기 → 프로젝트의 범위 정하기 → 프로젝트의 설계 기준 선정하기 → 설계 기준에 기초하여 작업하기
> (2) 추진 질문을 제작하기: 추진 질문 안내하기 → 추진 질문 다듬기
> (3) 평가 방안을 계획하기: 목표에 맞는 결과물 계획하기 → 평가 내용을 결정하기 → 평가표 활용하기
> (4) 프로젝트를 개발하기: 과제 및 활동 조직하기 → 프로젝트 전개 방법 결정하기 → 다양한 교수·학습 자원 수집하기 → 스토리 보드 만들기
> (5) 프로젝트를 관리하기: 문제 해결 도구 활용하기 → 체크리스트와 과정 점검표 활용하기 → 평가와 반성하기

다른 한편 김대현 등은 프로젝트 학습의 과정을 크게 6단계로 제시하였다(김대현 외, 2001: 15-19).

> (1) 준비하기: 잠정적 주제의 결정 → 주제망 작성 → 자원 목록 작성
> (2) 주제 결정하기: 주제 확정 → 아동과 함께 주제망 작성
> (3) 활동 계획하기: 학습의 소주제 결정 → 활동 모둠의 구성 → 학습활동의 계획 → 자원의 확보 → 가정 통신문의 발송
> (4) 탐구 및 표현하기: 탐구하기(문헌 조사, 현장 조사, 실험 등) → 협의하기 → 표현하기(언어, 그림, 신체 등)
> (5) 마무리하기: 전시 및 발표하기(문집, 그림, 구성물, 멀티미디어 자료 등) → 반성하기
> (6) 평가하기: 작품의 분석, 일화 기록, 체크리스트, 면접 등

학교 급별, 교과의 특성과 내용에 따라 다르지만, 필자는 통합사회에서 활용할 수 있는 프로젝트 학습의 과정을 다음과 같이 제시할 것이다.

(1) 프로젝트 계획하기: 교과 내용 선정하기 → 프로젝트의 유형과 범위 정하기 → 프로젝트의 학습 환경 조성하기
(2) 프로젝트 문제 선정하기: 프로젝트의 주제 정하기 → 프로젝트의 문제 선정하기
(3) 프로젝트 수행하기: 프로젝트 활동 계획하기 → 기초 자료 수집하기 → 조사 또는 탐구하기 → 문제 해결 방안 선택하기
(4) 프로젝트 결과물 완성하기
(5) 프로젝트 평가하기

3. 프로젝트 학습의 적용

통합사회에서 프로젝트 학습을 적용할 수 있는 주제는 매우 다양하다(부록 참고).

▣ 통합사회 1

2. 인간, 사회, 환경과 행복: 부모 세대와 청소년 세대의 행복의 의미와 기준의 차이를 조사하기
3. 자연환경과 인간: 기후와 지형이 인간 생활에 미치는 영향을 조사하기
4. 문화와 다양성: 문화권별 기후, 지형, 종교, 산업이 생활방식에 미치는 영향 조사하기
   문화 변동이 일상생활에 가져온 변화를 조사하기
   소수자의 편견과 차별 사례 및 해결 방안을 제시하기
5. 생활공간과 사회: 산업화, 도시화로 인한 생활방식의 변화를 조사하기
   교통·통신, 과학·기술의 발달로 인한 생활방식의 변화를 조사하기

▣ 통합사회 2

1. 인권 보장과 헌법: 주거, 안전, 환경, 문화 등 인권의 확장 사례 조사하기
2. 사회 정의와 불평등: 불평등의 사례를 조사하고 해결 방안 제시하기
3. 시장경제와 지속 가능 발전: 기업의 사회적 책임 이행 사례 조사하기
   3고 현상이 우리 경제 미치는 영향 조사하기
4. 세계화와 평화: 세계화로 인한 문제점과 해결 방안 제시하기
   동아시아 역사 갈등의 문제점과 해결 방안 제시하기

실제로 통합사회 1의 4. 문화와 다양성 단원에서 '소수자 차별' 주제에 대해 프로젝트 학습을 실시하는 과정과 방법을 살펴보자.

1) 프로젝트 계획하기

프로젝트 학습에서 프로젝트는 각 교과의 핵심 내용과 연관 지어 만들어지고, 그와 관련된 문제에 대하여 학생이 스스로 조사하고 해결하는 것이어야 한다. 프로젝트는 교과서의 지식에 기초하여 관련된 문제를 해결하는 사고력을 함께 기르도록 고안되어야 한다.

(1) 교과 내용 선정하기

교사는 교과서의 내용을 분석하여 학생들이 프로젝트를 수행할 수 있는 단원의 내용을 선정한다. 교과 내용을 선정할 때, 교사는 교과서에서 배운 지식을 일상생활의 문제 해결에 활용할 수 있고, 학생이 충분히 수행할 수 있는 프로젝트를 정해야 한다. "학생이 무엇을 알고, 어떤 문제를 해결하도록 기대하는가"라는 질문에 대하여 교사는 명확한 해답을 가지고, 그에 맞추어 프로젝트를 계획해야 한다.

(2) 프로젝트의 유형과 범위 정하기

교과서의 내용이 선정되었다면, 그와 관련하여 교사는 학생과 함께 협의하여 프로젝트의 유형과 범위를 정한다. 즉, "학생이 현장 조사, 탐구, 실험, 자료조사, 면접 조사 등 어떤 형태의 조사나 탐구를 수행해야 하는가?", "학생이 1~2주, 1~2개월, 3~4개월 등 얼마 동안 프로젝트를 수행해야 하는가?", "학생은 프로젝트 완료 후 보고서, PPT, 영상, 그림 등 어떤 종류의 결과물을 제출해야 하는가?" 이러한 문제를 고려하여 교사와 학생들은 수행할 프로젝트의 유형, 방법, 기간, 결과물의 제출 등을 정한다.

(3) 프로젝트의 학습 환경 조성하기

프로젝트의 유형과 범위를 정했다면, 교사는 실제로 학생이 프로젝트를 수행할 수 있는 최적화된 학습 환경을 제공해야 한다. 먼저 교사는 교과서에서 배운 지식을 지역사회의 문제 해결에 적용할 수 있는 환경을 만든다. 교사는 교과서 지식을 실제 사례와 관련하여 쉽게 설명하고, 그 지식을 지역사회의 문제를 해결하는 데 어떻게 활용할 수 있는가를 토론하는 기회를 부여한다.

또한 교사는 교실 공간을 프로젝트의 수행에 적합하게 배치해야 한다. 학생이 협력해서 프로젝트를 수행할 수 있도록 책상을 모둠별로 배치하고, 활동의 기록, 수집 자료, 결과물 등을 보관할 수 있는 공간을 모둠별로 제공한다.

2) 프로젝트 문제 선정하기

(1) 프로젝트의 주제 정하기

학생들은 교과서의 내용과 관련하여 학생들이 어떤 문제에 관심이 있고 어떤 문제를 해결하고 싶어 하는지에 대해 토론하면서 프로젝트의 주제를 스스로 정한다. 프로젝트의 주제는 한 단원뿐만 아니라 여러 단원 또는 다른 교과의 내용과 연결하여 정할 수 있다.

예컨대, 통합사회 1의 4. 문화와 다양성 단원에서 ' 문화적 차이', '다문화사회의 현황', '문화적 다양성' 등을 학습한 후, 학생들이 주변 지역이나 지역사회에서 경험할 수 있는 소수자에 대한 편견과 차별 문제에 대해 서로 논의한다. 그다음 '소수자 차별 문제의 해결 방안'을 프로젝트의 주제로 정한다. 이 외에도 통합사회는 프로젝트 학습을 적용하기 좋은 주제와 내용으로 구성되어 있다(부록 참고).

(2) 프로젝트의 문제 설정하기

프로젝트의 주제를 정했으면, 학생들이 스스로 거주하는 지역에서 실제로 일어나고 있는 문제와 관련하여 어떤 것을 조사하고 해결할 것인지 구체적인 질문을 만든다. 이 질문은 교과서의 내용과 연결되고 학생이 실제로 자신의 동네 또는 지역에서 실제로 경험하는 문제들에서 도출되어야 한다. 그렇게 할 때, 학생들이 프로젝트 수행에 흥미를 갖고 적극적으로 참여할 것이다. 이 질문은 학생이 수행해야 할 프로젝트를 계획하는 것을 안내해 준다.

예컨대, '소수자 차별 문제의 해결 방안'을 주제로 정했다면, 이 주제와 관련하여 학생들이 자유롭게 토의하면서 다음과 같이 조사할 문제를 세부적으로 정한다.

- 주변 지역이나 지역사회에 어떤 소수자가 거주하고 있는가? (현장 조사 / 인터넷 조사)
- 우리 지역의 소수자가 겪는 편견과 차별은 어떤 것이 있는가? (현장 조사 / 설문 조사)
- 우리 지역의 소수자 편견과 차별이 소수자의 정신과 삶에 어떤 영향을 미치는가? (인터넷 조사 / 문헌 조사 질문)
- 우리 지역의 공공기관은 소수자 차별을 없애기 위해 어떤 노력을 하고 있는가? (인터넷 조사 / 문헌 조사 질문)

프로젝트 학습에서 질문은 학습 내용과 관련하여 학생이 주변 지역에서 실제로 경험하는 문제들을 조사하고 해결하는 것에 초점이 맞추어져 있다. 이 질문은 학생들이 무엇을 어디에서 어떻게 조사할 것인가를 안내해 준다. 프로젝트 학습을 하기 위해서는 강의식 수업에서 지식을 배우는 데 초점이 맞추어진 질문을 다음과 같이 프로젝트 학습에 적합한 질문으로 바꾸어야 한다.

강의식 수업의 질문 (객관적 지식의 이해에 초점)	⇨ 프로젝트 학습의 질문 (실생활 문제의 탐구에 초점)
• 소수자의 의미는 무엇인가?	• 주변 지역이나 지역사회에 어떤 소수자가 거주하고 있는가?
• 소수자가 겪는 편견과 차별은 어떤 것이 있는가?	• 우리 지역의 소수자는 어떤 편견과 차별로 겪고 있으며, 그것은 소수자의 삶에 어떤 영향을 미치는가?

3) 프로젝트 수행하기

(1) 프로젝트 활동 계획하기

프로젝트의 주제와 조사 문제를 정했다면, 모둠별로 학생들이 프로젝트의 활동 계획을 스스로 세운다. 이 활동 계획서는 각 학생이 프로젝트 수행에서 해야 할 역할을 분담하고, 프로젝트의 수행 과정과 결과를 점검하고, 프로젝트를 체계적으로 수행하도록 도와준다.

학생들은 협의를 통해 프로젝트 기간을 고려하여 구체적으로 프로젝트를 수행하기 위해 구체적인 활동 계획을 세운다. 프로젝트의 목표, 핵심 내용, 자료 조사, 현장 조사 방법, 결과물의 완성, 결과물의 발표와 전시 등에 대하여 기간별로 누가 어떤 역할을 맡아 수행할 것인가를 구체적으로 계획한다.

▌프로젝트 활동 계획서(예)▐

요 소	프로젝트 활동 내용		
목표	• 우리 지역의 소수자 차별 문제를 조사하여 해결 방안을 제시한다.		
핵심 내용	• 소수자의 의미와 유형, 소수자의 편견과 차별에 대한 이해 • 우리 지역의 소수자 편견과 차별 사례의 현장 조사 • 우리 지역의 소수자 편견과 차별의 해결 방안의 선정과 실천		
	활동 주체와 방식	세부 활동 내용	날짜
기초 자료 조사	• 갑: 외국인노동자 차별 조사 • 을: 다문화 학생 차별 조사 • 병: 장애인 차별 조사 • 정: 비정규직 차별 조사	• 소수자의 의미와 유형/ 소수자의 편견과 차별 사례 • 소수자 차별 관련된 뉴스, 통계, 연구 결과의 조사	

현장 조사	• 모둠 전체: 지역 소수자의 차별 사례의 조사 • 조사 자료의 분석 • 문제 해결 방안의 선정	• 현장 조사: 설문조사, 면접 • 자료의 분석 및 정리 • 문제의 합리적 해결 방안의 선택	
결과물의 완성	• 조사 결과의 정리 • 결과물의 완성 • 결과물의 발표	• 조사 결과의 분류와 종합 • 조사 결과물의 완성 • 모둠별 결과물의 발표	

(2) 기초 자료 수집하기

프로젝트 문제를 해결하기 위해서 어디에서 무엇을 어떻게 조사해야 하는가를 정하기 위해서 먼저 학생들은 문제와 관련된 기초적인 정보와 자료를 수집한다. 학생들은 인터넷, 도서관, 관련 전문가 등에서 문제 해결과 관련된 기초 정보와 자료를 수집하여 무엇을 어떤 방법으로 조사할 것인가를 정한다.

(3) 조사 또는 탐구하기

모둠별로 학생들은 프로젝트의 문제를 해결하기 위해서 주변 지역에 있는 현장을 방문하여 문제의 실태를 조사하고 관련 자료를 수집한다. 문제에 대해 조사할 때, 영상 또는 사진 촬영, 설문 조사, 면접 등을 활용하여 조사할 수 있다. 또한 학생들은 인터넷이나 도서관 등에서 관련된 자료를 검색해서 기존의 문헌이나 통계 자료를 조사할 수 있다.

문제를 해결하기 위해 자료를 조사할 때, 조사 일지를 작성하면 나중에 자료를 분석하고 결과물을 완성할 때 도움이 된다. 문제와 관련된 조사가 완료되면, 조사 자료와 조사 일지에 기초하여 조사 결과를 분석한다.

❙ 조사 일지(예) ❙

요 소	세부 내용	교사의 지원 사항	날짜
조사할 사항	• 우리 지역에 거주하는 소수자의 유형별 차별 사례의 조사	• 소수자의 의미와 유형 자료	
조사 장소	• 학교 주변 및 동네 지역		
조사 방법	• 현장 조사: 현장 방문, 관찰, 사진 촬영 • 설문 조사 또는 면접	• 카메라 대여 • 설문지 복사	
조사 내용 정리	• 조사한 내용: 소수자의 편견과 차별 사례 - 외국인노동자: - 다문화 학생: - 장애인: - 비정규직: • 새로 알게 된 사실: - 우리보다 못하는 국가의 노동자에 대한 편견과 차별이 심함. - 선진국의 백인에 대한 동경과 우호적 태도 • 소수자의 편견과 차별의 해결 방안 - 소수자의 편견 해소하기 - 소수자의 정착 지원하기 - 소수자 우대 정책 실시하기	• 학생 교외 활동 관련 공문의 제출 • 서명, 캠페인 • SNS 영상 홍보 • 정책 제안하기	

(4) 문제 해결 방안 선택하기

각 모둠은 조사 자료의 분석 결과에 기초하여 문제의 해결 방안에 대해 구성원들끼리 토론한다. 토론에서 제시된 다양한 해결 방안을 수집된 자료와 조사 결과에 기초하여 평가한다. 조사 자료의 분석 결과와 해결 방안들의 평가를 종합하여 가장 적절한 문제 해결책을 최종적으로 선택한다.

4) 프로젝트 결과물 완성하기

문제 해결을 위한 조사와 자료 분석이 끝나면, 학생들은 프로젝트의 수행 결과를 종합하여 최종 결과물을 완성한다. 모둠별로 학생들이 협력하여 결과물을 만들어야 한다. 프로젝트의 결과물은 프로젝트 문제의 특성에 따라 보고서, 에세이, 영상, 그림, 책자 등 다양한 형태로 만들 수 있다.

프로젝트 결과물이 완성되면, 학생들은 결과물의 주요 내용을 간략하게 요약해서, 모둠별로 다른 학생들에게 프로젝트의 수행 결과를 발표한다. 사는 프로젝트의 결과물을 교실 또는 학교 행사에서 전시한다.

5) 프로젝트 평가하기

프로젝트 활동의 결과물을 완성했으면, 각 모둠은 프로젝트의 수행 과정을 단계별로 반성적으로 성찰하면서 잘된 부분과 안된 부분, 개선할 사항 등에 대해 평가한다. 그다음 각 학생은 자신이 프로젝트 활동에 참여하면서 경험한 것을 성찰하면서 프로젝트에의 참여, 협력의 정도, 지식의 이해와 사고력의 향상, 프로젝트 학습의 개선 사항 등에 대하여 토의한다.

동료 평가지(예)

평가 대상: ______

<table>
<tr><th>프로젝트</th><th>역 량</th><th>평가 내용</th><th>우수</th><th>보통</th><th>미흡</th></tr>
<tr><td rowspan="5">청소년 유해환경 조사/ 해결</td><td>주제 이해력</td><td>어떤 학생이 프로젝트 주제와 문제를 잘 이해하였는가?</td><td></td><td></td><td></td></tr>
<tr><td rowspan="2">자료 수집/ 분석 능력</td><td>어떤 학생이 프로젝트 문제와 관련된 자료를 적극적으로 조사하였는가?</td><td></td><td></td><td></td></tr>
<tr><td>어떤 학생이 프로젝트 문제와 관련된 자료를 적절하게 분석하였는가?</td><td></td><td></td><td></td></tr>
<tr><td>협동 능력</td><td>어떤 학생이 프로젝트의 수행 과정에서 다른 학생들과 적극적으로 협력하였는가?</td><td></td><td></td><td></td></tr>
<tr><td>창의적 사고력</td><td>어떤 학생이 프로젝트 문제를 창의적으로 해결하는 방안을 제시하였는가?</td><td></td><td></td><td></td></tr>
<tr><td>종합 평가</td><td colspan="5"></td></tr>
</table>

각 학생이 프로젝트 수행에 얼마나 주체적으로 참여하였는지, 프로젝트 수행 과정에서 다른 학생들과 원만하게 소통하고 협력하였는지, 프로젝트 수행하

며 무엇을 배웠는지 등 프로젝트의 수행 과정을 성찰하면서 스스로 평가하는 자기 평가 또는 동료 평가를 실시할 수 있다.

기존의 프로젝트 학습은 사실상 교사 중심으로 이루어졌다. 교사가 조사할 프로젝트 문제를 정하고 프로젝트의 수행 방식을 정하면, 그다음 학생이 주어진 과제를 해결하기 위해 자료를 조사하고 결과물을 완성하는 방식이었다. 그래서 학생이 관심 있는 문제를 선정하고, 모둠별로 그 과제를 해결하기 위해 어떻게 프로젝트를 수행할지 계획하고 자료를 조사하고 과제를 완성하면서 프로젝트의 과정을 온전하게 배우기 어려웠다.

그러므로 교사 주도 프로젝트 학습을 학생 주도 프로젝트 학습으로 패러다임을 전환해야 한다. 학생 주도의 프로젝트 학습은 팀별로 학생이 서로 협의하여 문제를 스스로 정하고, 프로젝트의 활동 계획을 수립하고, 역할을 분담하여 관련 자료를 조사하여 과제를 완성하는 것이다.

❙ 교사 주도 프로젝트 학습과 학생 주도 프로젝트 학습의 비교 ❙

과정	교사 주도 프로젝트 수업	학생 주도 프로젝트 학습
문제 선정	• 교사가 프로젝트 문제를 제시 • 교사가 프로젝트의 수행 방향, 자료 조사, 결과물 완성 등 제시	• 학생들이 협의해 스스로 프로젝트 문제를 선정 • 학생들이 프로젝트 활동계획을 스스로 수립
자료 조사	• 교사가 자료 조사 방법을 안내 • 학생이 자료를 조사해 정리	⇨ • 학생들이 프로젝트 계획에 따라 역할 분담해 스스로 자료 조사하고 정리
결과물 완성	• 교사가 프로젝트 결과물 완성하는 방법을 제시 • 학생들이 결과물을 완성	• 학생들이 협의해 어떤 결과물을 만들지 자율적으로 결정 • 학생들이 협력하여 결과물을 완성
평가	• 교사가 학생의 프로젝트 활동 과정 및 결과물에 대해 수행평가	• 학생이 프로젝트 과정과 결과물에 대해 자기 평가와 동료 평가 실시

제11장

협력 학습

현대 사회는 매우 복잡하고 네트워크로 서로 연결되어 있다. 이러한 복잡한 현상과 문제는 한 측면에서 이해하기 어렵고, 한 개인보다는 여러 사람의 입장에서 접근하여 종합적으로 이해하는 것이 필요하다. 따라서 복잡한 현상이나 문제를 해결하기 위한 통합사회 교육에는 학생이 개별적으로 배우는 것보다는 여러 학생이 서로 소통하고 협력하며 배우는 것이 더 효과적이다. 이런 이유에서 최근 협동 학습이나 협력 학습이 강조되고 있다.

전통적인 교실에서 이루어졌던 개별적인 경쟁 학습의 한계를 극복하기 위하여 협동 학습은 학생들을 소집단(모둠)으로 구조화하고 각 구성원의 역할과 책임을 명확하게 부여한다. 그래서 실제 수업에서 협동 학습을 하기 위해서는 교사와 학생들이 소집단에서 각자의 역할과 책임을 수행하며 학습하는 것을 몇 주 동안 훈련하는 것이 필요하다.

반면에 협력 학습은 소집단을 구조화하여 역할과 책임을 부여하지 않기 때문에, 실제 수업에서 더 편리하게 적용할 수 있는 장점이 있다. 협력 학습은 교사 주도의 수업 구조를 해체하여 학생 주도의 학습 환경을 만들고, 토론이나 탐구, 또래 교사의 지도, 과제의 공동 완성 등 상호 협력을 통해 공동으로 지식을 구성하는 과정에 초점을 맞춘다.

이 장에서는 협동 학습 중 통합사회에 적용할 수 있는 직소 협동학습을 제시하고, 협력 학습의 목표와 특징, 철학적 토대, 적용 방법에 대하여 살펴볼 것이다.

1. 협동 학습과 협력 학습의 구분

전통적 교실 수업에서 학생은 학업 성적과 상급학교 진학이라는 목표를 두고 서로 경쟁을 벌인다. 이러한 **'경쟁 학습'**의 구조에서 교사는 빠른 시간에 더 많은 지식을 효율적으로 전달하기 위해 강의식(설명식) 수업, 주입식 교육을 실시한다. 학생은 다른 학생보다 더 높은 성적을 얻기 위해 경쟁한다. 교사가 직접적으로 지식을 전달하면, 학생은 수동적으로 받아들인다. 교사와 학생의 관계는 수직적인 구조 속에서 교사의 권위적인 교수(teaching)와 주입, 학생의 수동적 학습과 수용이라는 특징을 지닌다. 지식의 생산과 형성의 원천은 교사와 교과서이다. 전통적 교실 수업은 지식의 생산 과정이 아니라 교사의 가르침과 의견을 수동적으로 수용하는 것이다(Bruffee, 1998: 89).

전통적 교실에서 나타나는 경쟁 학습의 한계를 극복하기 위해 소집단(모둠) 구성원의 협동적 구조를 통해 학습하도록 고안된 것이 **'협동 학습'**(cooperative learning)이다(Bruffee, 1998: 88). 협동 학습은 경쟁이 아니라 협동을 통해 학습의 효과를 향상시키고, 모둠에서 상호작용과 협동의 과정을 통해 사회적 기능을 습득하는 것을 목표로 한다.

협동 학습은 학생들의 적극적인 상호작용이 이루어지도록 소집단을 '구조화'하고 각 구성원의 '역할과 책임'을 정교화시켰다. 그에 따라 학생들은 모둠 활동에서 지식의 이해, 사고력 같은 '인지적 능력'이 발달할 뿐만 아니라 의사소통 능력, 토론 능력, 협동심 같은 '사회적 기능'을 동시에 습득하게 된다(박상준, 2016: 229-230).

반면에 교사 주도의 수업 구조를 해체하여 학생의 주도적 토론과 탐구의 공간으로 만드는 것이 **'협력 학습'**(collaborative learning)이다. 협력 학습은 문제의 해결책 자체를 가르치는 것보다는 토론이나 탐구, 상호작용을 통해 서로 협력하여 문제를 해결해 가는 과정에 초점을 맞춘다. 협력 학습은 교사 주도의 수업 구조를 해체하여 학생 주도의 협력적 학습 환경으로 만들고, 자유로운 토론이나 탐구, 협력적 상호작용을 통해 공동으로 지식을 구성하는 과정이다.

소집단(모둠)에서 학생들이 협력적 활동을 통해 능동적 학습이 이루어지는 학습 환경을 만들고, 토론, 탐구 등을 통해 학습 과제를 함께 해결한다는 점에서 비슷하기 때문에, 협동 학습과 협력 학습을 혼동하기 쉽다. 하지만 협력 학습과 협동 학습은 여러 가지 측면에서 다르다.

협동 학습은 전통적 교실 수업을 지배하던 경쟁 학습의 대안으로 모둠 구성원이 협동을 통해 학습 효과를 향상시키는 데 초점을 맞춘 학습 방법이다. 반면에 협력 학습은 교사의 직접적 가르침이 중심이 되는 수업 구조를 학생 주도의 협력적 학습 환경으로 만들고, 학생들의 상호작용과 협력을 통한 지식의 구성 과정에 초점을 맞춘 학습 방법이다.

또한 협동 학습은 모둠을 '구조화'하여 각 구성원에게 특정한 '역할과 책임'을 명확하게 부여한다. 구조화된 모둠에서 각자 주어진 역할과 책임을 수행하며 학습한다는 것이 협동 학습의 구조적 특징이다. 그래서 협동 학습이 잘 이루어지려면, 몇 주간 학생들이 역할 수행을 연습하는 기간이 필요하다(박상준, 2014: 227-230; Duplass, 2004: 341-342).

반면에 협력 학습에서는 과제를 완성하는 과정에서 모둠 구성원의 역할을 구조화하지 않고, 구성원에게 특정한 책임을 부여하지 않는다. 모둠 구성원이 자유롭게 토론, 탐구 활동을 수행하면서 서로 소통하고 협력하여 배우는 것이 중요하다. 학생들은 혼자 공부하는 것보다는 다른 학생들과 함께 토론하고 상호작용할 때 더 잘 배울 수 있다. 협력 학습에서 우수한 학생은 부족한 학생들에게 모르는 내용을 가르쳐주면서 더 명확하게 이해하고, 부족한 학생은 우수한 학생이 자신들의 말로 쉽게 설명하기 때문에 더 잘 이해할 수 있다.

요약하면, 협동 학습과 협력 학습은 출발점, 지식의 성격, 학습 목표, 학습 과정, 모둠 활동 방식, 교사의 역할 등에서 서로 다르다.

| 협동 학습과 협력 학습의 비교 |

구분	협동 학습(Cooperative Learning)	협력 학습(Collaborative Learning)
출발점	• 경쟁 학습의 대안	• 교사 주도의 수업 구조의 대안
지식의 성격	• 객관적 지식의 전제: 외부에 주어진 객관적 지식이 존재함 • 객관주의	• 지식의 사회적 구성: 지식은 사회적 관계 속에서 토론과 협의를 통해 공동으로 구성됨 • 사회적 구성주의
학습 목표	• 객관적 지식의 이해 또는 정해진 정답의 찾기	• 문제 해결 과정에서 사고력의 발달 및 지식의 구성
학습 과정	• 의견 차이와 불일치를 없애고 객관적 지식이나 정답에 도달하는 과정 • 객관적 지식의 이해 또는 정해진 해결책의 모색을 중시함	• 의견 차이와 불일치를 통해 공동의 지식이나 해결책을 찾아가는 과정 • 모둠 활동에서 과제를 해결하는 사고 과정 또는 지식의 구성 과정을 중시함
모둠 활동	• 소집단의 구조화 강조 • 모둠 활동의 다양한 방법과 전략의 제시	• 소집단의 비구조화 • 모둠 활동의 단순한 방법
교사 역할	• 교사가 모둠활동을 직접 지도 · 감독 • 학습의 감독자 / 객관적 지식의 평가자	• 교사가 모둠활동을 감독하지 않음 • 학습의 안내자 / 지식 구성의 안내자

(출처: 박상준, 2016: 237. 인용)

2. 직소 협동 학습(Jigsaw)

직소 협력 학습 모형은 아동이 여러 가지 조각들을 서로 협력하여 완성하는 조각 그림 맞추기 퍼즐(Jigsaw puzzle)에서 유래한 것이다. 이 모형은 학업 성취뿐만 아니라 다양한 인종과 문화를 가진 학생들이 사회적 관계를 형성하는 데 초점을 둔다. 이 모형은 학습 내용을 3~5개의 하위 주제로 나누어서, 학생들이 한 주제를 집중적으로 학습하여 전문가가 된 후에 서로 가르치고 배우는 협동 학습의 형태이다.

애런슨(E. Aronson) 등이 전통적인 경쟁 학습의 구조를 협동 학습의 구조로 바꾸기 위해 직소 모형(Jigsaw)을 개발했다(Aronson et al., 1978). 그들은 전통적인 학습의 구조를 협동 학습의 구조로 전환하기 위한 조건을 2가지 제시했다. 첫째로, 1명의 교사와 다수의 학생으로 구성된 경쟁 학습의 구조를 4~6명으로 구성된 소집단의 협동 학습 구조로 바꾸어야 한다. 학습의 원천은 교사가 아니라 소집단의 구성원이고, 학습의 성공은 구성원의 협동에 의해서 얻을 수 있다. 둘째로, 소집단 활동은 다른 학생의 도움 없이는 학습이 어렵게 구성되어야 한다. 각 구성원은 '학습 단원의 일부'를 학습 자료로 제공받기 때문에, 구성원들은 학습 단원 전체를 배우기 위해서 서로 협력할 수밖에 없다.

이런 방식으로 구조화된 학습 방식이 직소 협력 학습 모형(Jigsaw)이다. 직소 모형은 (1) 고안된 **'전문가 학습지'**, (2) **'전문가 집단'** 학습 및 모집단의 활동과 의사소통, (3) 학생 전문가에 의한 학습 등으로 특징지어진다.

E. Aronson 등이 개발한 Jigsaw I에서 학생들은 학습 내용의 전체를 파악하지 못하고 개별 보상으로 인해 다른 학생들과 적극 협력하지 않는 문제를 드러냈다. 이런 문제점을 해결하기 위해 R. E. Slavin은 학습 내용의 전체를 알려주고, 집단 성취 분담 모형(STAD)의 '향상 점수에 의한 소집단 보상'을 결합한 Jigsaw II를 개발했다.

그런데 Jigsaw II는 전문가 집단의 학습 이후에 학습 내용을 정리하고 퀴즈(형성평가)에 대비해 공부할 시간이 없는 문제점을 갖고 있다. 그래서 J. E. Steinbrink와 R. J. Stahl은 과제 분담 협동 학습이 끝난 후 모집단별로 학습의 기회를 주고 일정 기간이 지난 후에 평가하는 Jigsaw III를 제시했다.

1) 직소 협동 학습 모형 Ⅰ(Jigsaw Ⅰ)

직소 협동 학습의 수업 단계는 학자마다 약간 차이가 있다. Slavin(1990), Jacobs(1997: 5-6), 정문성(2006: 199) 등의 견해를 종합하여, 필자는 Jigsaw I의 교수·학습 과정을 다음과 같이 제시할 것이다.

(1) 모집단 형성하기 & 전문가 학습지 배부

교사는 이질적인 학생들 3~4명씩 모집단(원모둠)을 구성한다. 다음에 교사는 모집단의 각 학생에게 학습 내용과 관련된 하위 주제와 문제(탐구 문제 또는 토의 문제)가 기록된 전문가 학습지를 각각 하나씩 나누어 준다. 모집단의 각 학생은 전문가 학습지를 통해 학습 내용의 일부만을 배부받는다.

▌전문가 학습지(예시)▐

전문가 학습지 1
• 하위 주제: 시간적 관점의 특징과 적용 사례를 파악하기
• 토의 문제:
① 시간적 관점의 특징은 무엇인가?
② 시간적 관점은 현상이나 문제를 어떻게 파악하는 것인가?
③ 시간적 관점을 적용하여 저출생 문제를 설명해 보라.

전문가 학습지 2
• 하위 주제: 공간적 관점의 특징과 적용 사례를 파악하기
• 토의 문제:
① 공간적 관점의 특징은 무엇인가?
② 공간적 관점은 현상이나 문제를 어떻게 파악하는 것인가?
③ 공간적 관점을 적용하여 저출생 문제를 설명해 보라.

(2) 전문가 집단에서 학습하기

각 학생은 모집단을 떠나 같은 전문가 학습지를 가진 학생들끼리 모여서 전문가 집단(전문가 모둠)을 형성한다. 전문가 집단은 1가지 하위 주제와 문제에 대해 서로 협력해서 집중적으로 학습한다. 그다음 학생들은 모집단으로 돌아가 하위 주제를 다른 학생들에게 가르칠 준비를 한다. 이때 전문가 집단의 학생 수가 많을 경우, 3~4명씩 모둠을 나누어 학습하게 한다.

(3) 모집단에서 다른 학생 가르치기

전문가 집단의 학습 활동이 끝나면, 각 학생은 원래의 집단으로 돌아가서 다시 모집단을 형성한다. 그다음 각 전문가 학생이 돌아가며 전문가 집단에서 학습한 하위 주제와 문제를 다른 학생들에게 가르쳐준다. 이때 교사는 각 전문가 학생이 전문가 학습지에 기록된 내용을 그대로 읽지 말고 자기의 말로 다른 학생들에게 설명하고, 다른 학생들은 잘 듣고 내용을 이해하도록 지도한다.

(4) 전체 학습지 작성 및 정답지 확인하기

각 모집단의 학생들은 전문가 학습지의 하위 주제들을 서로 결합하여 전체 학습지를 만든다. 그다음 교사는 각 모집단에 정답지를 제공한다. 학생들은 전체 학습지와 정답지를 비교하여 채점하고, 틀린 문제의 경우에 왜 틀렸는가에 대해 토론한다.

(5) 개별 평가와 개별 보상

교사는 학생들이 전문가 집단과 모집단의 협동 학습을 통해 학습 내용을 얼마나 이해했는지 퀴즈(형성평가)를 통해 개인별로 평가한다. 다음에 교사는 개인별 점수를 산출하여 우수한 학생을 개인별로 보상한다.

앞에서 간략히 살펴본 것처럼, Jigsaw I은 전문가 학습지를 통해 각 학생에게 학습 내용의 일부만을 제공하기 때문에, 학생들은 학습 내용의 전체를 알지 못한 채 학습에 임하는 한계를 지닌다. 또한 Jigsaw I은 개인별로 보상하고 소집단 전체에 대해 보상하지 않는다. 그 결과 전문가 집단에서의 학습 활동과 모집단에서 다른 학생들을 가르칠 때, 다른 학생을 적극 도와주지 않고 학생들 간에 협력이 이루어지지 않는 문제점을 지닌다.

Jigsaw I은 학습 과제의 해결을 위한 상호 의존성은 높지만 보상을 위한 상호 의존성은 매우 낮다. Jigsaw I이 성공하기 위해서는 학생들이 전문가 집단에서 하위 주제와 문제를 충실하게 탐구하는 능력, 다른 학생들에게 열심히 가르치고 다른 학생의 설명을 경청하는 의사소통 능력을 기르도록 사전에 훈련을 시켜야 한다.

2) 직소 협동 학습 모형 Ⅱ(Jigsaw Ⅱ)

Jigsaw I은 학습 내용을 하위 주제와 문제로 세분화하고, 학생들이 모집단과 전문가 집단 활동을 통해 협력하여 학습하도록 만드는 장점이 있지만, 학습 결과에 대해 소집단 보상을 하지 않는다. 이런 측면에서 슬라빈(R. E. Slavin)은 Jigsaw I의 평가 방식으로는 협동 학습의 효과를 제대로 거두기 어렵다고 주장하면서, 기존의 Jigsaw I에 STAD 모형의 평가 방식을 결합한 Jigsaw II를 제시하였다(Slavin, 1980). Jigsaw II는 향상 점수에 의한 소집단 보상, 성취 결과의 균등 배분을 도입함으로써 과제 분담 협동 학습이 더 효과를 거둘 수 있도록 만들었다.

케이건(S. Kagan)에 따르면, Jigsaw II는 '학습 내용의 전체 제공', '자율적인 소집단 활동', '향상 점수에 의한 소집단 보상' 등에서 Jigsaw I과 다르다(정문성, 2006: 197-198). Jigsaw II에서는 교사가 학습의 전체 계획과 내용을 설명해주고, 학생이 하위 주제를 자율적으로 선택하여 공부하도록 한다. 또한 Jigsaw II에서는 소집단 활동의 성공과 개인의 책무성을 더 높이기 위해서 향상 점수에 의한 소집단 보상을 새로 추가한다.

Jigsaw II의 수업 단계도 학자마다 조금씩 다르다. Slavin(1990), Jacobs(1997: 27-28), 정문성(2006: 200-202) 등의 견해를 종합하여, 필자는 Jigsaw II의 교수·학습 과정을 다음과 같이 제시할 것이다.

(1) 모집단 형성하기 및 학습 단원 전체 읽기

교사는 이질적인 학생들 4명씩 모집단을 구성한다(학습 단원의 내용을 여러 가지 하위 주제로 분류하고 전문가 집단 활동이 효과적으로 진행되기 위해서 소집단을 4명으로 구성하는 것이 좋다). Jigsaw I과 달리, 교사는 학습 내용 전체가 기록된 전체 학습지와 자료를 학생들에게 배부한다. 교사는 학생이 교과서의 학습 단원 전체를 읽고 학습의 전체적인 맥락과 흐름을 파악하게 하고 학습 내용과 소집단 활동의 방법에 대해 자세하게 안내한다. 그다음 학생들이 의논하여 전체 학습지의 하위 주제와 문제들 중에 어느 문제를 담당할 것인가를 자율적으로 정한다.

전체 학습지(예시)

모둠 이름: ____

▣ 학년/단원: 통합사회 1의 '1. 통합적 관점'
▣ 학습주제: 통합적 관점의 의미와 특징을 파악한다.

• 하위 주제와 토의 문제

1. 시간적 관점의 의미와 특징 및 적용하기
   ① 시간적 관점의 의미와 특징은 무엇인가?
   ② 시간적 관점은 현상이나 문제를 어떻게 파악하는가?
   ③ 시간적 관점을 적용해 저출생 문제를 설명해 보라.

2. 공간적 관점의 의미와 특징 및 적용하기
   ① 공간적 관점의 의미와 특징은 무엇인가?
   ② 공간적 관점은 현상이나 문제를 어떻게 파악하는가?
   ③ 공간적 관점을 적용해 저출생 문제를 설명해 보라.

3. 사회적 관점의 의미와 특징 및 적용하기
   ① 사회적 관점의 의미와 특징은 무엇인가?
   ② 사회적 관점은 현상이나 문제를 어떻게 파악하는가?
   ③ 사회적 관점을 적용해 저출생 문제를 설명해 보라.

4. 윤리적 관점의 의미와 특징 및 적용하기
   ① 윤리적 관점의 의미와 특징은 무엇인가?
   ② 윤리적 관점은 현상이나 문제를 어떻게 파악하는가?
   ③ 윤리적 관점을 적용해 저출생 문제를 설명해 보라.

(2) 전문가 집단에서 학습하기

각 학생은 모집단을 떠나 같은 하위 주제를 선택한 학생들끼리 모여서 전문가 집단을 형성한다. 각 전문가 집단은 전체 학습지의 하위 주제와 문제 중 자신들이 선택한 문제에 대해 서로 협력해서 집중적으로 학습한다. 그다음 학생들은 모집단으로 돌아가서 하위 주제와 문제를 다른 학생들에게 가르칠 준비를 한다.

(3) 모집단에서 다른 학생 가르치기

전문가 집단의 학습 활동이 끝났으면, 각 학생은 원래의 모집단으로 돌아가서 다시 모집단을 형성한다. 그다음 각 전문가 학생이 돌아가면서 전문가 집단에서 학습한 하위 주제와 문제를 다른 학생들에게 가르쳐준다. 각 구성원이 돌아가면서 하위 주제에 대한 자기 의견을 발표하고, 나머지 학생들은 그 의견을 잘 듣고 질문하면 해당 학생이 답변한다. 이 과정에서 교사는 학생들이 하위 주제에 대해 서로 질문하고 토론하는 의사소통 기능과 협동 기능을 실천할 기회를 갖도록 지도해야 한다.

(4) 정답지 확인하기

모집단에서 전체 학습지에 대한 토론과 학습이 끝나면, 교사는 정답지를 제공한다. 각 모집단은 전체 학습지와 정답지를 비교하여 채점하고, 틀린 문제의 경우에 왜 틀렸는지에 대하여 토론한다.

(5) 개별 평가

전문가 집단과 모집단의 학습 활동이 끝나면, 교사는 학습 내용과 관련된 퀴즈(형성평가)를 실시한다. 각 학생은 개별적으로 퀴즈를 푼다.

(6) 향상 점수에 의한 소집단 보상

교사는 과거 퀴즈에서 각 학생이 받은 기본 점수와 현재 퀴즈의 점수를 비교하여, 각 학생의 향상 점수를 계산한다. 각 개인과 소집단의 향상 점수가 산출되면, 교사는 향상 점수가 높은 소집단에 대해 보상한다.

앞에서 살펴보았듯이, Jigsaw II는 Jigsaw I과 STAD 모형의 평가 방식을 결합했기 때문에, Jigsaw I보다 구성원의 역할과 책무성이 더 명확하고, 학습 과제의 해결과 보상을 위한 상호 의존성을 더 높여줌으로써, 학습 목표의 달성과 사회적 관계의 증진에 더 효과적이다.

그러나 Jigsaw II에 따른 수업은 학생이 학습 내용을 정리하고 형성평가에 대비할 시간이 부족한 문제점을 지니고 있다.

과제 분담 학습 모형의 특징과 한계

모형	특 징	한 계
Jigsaw I	• 전문가 학습지를 통한 학습 내용의 제공 • 개별 평가와 개별 보상	• 학습의 전체 내용을 파악 못 함 • 개별 보상으로 책무성, 협동, 상호 의존성의 약화
Jigsaw II	• 전체 학습지 및 학습 내용 전체 제공 • 향상 점수에 의한 소집단 보상	• 학습 내용을 정리하고 평가 대비할 시간의 부족

3. 협력 학습의 의미와 특징

모둠에서 학생들이 서로 협력하여 과제를 해결할 때, 자신의 생각과 의견을 교환하면서 공동의 지식을 형성해 간다. 협력 학습(collaborative learning)은 학습자들이 협력적 상호작용을 통해서 공동의 과제를 해결하는 학습 방법이다(Gokhale, 1995). 다시 말하면 협력 학습은 여러 학생이 모둠별 토론이나 탐구 같은 활동을 하면서 서로 협력하여 과제를 해결하는 과정이다. 협력 학습은 주어진 교과서 지식을 배우는 것이 아니라 학생들이 서로 협력하여 과제를 해결하는 과정에서 서로의 생각과 의견을 조정하며 공동의 지식을 '구성하는' 것이다(Paulus, 2005).

협력 학습이 무엇인가에 대해서는 다양한 견해들이 있지만, 여러 학자들의 논의를 종합하면, **'협력 학습'**은 교사 중심의 강의식(설명식) 수업 구조를 사회적 맥락 속에서 학생이 스스로 문제를 해결하거나 공동의 지식을 구성해가는 학생 주도의 학습이 이루어지게 하는 방법이다. 협력 학습은 고정된 지식이나 정답을 찾는 것이 아니라 각 학생이 사회적 맥락 속에서 다른 학생과의 상호작용과 토론을 통해 문제의 해결책을 찾거나 공동의 지식을 형성해 가는 것이다. 협력 학습은 교사가 교과서 지식을 전달해 주는 것이 아니라 학생들이 주도적으로 토론하고 상호작용하는 과정에서 다양한 관점과 사고를 배우고, 서로의 입장과 의견을 조정하면서 공동의 지식을 구성해 가는 것이다.

이처럼 협력 학습에서 각 학생은 모르는 학생들에게 자신들의 말로 설명해 주는 **'또래 교사'**로서 역할을 한다. 모둠 활동에서 학생들이 또래 교사 또는 학습의 동료로서 서로 가르쳐주면서 함께 배우고, 토론과 상호작용을 통해 함께 과제를 해결하며 공동의 지식을 구성해 간다(박상준, 2016: 231).

요약하면, 협동 학습과 비교할 때 협력 학습은 다음과 같은 특징을 지닌다(Bruffee, 1998: 90-92).

첫째, 협동 학습에서 교사는 모둠 활동을 직접 지도·감독한다. 하지만 협력 학습에서 교사는 원칙적으로 학생의 활동에 간섭하지 않고, 학생들이 주도하여 스스로 문제를 해결하도록 격려한다.

둘째, 협동 학습에서 교사는 모둠 활동의 과정과 결과를 매시간 평가해 소집단 보상을 실시한다. 반면에 협력 학습에서 교사는 학생의 자율적 활동에 대해 가능한 평가하지 않고, 학생들이 스스로 과제를 해결하도록 지원한다.

셋째, 협동 학습은 모둠 활동에서 학생 간 합의에 도달하도록 유도하지만, 협력 학습은 학생 간 의견 차이와 불일치를 격려한다. 협력 학습은 학생들이 기존의 지식에 의문을 제기하거나 다른 사람의 의견에 이의를 제기하면서, 토론이나 탐구의 과정을 거쳐 공동의 지식을 형성해 가는 과정을 강조한다.

4. 협력 학습의 철학적 토대

협력 학습은 듀이의 교육 철학에 기초하고 있다. 듀이는 학교 교육이 미래 생활을 위한 준비 단계가 아니라 생활의 경험 자체가 되어야 한다고 보았다. 교사가 고정된 지식을 일방적으로 전달(주입)하는 전통적 교실 수업을 비판하고, 학생이 경험과 활동을 통해 지식을 능동적으로 형성해 가는 교육을 주장하였다.

그래서 듀이는 **'경험'** 중심의 교육을 강조했고, 교실 수업을 교사 중심에서 학생 중심으로 전환해야 한다고 주장하였다. 한마디로 교육은 생활 속에서 학생의 경험과 학습을 서로 연결시키는 과정이 되어야 한다. 이처럼 학생들이 상호작용과 토론의 과정을 통해 실생활을 경험하게 함으로써 학습이 능동적으로 이루어지게 한다는 점에서 협력 학습은 듀이의 관점을 반영하고 있다(Bruffee, 1998: 84).

듀이는 세 가지 관점에서 전통적 교실 수업을 바꾸어야 한다고 보았다. 첫째 관점은 '지식의 성격'과 관련된다. 전통적 수업에서 지식은 고정되고 객관적인 진리로 간주되었다. 하지만 실제로 지식은 절대적인 것이 아니라 맥락 속에서 사회적 관계를 통해 구성되는 것이다.

둘째 관점은 '교사의 역할'과 관련된다. 전통적 교실 수업에서 교사는 교과서 지식을 전달했다. 그러나 진정한 교육은 학생이 스스로 문제의 해결책을 찾거나 지식을 구성하는 과정을 안내하는 것이다. 교사는 객관적 지식의 전달자가 아니라 학생의 문제 해결 과정에서 안내자 또는 퍼실리테이터의 역할을 수행해야 한다.

셋째 관점은 '학습의 맥락'과 관련된다. 전통적 교실 수업은 교사가 사회적 맥락과 관계없이 교과서 지식을 전달하면, 학생은 그대로 수용하는 것으로 이해되었다. 하지만 실제로 교육은 교실 상황에서 학생의 경험과 이전 지식에 기초하여 교사와 학생의 사회적 관계와 상호작용을 통해 형성된다.

교육 철학의 측면에서 보면, 협동 학습은 모든 문제에 정해진 답이 있거나 객관적 지식이 존재한다는 객관주의에 기초하고 있다. 협동 학습은 모둠 활동에서 학생들이 객관적 지식이나 합리적 해결책을 찾아감으로써 학습의 효과를 극대화시키는 데 초점을 맞춘다.

반면에 협력 학습은 지식이 맥락 속에서 형성된다는 '사회적 구성주의'(social constructivism)에 기초하고 있다. 지식은 절대적인 것이 아니라 사회적 맥락 속에서 사회적 관계와 의사소통을 통해 형성된다. 사회적 관계에서 소통과 상호작용은 사회적 맥락 속에서 일어난다(Barkley et al., 2004).

고정된 객관적 지식이나 해결책이 존재하지 않기 때문에, 협력 학습에서는 교사가 고정된 지식을 가르치는 것이 아니라 학생들이 모둠에서 토론과 상호작용을 통해 스스로 문제의 해결책을 찾아가며 공동의 지식을 구성한다. 협력 학습에서 교사-학생, 학생-학생이 동등한 관계에서 토론과 상호작용을 통해 과제를 해결하는 과정에서 자신의 생각과 지식을 형성하는 것이 중요하다.

5. 협력 학습의 방법

이러한 사회적 구성주의 관점에서 협력 학습은 다음과 같은 방식으로 이루어진다(Foote et al., 2001: 25-26).

첫째, 협력 학습에서 새로운 지식은 과거의 경험과 이전 지식에 기초하여 구성된다. 우리는 과거의 경험이나 지식과 분리되어 완전하게 객관적으로 세계를 인식하기 어렵다. 우리는 과거의 경험과 이전 지식을 활용하여 세계를 이해하고 새로운 지식을 형성해 간다.

둘째, 협력 학습에서 지식의 구성은 동화와 조절을 통해 이루어진다. 지식은 고정된 것이 아니라 사회적 맥락 속에서 과거의 유사한 경험을 새로운 사실이나 경험에 적용하며 형성된다. 또는 우리는 새로운 지식에 맞추어 과거의 인지적 도식이나 지식을 조정하면서 구성한다.

셋째, 협력 학습에서 학습은 기존의 객관적 지식의 축적이 아니라 발명 또는 창작의 과정이다. 지식은 외부에서 주어지는 것이 아니라 각 개인이 사회적 관계 속에서 만들어 가는 것이다. 그래서 학습은 객관적 지식을 수동적으로 축적하는 것이 아니라 사회적 맥락 속에서 다른 사람들과의 소통과 상호작용을 통해 창의적으로 만들어 가는 과정이다.

또한 학습은 인지적 불일치와 충돌을 해결하는 과정에서 일어난다. 다른 사람이나 기존 지식과 불일치는 잘못된 것이 아니고 협력 학습의 출발점이다. 인지적 불일치와 충돌은 각 학생이 이전 지식을 활용하여 기존의 것을 평가하고 새로운 것을 형성하도록 만드는 요인이 된다. 이러한 불일치와 충돌을 서로 협력하여 해결하면서 공동의 지식을 구성하는 과정에서 학습이 일어난다.

협동 학습과 달리, 협력 학습은 소집단을 구조화하여 역할과 책임을 부여하지 않기 때문에, 학습의 과정과 활동 방식이 비교적 단순하다. 협력 학습의 방법은 또래 교사 지도, 모둠 과제 활동, 동료 협력 활동으로 이루어진다.

1) 또래 교사 지도

또래 교사 지도는 학습 주제와 관련해 우수한 학생이 또래 교사가 되어 부족한 학생의 학습을 도와주게 하는 것이다. 또래 교사 지도를 위해서 먼저 학생들 중에서 우수한 학생과 부족한 학생 3~4명으로 한 모둠을 구성한다. 각 모둠에서 우수한 학생이 또래 교사가 되어, 자신들의 말과 경험에 의거해 부족한 학생을 가르쳐 준다. 같은 반 학생들 중에서 우수한 학생이 또래 교사가 되어 부족한 학생의 학습을 도와주는 역할을 하는 것이다(박상준, 2016: 238-239).

전통적인 교사 중심 수업에서 교사와 학생의 관계는 '수직적 관계'에 기초하고, 수업의 전문가로서 교사가 객관적 지식을 전달하고 학생은 수동적으로 받아들이는 방식이다. 교사-학생의 수직적 관계에 기초하여 교사의 가르침과 학생의 배움은 '일방향으로' 이루어진다.

반면에 협력 학습에서 **'또래 교사'** 지도는 가르치는 학생과 가르침을 받는 학생은 모두 '평등한 관계'에 기초하고 있으며, 동등한 위치에서 한 학생이 다른 학생의 학습을 도와주는 방식이다. 또래 교사의 가르침과 지도 학생의 배움은 동등한 관계와 입장에 기초하여 **'쌍방향으로'** 이루어진다.

그래서 또래 교사도 동등한 관계와 입장에서 자신들의 언어와 경험을 제시하며 부족한 학생을 가르치고, 가르침을 받는 학생도 동등한 입장에서 모르는 것을 자유롭게 질문하면서 자신들의 언어를 통해 배울 수 있다. 또한 우수한 학생은 또래 교사로서 가르치면서 자신이 피상적으로 알고 있던 것을 더 명확하게 이해하고, 지식을 실생활의 경험이나 사례에 연결하며, 머리 속에 흩어져 있던 여러 가지 지식들을 체계적으로 정리한다.

이처럼 서로 동등한 관계와 입장에서 또래 교사가 다른 학생에게 자신들의 언어와 경험을 제시하며 쉽게 가르쳐 주기 때문에, 협력 학습은 우수한 학생과 부족한 학생 모두에게 학습의 효과가 크다. 우수한 학생이 부족한 학생을 자신들의 언어와 경험을 통하여 설명함으로써 서로의 학습을 도와주고 공동의 지식을 형성해 가는 효과가 있다.

또래 교사 지도에서 학습의 효과를 높이기 위해서 교사는 우수한 학생이 또래 교사로서의 역할을 충실히 수행하도록 지도하고, 가르침을 받는 지도 학생도 학생으로서 배움의 자세를 갖추도록 지도하는 것이 필요하다. 예컨대 또래 교사는 지도 학생의 부족한 부분이 무엇인지 파악하고, 자신들의 말과 경험에 비추어 성실하게 가르치며, 질문에 성실하게 답변해 주도록 지도한다. 특히 또래 교사가 지도 학생을 인격적으로 무시하거나 비난하지 않고, 동등한 입장에서 설명하도록 지도한다. 그리고 가르침을 받는 학생은 자신이 모르는 부분을 명확하게 말하고, 또래 교사의 설명을 주의깊게 들으며, 이해가 안 되는 내용에 대해서는 바로 질문하면서 배우도록 지도해야 한다.

또래 교사 지도에서는 각 교과의 학습 내용이나 과제에 대하여 더 많이 아는 학생이 또래 교사가 되어 부족한 학생을 지도하는 역할을 하기 때문에, 또래 교사의 역할이 항상 고정된 것은 아니다. 수학이나 과학을 잘 하지만 반면에 국어나 사회를 못 하는 학생이 있고, 또 예체능이 뛰어난 학생이 있다. 이처럼 학습 내용이나 과제의 성격에 따라 또래 교사의 역할을 바꾸어 서로 가르쳐 준다.

학습 내용이나 과제의 성격에 따라 달라질 수 있지만, 일반적으로 또래 교사 지도는 다음과 같은 방식으로 진행된다(박상준, 2016: 240).

① **부족한 학생의 수준 파악**: 각 모둠에서 부족한 학생이 먼저 자신이 모르는 내용을 말함으로써, 또래 교사가 가르쳐야 할 학생의 수준을 파악하게 한다.

② **배경지식의 설명**: 또래 교사는 부족한 학생이 모르는 부분을 이해하는데 필요한 배경지식에 대하여 가르쳐 준다.

③ **학습 내용의 교수**: 부족한 학생이 이전 지식이나 배경지식에 대하여 이해했다면, 그다음 또래 교사는 자신들의 말과 경험에 비추어 학습 내용을 가르쳐 준다. 부족한 학생은 또래 교사의 설명을 듣고 이해하지 못 한 부분에 대해 계속 질문하고, 또래 교사는 이전 지식이나 관련된 사례 등을 제시하며 다시 쉽게 설명해 준다.

④ **교사의 평가와 보충 학습**: 또래 교사의 지도 활동이 끝나면, 교사는 학생들이 학습 내용을 잘 이해했는지 확인하고, 이해하지 못 한 부분에 대하여 다시 설명해 준다. 그래도 이해하지 못한 학생에 대해서는 교사가 개별적으로 가르쳐 준다.

2) 모둠 과제 활동

모둠 과제 활동은 학습 과제를 모둠의 구성원들이 서로 협력하여 수행하게 하는 협력 학습의 방법이다. 즉, 교사가 학습 목표와 내용에 맞추어 과제를 부여하면, 각 모둠의 학생들은 상호 협력하여 과제를 수행하는 것이다(박상준, 2016: 241-242).

교사는 모둠의 편차가 심하지 않도록 성적, 성별, 성격 등을 고려하여 3~4명의 학생들로 모둠을 고르게 구성한다. 다양한 학생들을 고르게 구성함으로써, 구성원들이 과제를 해결하는데 상호 의존하고 서로 협력하는 관계를 만들 수 있다. 모둠이 고르게 구성되었다면, 교사는 모둠 구성원들이 수행할 과제를 제시하고, 그것을 종합하여 완성할 수 있는 과제를 부여한다. 이때 과제는 각 모둠의 구성원 전체가 서로 협력해야 해결할 수 있도록 구성한다.

교사가 과제를 부여하면, 각 모둠에서 학생들은 과제를 어떻게 완성할 것인지, 각자 어떤 세부 과제를 맡을 것인지, 과제를 어떻게 해결할 것인지 등에 대하여 서로 협의하여 정한다. 그다음 학생들은 각자 맡은 세부 과제를 수행하고, 그 결과를 하나로 종합하여 전체 과제를 완성한다. 모둠의 구성원이 공동으로 과제를 해결하기 때문에, 상호의존적 관계에 있고 상호 협력을 통해 과제를 수행하게 된다.

그런데 모둠에서 세부 과제를 수행하거나 전체 과제를 완성하는 과정에서 과제를 잘 해결하지 못하는 학생이 있을 수 있다. 이런 경우는 우수한 학생이 또래 교사로서 다른 학생이 과제를 수행하는 것을 도와준다. 또는 과제를 완성하는 과정에서 구성원들의 의견이 달라서 충돌이 발생할 경우에 구성원들이 충분하게 협의를 거쳐서 자율적으로 해결해 나간다. 이처럼 모둠에서 과제를 해결하는 과정에서 학생들이 서로 협의하거나 다른 학생의 과제 수행을 도와주면서 자연스럽게 소통하고 상호작용하면서 협력한다.

과제의 성격에 따라 달라질 수 있지만, 일반적으로 모둠 과제 활동의 방식은 다음과 같이 진행된다(박상준, 2016: 242-243).

① **교사의 과제 부여:** 교사는 학습 내용과 관련하여 학생들이 수행할 과제를 부여한다. 수업 시간과 학생의 수준을 고려하여, 과제는 정해진 시간 안에 학생들이 충분하게 완성할 수 있는 정도로 제시한다. 또한 모둠의 구성원 수에 맞게 세부 과제 또는 문제를 분류하여 과제를 제시한다.

② **세부 과제의 배분:** 모둠별로 과제를 파악하고 과제의 해결 방안에 대해 협의한다. 각 학생이 과제를 완성하기 위해 세부 과제를 어떻게 배분하고, 누가 어떤 과제를 수행할 것인지에 대해 협의하여 정한다.

③ **세부 과제의 수행:** 각 학생은 각자 맡은 세부 과제를 수행한다. 그다음 자신이 수행한 과제를 다른 학생들에게 설명해 준다. 다른 학생들은 그 설명을 듣고 이해가 안 되는 부분에 대하여 질문하면서 같이 학습한다.

④ **전체 과제의 완성:** 각 학생이 세부 과제를 수행했다면, 세부 과제를 종합하여 전체 과제를 완성한다. 구성원들이 충분한 소통과 협의를 거쳐 공동으로 전체 과제를 완성해야 한다.

⑤ **모둠별 과제 발표:** 과제가 완성되면, 모둠별로 과제를 발표한다. 모둠 발표가 끝나면, 다른 모둠의 학생들이 자신의 과제 수행과 비교하여 질문하고, 발표한 모둠에서 답변한다. 교사도 학습 내용과 관련하여 각 모둠에서 적절하게 과제를 수행했는지 확인하기 위해 질문할 수 있다.

⑥ **교사의 활동 평가 및 피드백:** 모둠별 과제의 발표와 질의·응답이 끝나면, 교사는 모둠별 과제 해결 활동을 평가하고 개선 사항 등에 대하여 피드백을 제공한다.

3) 공동 완성 활동

공동 완성 활동은 모둠의 구성원이 공동의 작업이나 활동을 통해 함께 과제를 완성하게 하는 협력 학습의 방법이다. 모둠 과제 활동과 달리, 공동 완성 활동은 처음 계획 단계부터 최종 완성 단계까지 학생이 '주도적으로' 모든 활동을 수행하고 구성원의 공동 작업으로 이루어져야 한다. 그래서 공동 완성 활동은 문제의 선정, 역할 분담, 과제 해결에 있어서 구성원의 상호 의존성과 상호 협력의 정도가 매우 높다(박상준, 2016: 243-244).

공동 완성 활동을 위해서 각 모둠은 과제를 해결하는 능력이 비슷한 학생 3~4명으로 구성한다. 특정한 학생이 과제 해결을 주도하거나 혼자 수행하면 안 되고, 서로 동등한 입장에서 충분하게 협의하고 협력하도록 모둠을 구성해야 한다. 각 모둠에서 구성원은 과제를 해결하기 위해 동등한 입장에서 충분하게 협의하고, 공동의 활동을 통해 과제를 완성해야 한다.

공동 완성 활동은 정해진 지식을 배우는 것이 아니라 학생들이 창의적으로 만드는 활동에 적용하는 것이 좋다. 예컨대, 문제 해결 프로젝트, 역할극 대본 쓰기, 체험 활동 계획, 문제 해결 포스터 또는 SNS 영상 제작 등에 적용할 수 있다.

과제의 특성에 따라 다를 수 있지만, 공동 완성 활동의 방식은 일반적으로 다음과 같이 이루어진다(박상준, 2016: 244-245).

① **교사의 공동 과제 부여:** 교사는 모둠 구성원들이 공동으로 작업해야 완성할 수 있는 과제를 부여한다. 그 다음 공동의 작업과 협력을 통해 과제를 완성하는 방식을 안내한다.

② **공동 과제를 위한 계획의 협의:** 구성원들은 과제를 공동으로 완성하기 위한 주제와 방향에 대하여 협의한다. 그리고 구체적으로 공동 과제를 완성하기 위한 계획과 방법을 정한다.

③ **협업을 통한 공동 과제의 완성:** 구성원들은 공동 작업이나 협업을 통해 공동 과제를 완성해 간다.

④ **공동 과제의 발표:** 공동 과제가 완성되면, 모둠별로 과제의 주제, 의미, 작업 과정 등에 대하여 발표한다.

⑤ **교사의 활동 평가 및 피드백:** 모둠별 과제 발표가 끝나면, 교사는 모둠별 공동 과제의 완성 과정을 평가하고 개선 사항 등에 대하여 피드백을 제공한다. 모둠별로 공동 과제를 완성하기 위한 협업과 협력이 잘 이루어졌는지, 공동 과제를 효과적으로 완성하기 위해 보완할 것은 무엇인지 등에 대하여 평가한다.

제12장

가치 학습

오늘날 사회가 복잡해지고 다양해지면서, 사회문제와 갈등도 증가하고 있다. 이러한 문제와 갈등을 소통과 협력을 통해 민주적으로 해결하는 것이 요구된다. 문제와 갈등을 민주적으로 해결하려면, 문제를 종합적으로 이해하여 접근하는 것이 필요하다. 사회문제와 갈등은 사실문제뿐만 아니라 가치문제를 함께 포함하고, 최종적으로 문제의 해결 방안을 결정할 때 중요한 요소는 가치이기 때문이다. 사회문제나 갈등은 사실의 이해만으로 해결될 수 없고, 어떤 가치가 더 중요하고 타당한지에 대한 가치 분석과 판단이 필요하다.

사회문제나 갈등을 민주적으로 해결하기 위해서는 문제와 관련된 사실문제와 가치문제를 함께 조사해 두 가지를 종합하여 창의적인 해결 방안을 찾아야 한다. 사실은 문제를 객관적으로 파악하는 것을 도와줄 수 있지만, 무엇이 옳은지 또는 좋은지를 판단하는 데 구체적 해답을 제시해 주기 어렵다. 그래서 복잡한 문제나 갈등을 합리적으로 해결하기 위해서는 사실의 확인뿐만 아니라 가치의 분석이나 탐구가 필요하다.

가치 분석이나 가치 탐구는 사회문제와 관련된 가치들을 분석하고 명료화하는 과정이고, 대립 가치들과 대안의 결과를 예측하여 선택하는 것을 도와줌으로써 문제를 합리적으로 해결하는 데 기여할 수 있다. 이런 점에서 통합사회에서 가치 분석이나 가치 탐구를 위한 교육이 필요하다.

이 장에서는 복잡한 문제와 관련된 가치를 분석하고 판단하는 방법으로서 가치 분석, 가치 탐구, 도덕적 추론의 방법과 적용 사례를 살펴볼 것이다.

1. 가치 분석의 방법과 적용

1) 가치 분석의 의미

1960년대 미국 사회의 혼란은 사람들의 가치관 혼란과 갈등을 증대시켰다. 이러한 혼란 상황에서 가치 상대주의에 기초한 가치 명료화 모형은 가치 갈등 문제를 해결하기 어려웠다. 가치 명료화의 한계를 비판하면서 가치 갈등을 해결하는 합리적 가치 판단 또는 가치 결정 능력을 강조하는 새로운 모형이 제시되었다. 가치 분석 모형은 인간의 존엄, 자유, 평등, 정의 같은 기본적 가치 또는 가치 원리를 수용하여 합리적 가치 판단을 내리는 방법을 제시하였다. 기본적 가치 또는 가치 원리는 절대적인 것이라기보다는 그것에 대한 해석이나 맥락에 따라 실현되는 방식이 달라질 수 있는 가치이다.

사회문제는 사실문제와 가치문제가 섞여 있기 때문에, 사회문제를 합리적으로 해결하기 위해서는 문제와 관련된 사실을 확인하는 것뿐만 아니라 관련된 가치를 분석하는 것이 필요하다. 그래서 J. R. Coombs과 M. O. Meux는 가치문제를 해결하는 교수 방법으로 **'가치 분석 모형'**을 제시하였다(Coombs & Meux, 1971: 53-107).

Coombs와 Meux에 의하면, **'가치 분석'**(value analysis)은 가치문제와 관련된 사실적 근거와 가치 원리에 기초하여 합리적인 가치 판단 또는 가치 결정을 내리는 과정이다. 합리적인 가치 결정을 내리기 위해서는 '사실적 근거'와 그 결정을 정당화할 수 있는 '일반적인 가치 원리'를 제시해야 한다. 가치 분석의 목표는 학생들이 합리적인 가치 판단을 하는 데 필요한 능력과 성향을 습득하도록 가르치고, 또한 합리적 가치 결정을 통해 가치 갈등을 해결하는 방법을 가르치는 것이다(Coombs & Meux, 1971: 53).

가치 명료화와 달리, 가치 분석은 학생들이 가치 갈등을 해결하는 과정에서 합리적 가치 판단 또는 가치 결정을 하도록 도와주는 교수 방법이다. 가치문제를 해결하는 과정에서 **'합리적 가치 판단의 기준'**은 4가지로 제시된다(Coombs, 1971: 50).

- 가치 판단을 지지하는 사실들은 진실이거나 충분히 확인되어야 한다.
- 사실들은 가치 판단과 진정으로 연관성이 있어야 한다.
- 가치 판단과 관련된 사실들의 범위가 클수록 더 적합한 판단을 할 수 있다.
- 가치 판단에 함축된 가치 원리는 판단자가 수용할 수 있어야 한다.

통합사회 2의 1. 인권 보장과 헌법 단원에서 '주거, 안전, 환경 등 인권의 확장 사례' 주제에서 '사회적 약자의 인권 보장을 위한 복지의 확대' 문제를 해결하는 과정에서 관련 가치를 분석할 수 있다.

2) 가치 분석의 방법

Coombs와 Meux는 가치 판단의 기준에 기초해, 학생들이 가치 분석의 과정에서 합리적 가치 결정을 하기 위해 수행해야 할 과제 또는 절차를 6가지로 제시하였다(Coombs & Meux, 1971: 53-90).

| 가치 분석의 과제(절차) |

(1) 가치문제를 확인하기 및 명료화하기
(2) 주장된 사실을 수집하기
(3) 주장된 사실의 진위를 확인하기
(4) 사실의 연관성을 명료화하기
(5) 잠정적인 가치 결정하기
(6) 가치 결정에 함축된 가치 원리 검사하기

(1) 가치문제를 확인하기 및 명료화하기

가치문제는 애매모호한 용어로 서술되어 있으며, 판단의 관점이 명확하지 않거나 평가의 대상이 분명하지 않은 경우가 많다. 따라서 가치 분석을 위해서는 먼저 분석하고 평가해야 할 가치문제가 무엇인지 문제의 대상, 쟁점, 관점

등을 명확하게 확인하고 명료화해야 한다.

(2) 주장된 사실을 수집하기

가치 판단은 사실에 근거를 두기 때문에, 합리적 가치 판단을 내리기 위해서는 먼저 관련된 사실들을 수집해야 한다. 사실을 수집하는 과정에서 학생들은 다음과 같은 과제를 수행해야 한다.

① 사실적 주장과 평가적(가치 판단) 주장을 구별하기
② 관련된 사실들을 광범위하게 수집하기
③ 관련된 사실들의 복잡성을 해결하기
④ 사실 수집 도표를 작성하기

사실 수집 도표(예)

기본적 관심	평가 대상: 사회적 약자의 인권 보장		보조적 가치 판단
	긍정적 사실	부정적 사실	
인권	• 사회적 약자의 생존권을 보장한다.		• 주거권, 안전권
경제	• 저소득층의 소득이 증가되어 경제활동이 안정화될 수 있다.	• 복지를 확대하기 위해 1조 원의 추가 비용이 필요하다. • 중 · 상류층이 세금 증가에 반발한다.	• 사회정의 • 사유재산 • 도덕성
효과	• 저소득층과 노인의 생존과 삶의 질이 향상된다.	• 무임승차자와 놀고먹는 사람이 증가할 수 있다.	

(3) 주장된 사실의 진위를 확인하기

합리적 가치 판단을 내리기 위해서 관련된 사실들을 수집했다면, 수집된 사실들에 관한 진술(주장), 즉 '사실 진술'이 참인지 거짓인지를 확인한다.

학생이 수집한 사실들의 진위는 다음 질문에 의거해 평가한다.

① 수집된 사실 진술이 참이라는 것을 어떻게 아는가?
② 수집된 사실 진술이 참이라는 것을 나타내는 증거는 무엇인가?
③ 수집된 사실 진술이 그것의 예라고 누가 말하는가?
④ 그 사람이 말한 것을 우리가 왜 사실로 믿어야 하는가?
⑤ 다른 전문가들은 그가 말한 것에 동의하는가?

(4) 사실의 연관성을 명료화하기

학생들은 일반적 관점 또는 기준에 의거해 사실 진술들의 연관성 또는 적합성을 판단해야 한다. 학생들이 사실 진술들의 연관성이나 적합성을 판단하기 위한 구체적 방안으로 '증거 카드'를 활용할 수 있다.

증거 카드(앞면)

구 분	평가 대상	관 점
가치 판단	• 복지 확대는 도덕적으로 옳지 않다.	윤리적 관점
사 실	• 복지 확대는 일하지 않는 사람들에게 돈을 공짜로 준다.	
기 준	• 일하지 않는 사람들에게 돈을 주는 복지 확대는 도덕적으로 옳지 않다.	윤리적 관점

증거 카드(뒷면)

지지 증거(긍정적 증거)	반대 증거(부정적 증거)
• 2017년 기초생활보장 수급자는 163만 명(103만 가구)에 달한다. • 2012~2017년 복지 사업의 부정 수급 건은 185만 건에 4,600억 원에 이른다.	• 2017년 8월 19~29세 청년의 실업률은 9.4%이다. 취업하려고 해도 일자리가 부족하다. • 국민기초생활보장법은 생계가 어려운 사람의 최저 생활을 보장하고 있다.

(5) 잠정적인 가치 결정하기

앞에서 수행한 네 가지 과제를 종합하여 잠정적인 가치 판단 또는 결정을 내린다. 여기서 가치 판단은 다음 단계의 가치 원리의 수용성 여부를 검사하기 이전이므로, '잠정적인' 가치 판단으로 간주된다.

(6) 가치 결정에 함축된 가치 원리를 검사하기

잠정적인 가치 판단 또는 결정 속에 함축된 가치 원리를 일반적으로 받아들일 수 있을 때, '합리적인' 가치 판단이 될 수 있다. 가치 판단에 함축된 '가치 원리'의 수용 여부를 결정하기 위하여 네 가지 검사를 활용할 수 있다.

① 새로운 사례 검사(new case test)

가치 원리를 명료하게 공식화한 다음에 평가자는 논리적으로 연관된 다른 사례에 그 원리를 적용했을 때, 그 경우에 나오는 가치 판단을 받아들일 수 있는지를 생각해 본다.

② 포섭 검사(subsumption test)

가치 원리를 명료하게 공식화한 다음에 평가자는 그 가치 원리가 자신이 받아들일 수 있는 보다 일반적인 가치 원리의 사례가 된다는 것을 보여주는 사실들을 제시한다.

③ 역할 교환 검사(role exchange test)

평가자는 가치 판단에 함축된 가치 원리를 적용했을 때 영향을 받는 다른 사람들의 역할과 교환해 본 다음에, 그 역할을 하는 사람들에게 적용했을 때에도 그 가치 원리를 계속 받아들일 수 있는지를 생각해 본다.

④ 보편적 결과 검사(universal consequence test)

평가자는 유사한 상황에 있는 모든 사람이 자신이 판단한 행위를 한다면 어떤 결과가 발생할 것인가를 상상한 다음에, 그 결과를 모든 사람이 받아들일 수 있는지를 생각해 본다.

3) 가치 분석의 비판

가치 분석 모형은 가치문제와 관련된 사실들을 수집하고, 일반적인 가치 원리의 수용성 검사를 통해 가치 판단을 내리는 과정을 체계적으로 제시하였다는 점에 의의가 있다. 그러나 몇 가지 한계를 지닌다.

첫째, Coombs와 Meux의 가치 분석 모형은 **'인지주의 가정'**에 기초하여 교실 안에서 합리적 가치 판단 능력을 길러주면, 교실 밖의 가치 갈등 상황에서 그렇게 합리적으로 판단하고 실천할 것이라고 믿었다. 하지만 교실 안에서 가치 분석의 과정과 방법을 배우면서 가치 판단 능력이 향상되었을지라도, 그런 가치 판단력이 실제 상황에서 가치 갈등을 합리적으로 해결하는 실천으로 직접 연결되지 않은 경우가 많았다. A. Blasi(1980)의 메타 분석에 의하면, 도덕적 사고와 도덕적 행위의 관계에 대한 17개의 연구 중에서, 7개의 연구는 "도덕적 추론과 도덕적 행위가 관련된다"는 가설을 지지했지만, 나머지 7개의 연구는 그 가설을 부정하였고, 3개의 연구는 행위에 따라 지지 여부가 달랐다(박상준, 2002: 18-22; 2023a: 134-135).

둘째, 가치 탐구 모형과 마찬가지로, 가치 분석의 과정과 방법이 매우 복잡하기 때문에, 초·중등 학생들이 실제 상황에서 가치 갈등을 해결하는 데 적용하기 어렵다. 가치문제와 관련된 사실의 수집 및 평가, 사실들의 관련성의 명료화, 가치 원리의 수용성 검사 등 체계적인 가치 판단의 과정과 방법을 제시하였지만, 그것이 초·중등 학생들의 지적 수준에 적합하지 않았다.

▌가치 분석의 특성과 비판▐

특성	• 정의: 가치문제와 관련된 **사실들과 가치 원리에** 의거하여 합리적인 가치 판단 또는 가치 결정을 내리는 과정 • 목표: **합리적인 가치 판단**의 능력과 성향을 습득 가치 결정을 통해 가치 갈등을 해결하는 방법의 습득 • 교수 · 학습과정: **가치문제와 관련된 사실들**의 수집 및 분석 + 가치 원리의 수용성 검사하기 → 합리적 가치 판단(가치 결정)
비판	• 합리적 가치 판단력이 가치 갈등을 해결하는 행동으로 직접 연결되지 않음. • 합리적 가치 판단의 과정과 방법은 초 · 중등학생의 지적 수준에 적합하지 않음.

2. 가치 탐구의 방법과 적용

1) 가치 탐구의 의미

가치문제와 관련된 사실을 조사하고 분석하는 과정을 통해 합리적 가치 판단 또는 가치 결정 능력을 기르고자 한다는 점에서 가치 분석과 가치 탐구는 유사하다. 하지만 가치 분석과 가치 탐구는 가치문제를 해결하는 과정과 방식이 다르다. 가치 분석은 주로 가치문제와 관련된 '사실들의 진위를 확인하고' 그에 의거해 합리적 판단을 내리는 과정으로 이루어진다. 반면에 가치 탐구는 가치문제와 관련된 사실들을 확인할 뿐만 아니라 관련된 '대립 가치를 비교·평가하고' 여러 '대안의 결과'를 비교한 후 가장 합리적 가치와 대안을 선택하는 과정으로 이루어진다. 가치 탐구는 가치 갈등에 대한 **'과학적 탐구'**와 **'합리적 선택'**을 강조한다.

이러한 가치 탐구의 방법은 헌트와 맷캐프(M. P. Hunt & L. E. Metcalf, 1968)의 의사 결정, 올리버와 셰이버(D. W. Oliver & J. P. Shaver, 1966), 뉴만(F. M. Newmann, 1970)의 논쟁 문제 해결, 뱅크스(J. A. Banks, 1977, 1990)의 가치 탐구 등에서 제시되었다(Woolever & Scott, 1988: 395; Banks, 1977: 425-440, 1990: 432-435).

헌트와 맷캐프는 미국 문화에서 공적 토론이 이루어지지 않는 '폐쇄된 영역'(closed areas)과 관련된 가치문제를 분석하는 교수법을 제시했다. 그들에 따르면, 가치 분석의 과정은 가치 개념을 규정하며, 대안의 결과를 예측하고 일반적 기준에 의거해 결과를 평가하고, 그 일반적 기준을 정당화하는 단계로 이루어진다.

올리버와 셰이버, 뉴만은 논쟁 문제 또는 공공 쟁점을 해결하는 '법리 모형'을 제시했다. 그들에 따르면, 공공 쟁점은 대부분 일반적 가치들 사이의 갈등에서 발생되는 데, 관련된 사실을 객관적으로 검증하고 대립 가치들을 비교 분석한 후에, 기본적 가치에 의거해 해결된다.

2) 가치 탐구의 방법

과학적 탐구를 통하여 가치 갈등의 합리적 해결 능력을 기르는 가치 교육의 방법은 여러 학자에 의해 제시되었는데, 사회과에서 널리 알려진 가치 탐구의 방법은 뱅크스의 **'가치 탐구 모형'**(value inquiry model)이라고 할 수 있다(Banks, 1990: 435-437). **'가치 탐구'**는 학생이 가치의 원천과 갈등을 확인하고, 가치 대안들의 결과를 예측한 후에 합리적 대안을 선택하고, 기본적 가치의 측면에서 정당화하는 과정으로 이루어진다. 다시 말하면 가치 탐구는 가치문제와 관련된 대립 가치를 확인하고 가치 갈등을 해결하기 위한 대안을 비교 분석하여 합리적 대안을 선택하고 그것을 정당화하는 과정이다.

뱅크스가 제시한 가치 탐구는 9단계로 구성된다(Banks, 1990: 437-445).

(1) 가치문제를 정의하고 인식하기
(2) 가치 관련 행동을 서술하기
(3) 서술된 행동에 의해 예시되는 가치에 이름 붙이기
(4) 서술된 행동에 포함된 대립 가치를 확인하기
(5) 분석된 가치의 원천에 대해 가설 세우기
(6) 관찰된 행동에 의해 예시되는 가치의 대안적 가치에 이름 붙이기
(7) 분석된 가치들의 결과에 대해 가설 세우기
(8) 가치 선호를 선언하기
(9) 가치 선택의 이유, 원천, 결과를 서술하기

통합사회 2의 3. 인권 보장과 헌법 단원에서 '인권의 확장 사례'를 조사할 때, 새로운 인권 문제와 관련된 대립 가치를 탐구할 수 있다. 뱅크스의 가치 탐구의 절차와 방법에 따라 '교실 내 스마트폰 사용' 관련 대립 가치를 탐구하는 과정을 제시하면 다음과 같다.

3) 가치 탐구의 방법

뱅크스의 가치 탐구 모형에 따라 '교실 내 스마트폰 사용'과 관련된 가치를 탐구하는 과정을 제시하면 다음과 같다.

가치 탐구의 과정

▣ **단원:** 통합사회 2의 (1) 인권 보장과 헌법
▣ **학습주제:** '교실 내 스마트폰 사용' 관련 가치를 탐구한다.

1. 가치문제를 정의하고 인식하기
   - 시청각 자료의 제시와 질문: 가치문제와 관련된 시청각 자료를 보여주고, '그 상황에서 무엇이 문제이고, 왜 사람들이 서로 갈등하고 있는가?'에 대해 질문한다.

   ※ 시청각 자료: '교내 스마트폰 사용'을 금지한 영국 학교 관련 뉴스

2. 가치 관련 행동을 서술하기
   - 학생들에게 가치문제와 관련된 중요한 행위들을 서술하도록 질문한다.
     - 학생들은 교실 내 스마트폰 사용 보장을 위해 어떤 행동을 하였는가?
     - '교실 내 스마트폰 사용을 제한하는 학교와 교사는 학생들의 행동에 대처하기 위해 어떤 조치를 취했는가?

3. 서술된 행동에 의해 예시되는 가치에 이름 붙이기
   - 학생들에게 서술한 각 집단의 행동에 의해 예시되는 가치를 찾아서 이름을 부여하도록 질문한다.
     - 학생 집단에 의해 예시되는 가치: '통신의 자유, 재산권'
     - 학교와 교사에 의해 예시되는 가치: '교사 수업권, 학생 지도권'

4. 서술된 행동에 포함된 '대립 가치'를 확인하기
   - 학생들에게 '각 집단의 행동에 포함된 가치들 중에 서로 대립되는 가치가 무엇인지 그리고 왜 서로 대립하는가'를 확인하도록 질문한다.
     - 학생의 통신의 자유와 재산권을 보장하는 것이 더 중요한가?
     - 교사의 수업권 및 학생 지도를 위해 교실 내 스마트폰 사용을 제한해야 하는가?('통신의 자유, 재산권' vs. '교사 수업권, 학생 지도권')

5. 분석된 '가치의 원천'에 대해 가설 세우기: 가설 설정, 가설을 증명할 자료 제시

- 학생들에게 분석된 가치들의 원천이 무엇인지를 조사하도록 질문한다.
  - 학생들이 교실 내 스마트폰 사용의 근거로 제시한 통신의 자유는 무엇을 의미하고, 어느 범위까지 보장해야 하는가?
  - 학교와 교사가 교실 내 스마트폰 사용 제한의 근거로 제시한 수업권과 학생지도권은 무엇을 의미하고 어느 범위까지 보장해야 하는가?

6. 관찰된 행동에 의해 예시되는 가치의 대안적 가치에 이름 붙이기

- 학생들에게 교실 내 스마트폰 사용 제한과 관련된 다른 대안들과 가치를 찾아보도록 질문한다.
  - 학생의 통신의 자유를 보장하기 위한 다른 대안에는 어떤 것이 있는가?
  - 학교와 교사가 수업권과 지도권을 행사하기 위해 교실 내 스마트폰 제한 이외에 다른 방안은 무엇인가?

7. 분석된 가치들의 '결과에 대해 가설 세우기'

- 학생들에게 분석된 가치와 대안을 선택했을 때, 각각 어떤 결과가 발생하는지를 예측하고, 각 대안의 결과들을 비교하도록 질문한다.

※ 가치와 대안의 비교 분석표 작성

대 안	결과의 예측	
	긍정적 결과	부정적 결과
스마트폰 수거 후 반환		
교실 내 스마트폰 사용 금지		
휴식/점심 시간에 스마트폰 사용		
교실 내 스마트폰 사용 허용		

8. 가치 선호를 선언하기:

- 학생들에게 분석된 가치와 대안의 결과들을 예측한 후에 자신이 선호하는 가치와 대안을 선택하도록 요청한다.
- 학생은 자신이 선호하는 가치와 대안을 발표한다.

9. 가치 선택의 이유, 원천, 결과를 서술하기

- 각 학생은 자신이 선택한 가치와 대안의 이유 또는 근거를 정당화한다.

4) 가치 탐구의 비판

가치 탐구 모형은 가치문제와 관련된 대립 가치를 명료화하여 여러 가치 중 합리적인 가치 결정 능력을 향상시키는 데 기여하지만, 몇 가지 한계를 지니고 있다.

첫째, 가치 명료화 모형과 마찬가지로, 가치 탐구 모형도 개인 간 또는 집단 간 가치 갈등을 실제적으로 해결하기 어렵다. 이 모형에 의하면, 개인 간 또는 집단 간 가치문제에서 대립 가치를 명료화하고, 가치들의 대안을 비교·분석한 후, '각자 선호하는 가치'를 선택하고 정당화한다. 최종적인 가치의 선택은 각 개인 또는 집단이 선호하는 가치에 근거해 선택하기 때문에, 개인이 서로 다른 가치를 선택했을 때 가치 갈등은 해결되기 어렵다. 각 개인이나 집단의 가치 선택을 객관적으로 평가할 '보편적 기준'이 존재하지 않기 때문에, 가치 갈등이 근본적으로 해결되지 않는다.

둘째, 사회에서 쟁점이 되는 가치 갈등은 기본적 가치와 특수한 가치 사이에서 발생하는 것이 아니라 대부분 기본적 가치 사이의 대립으로 발생되는 것이다. 따라서 가치 갈등을 합리적으로 해결하기 위해서는 대립하는 기본적 가치들의 우선순위를 결정할 수 있는 보편적 가치 또는 원리가 필요하다. 그러나 가치 탐구 모형은 기본적 가치 사이의 갈등을 해결할 수 있는 '보편적 가치 또는 원리'를 제시하지 못했다.

셋째, 가치 탐구 모형은 모든 사람이 가장 합리적인 대안 가치를 선택할 것이기 때문에, 가치 갈등이 합리적으로 해결될 것이라고 가정하였다. 그러나 실제 상황에서 최종적인 결정에는 가치 이외에 여러 가지 요인들이 작용한다. 대립 가치의 명료화와 가치의 비교·분석의 과정을 거치더라도, 가장 좋은 가치를 선택하는 것이 아니라 각 개인 또는 집단이 선호하는 가치 또는 자신에게 이익이 되는 대안을 선택하기 때문이다.

❙ 가치 탐구의 특징과 비판 ❙

특징	• 정의: 가치문제와 관련된 대립 가치를 확인하고 가치 갈등을 해결하기 위한 대안을 비교 · 분석하여 합리적 대안을 선택하고 그것을 정당화하는 과정 • 목표: 합리적 '가치 판단력' 또는 '가치 결정력'의 발달 • 교수 · 학습 과정: 가치문제의 인식 → 대립 가치의 확인 → 가치문제의 해결을 위한 가설 설정 → 대안의 결과 예측 → 선택의 이유 및 정당화
비판	• 개인의 가치 선택을 평가할 '객관적 기준' 없음 • 기본적 가치 사이의 갈등을 해결할 '보편적 가치 또는 원리'를 제시하지 못함 • 실제 인간은 합리적이지 않고 실제의 선택에는 여러 가지 요인이 작용함

3. 도덕적 추론의 방법과 적용

1) 도덕적 추론의 발달: 인지 발달론적 접근

콜버그(L. Kohlberg)는 전통적인 가치 교육이 기존 사회의 규칙이나 가치를 '덕목 꾸러미' 측면에서 가르쳤다고 비판했다. 가치 주입법에서 덕목이나 가치는 '상대적인' 것이고, 학생이 그 가치에 대해 반성적으로 성찰하거나 선택할 기회를 주지 않고 교사가 '주입'하는 문제를 안고 있다. 이런 한계를 극복하기 위해 가치 명료화가 등장했다. 그러나 가치 명료화도 '가치 상대주의'에 의거해 학생이 소중히 여기는 가치를 분명하게 자각하는 것을 목표로 했고, 보편적 원리에 기초해 도덕적으로 판단(사고)하는 단계로 나아가지 못하는 한계를 지녔다(Kohlberg, 1976: 209-210).

이런 한계를 극복하기 위해 콜버그는 딜레마 상황에서 가치 갈등에 대한 소크라테스식 토론을 통해 도덕적 추론을 발달시키는 **'인지 발달론적 접근'**(cognitive-developmental approach)을 제안했다. 인지적 접근법인 이유는 도덕적 추론 과정이 도덕적 쟁점과 토론에 대해 아동의 '능동적 사고'를 자극하는 것이기 때문이다. 발달론적 접근법인 이유는 '도덕적 추론 단계의 상승'을 도덕 교육의 목표로 간주하기 때문이다(Kohlberg, 1976: 201).

인지 발달론의 관점에서 콜버그는 도덕 행위를 결정하는 요소 중 도덕적 추론(판단)이 지금까지 발견된 가장 중요하고 영향력 있는 요소라고 주장했다(Kohlberg, 1976: 206). 이 주장 뒤에는 사람은 '도덕적 추론'을 거쳐 판단하고 그에 따라 행동한다고 믿고, 도덕적 추론이 도덕 행위로 연결된다는 가정이 놓여 있다. 콜버그는 "보다 성숙한 도덕적 사고는 더 성숙한 도덕적 행위를 예언해 준다"고 가정했다(Kohlberg, 1981: 69-70, 239). 다시 말하면, 더 높은 수준의 도덕적 추론을 하는 사람은 더 도덕적으로 행동할 것이라고 가정했다.

이런 가정에 기초하여 콜버그는 아동의 도덕적 추론 능력은 일련의 단계를 거쳐 상승하고, 한번 상승한 추론 단계는 퇴행하지 않는다는 '도덕 발달론'을 주장했다. 도덕적 추론의 발달 단계는 다음과 같이 3수준 6단계로 구성된다(Kohlberg, 1981: 56-59, 196-220).

2) 도덕적 추론의 과정

콜버그는 인지 발달론의 관점에서 구체적인 도덕 행위를 가르치기보다는 딜레마 토론을 통해 보편적인 도덕적 추론(판단) 능력을 발달시키는 도덕 교육을 강조했다. 도덕적 추론(moral reasoning)은 딜레마 상황에서 가치 갈등을 해결하는 도덕 판단을 내리고 합리적 이유에 근거해 정당화하는 사고 과정이다. 도덕적 추론의 단계는 학생이 무엇을 가치 있다고 생각하는지 그리고 왜 그것이 가치 있다고 생각하는지 그 이유에 의거해 정해진다.

이러한 **'도덕적 딜레마 토론'**(moral dilemma discussion)은 학생이 한 단계 높은 추론(판단)을 경험하면서 현 단계의 도덕 추론이 지닌 문제점을 느끼게 함으로써 도덕 추론 능력을 더 향상시키는 것을 목표로 한다(Kohlberg, 1976: 214).

이런 도덕적 딜레마 토론은 몇 가지 특징을 지닌다(Kohlberg, 1976: 210).

- 학생의 특정 신념이 아니라 '도덕적 추론의 방식'을 바꾸는 것이다.
- 모든 학생이 하나의 추론 패턴을 갖게 하는 것이 아니라 각 학생이 현재보다 '한 단계 높은 추론 능력'을 갖도록 돕는 것이다.
- 교사의 견해는 권위적으로 전달되지 않고, 단지 많은 견해들 중의 하나로 제시된다.
- 어떤 도덕 판단이 다른 판단보다 더 적합하다는 생각이 인식된다.

하지만 콜버그는 도덕적 딜레마 토론의 과정을 단계별로 체계화하여 제시하지 않았다. 다만 하인즈 딜레마를 제시하고 토론하는 사례만 제시했다. '하인즈 딜레마' 토론에서 유추해 보면, '도덕적 추론'의 과정은 먼저 도덕적 딜레마 상황을 제시하고, 그 상황에서 주인공이 어떻게 행동하는 것이 옳은지 학생이 도덕적 판단을 하고 그 이유를 설명한다. 그다음 교사는 학생의 현 수준보다 한 단계 높은 추론의 이유 또는 근거에 비추어 학생의 판단 및 이유의 문제점을 성찰하도록 질문하고, 학생들이 더 높은 단계의 도덕적 추론과 이유에 대하여 토론하게 한다. 딜레마 토론의 과정을 통해 각 학생은 자신보다 더 높은 단계의 도덕 판단 및 이유를 인식하면서 현재보다 더 높은 단계로 추론 능력이 향상된다.

딜레마 토론을 활용한 도덕적 추론의 과정을 정리하면 다음과 같다.

(1) 딜레마 상황의 제시
(2) 자신의 도덕 판단 및 이유의 설명
(3) 더 높은 단계의 도덕 판단과 이유에 대한 토론
(4) 현재 수준의 도덕 판단의 성찰 및 변경

콜버그는 사회과 수업에서 딜레마 토론을 통해 도덕적 추론 능력을 향상시키는 실험을 하였다. 보스턴과 피츠버그 지역의 교사 24명을 선정하여, 9학년과 11학년의 사회과 수업에서 도덕적 딜레마 토론 수업을 실시했다. 그 결과 딜레마 토론 없이 수업한 통제 학급에서는 도덕적 추론의 변화가 거의 없었지만,

도덕적 딜레마 토론 수업을 한 실험 학급에서는 학생들의 4분의 1에서 2분의 1이 추론 단계의 상승을 나타냈다(Kohlberg, 1976: 215).

다른 한편 R. E. Galbraith & T. M. Jones(1977)는 콜버그의 도덕 발달론을 활용해 도덕적 딜레마 토론의 과정을 다음과 같이 제시했다(박병기 · 추병완, 2017: 133-134, 재인용).

(1) 도덕적 딜레마 직면하기: 학생에게 도덕적 딜레마를 제시한다.
(2) 잠정적 결론 진술하기: 각자 딜레마에 대한 잠정적 결론을 정한다.
(3) 자기 입장과 추론을 검증하기: 각자 선택한 입장과 추론을 다른 학생 그리고 한 단계 높은 추론과 비교하면서 타당한지 검증한다.
(4) 추론의 근거 성찰하기: 각자 추론의 근거를 설명하고, 근거가 타당한지 반성적으로 성찰한다.

통합사회에서 도덕적 딜레마 토론을 적용할 수 있는 주제는 매우 다양하다(부록 참고).

▣ 통합사회 1

3. 자연환경과 인간: "도시 개발을 위해 자연 녹지를 개발해야 하는가?", "기후 위기를 예방하기 위해 화석 연료의 사용을 금지해야 하는가?",
5. 생활공간과 사회: "지역 소멸을 방지하고 지역 균형 발전을 위해 수도권의 인구 유입을 제한해야 하는가?"

▣ 통합사회 2

1. 인권 보장과 헌법: "소수자 우대 정책을 확대해야 하는가?", "동성애와 동성 결혼을 법적으로 허용해야 하는가?"
2. 사회 정의와 불평등: "부자세를 부과해야 하는가?", "의대 또는 지방 공공기관에 지역 인재 선발을 30% 이상 확대해야 하는가?"
3. 시장경제와 지속 가능 발전: "공기업을 민영화해야 하는가?", "경제 안정을 위해 부실기업의 부도를 막기 위해 정부가 세금을 지원해야 하는가?"

3) 도덕적 추론 모형의 비판적 평가

콜버그의 도덕적 추론 모형은 상대적 가치나 구체적 행위를 직접 가르치지 않고, 정의, 인권 같은 보편적 원리에 기초한 도덕적 추론 능력을 발달시키는 가치 교육에 기여했다. 하지만 인지 발달론에 기초한 도덕적 추론 모형은 여러 가지 한계를 지녔다.

첫째, 콜버그는 도덕 추론이 도덕 행위를 결정하는 가장 중요한 요소라고 주장했지만(Kohlberg, 1976: 206), 실제로 도덕적 추론(판단)이 도덕적 행위로 곧바로 연결되지 않는다(박상준, 2002: 18-22). 자신의 이론을 증명하기 위해 여러 나라에서 많은 경험적 연구를 실시했지만, 콜버그의 도덕 발달론은 확실하게 입증되지 못했다.

그 결과 후기에 콜버그는 도덕적 추론 능력이 발달할지라도, 도덕 추론이 도덕 행위로 실천되지 않을 수 있다는 사실을 인정했다. 콜버그와 크레브스의 조사에 의하면, 관습적 수준의 학생 55%와 관습 이후 보편적 원리에 의거해 추론하는 학생의 15%가 시험에서 부정행위를 했다. 이런 사실은 도덕적 추론이 도덕 행위로 연결될 때, 상황의 압력, 동기, 감정, 의지력 등 여러 가지 다른 요소들이 작용한다는 사실을 말해준다(Kohlberg, 1976: 205-206).

둘째, 콜버그는 도덕적 추론과 행동에서 인지적 요소만 고려했기 때문에, 실제 도덕 판단과 행동에 큰 영향을 미치는 '정의적 요소'를 간과했다. 실제 상황에 처한 행위자는 다른 사람들과 복잡한 사회적 관계를 맺고 자신의 이해관계가 직접 얽혀 있기 때문에, 이해 관심, 감정, 도덕적 분위기 등 정의적 요소가 개인의 도덕적 추론과 행위에 커다란 영향을 미친다.

그래서 후기에 콜버그는 도덕적 추론과 도덕 행위 사이의 간격을 메우기 위한 대안으로 '정의 공동체 접근'을 시도했다. 이 접근은 공동체의 도덕적 분위기와 문화, 정서, 공동체에 대한 인식 등이 개인의 도덕적 추론과 행위에 중요하다는 사실을 인정하고, 도덕적 추론의 발달뿐만 아니라 정의로운 문화를 가진 공동체를 만드는 것을 중요시한다. 실제로 콜버그는 케임브리지 공립 고등학교 안에 **'정의 공동체 학교'**(just community school) 프로그램을 운영했다. 이 실험 학교를 통해 그는 도덕적 행동의 변화가 도덕적 추론뿐만 아니라 가치 갈등이 민주적으로 공정하게 해결되는 과정을 경험하면서 형성된 도덕적 분위기와 공동체 의식에 영향을 받는다는 점을 인정했다(Kohlberg, 1976: 218).

기존의 가치 수업은 교사 주도로 이루어졌다. 교사가 탐구할 가치문제를 정하고 관련 자료를 제공해 준 후, 학생이 주어진 문제와 자료에 의거해 관련 가치를 분석하거나 탐구하는 방식이었다. 그래서 학생이 가치 분석이나 가치 탐구의 전 과정을 수행하면서 온전하게 가치 탐구의 과정과 가치 분석이나 가치 판단 능력을 배우기 어려웠다.

그러므로 교사 주도의 가치 수업을 바꾸어 학생 주도의 가치 학습으로 패러다임을 전환해야 한다. 학생 주도의 가치 학습은 모둠별로 학생이 서로 협의하여 탐구할 가치문제를 스스로 정하고 관련 자료를 스스로 수집하여 가치를 비교 분석한 후 선택하는 것이다.

교사 주도 가치 수업과 학생 주도 가치 학습의 비교

과정	교사 주도 가치 수업	⇨	학생 주도 가치 학습
가치 문제 선정	• 교사가 가치문제에 대해 질문 • 교사가 분석/탐구할 가치문제를 제시		• 학생들이 협의해 분석/탐구할 가치 문제를 선정
자료 조사	• 학생이 필요한 자료를 조사 (교사가 자료를 제공하기도 함)	⇨	• 학생들이 필요한 자료를 스스로 조사
가치 분석	• 교사는 학생이 대립 가치를 비교 분석해 우선 가치를 결정하게 인도		• 학생들이 스스로 대립 가치를 비교 분석해 우선 가치를 결정
대안 선택	• 학생이 자료와 가치 분석에 기초해 각자 대안을 선택 • 교사가 정리하고 가치문제에 대한 자신의 견해를 제시		• 학생들이 기본적 가치에 의거해 합의 시도 • 합의가 안 될 경우, 각자 자신의 입장 선택

제13장 체험 학습

앞에서 살펴보았듯이, 통합사회에서 기르고자 하는 시민 역량은 복잡한 사회현상과 문제에 대한 종합적 이해와 기본적 가치에 기초하여 비판적으로 성찰하고 창의적으로 해결하는 사고 능력을 통합하여 실제 사회생활에 주체적으로 참여하고 문제 해결을 위해 행동하는 것이다. 이런 융합적 역량은 단순히 사고 능력 또는 인지적 능력에 한정되는 것이 아니라 사회 속에서 자신이 직면하는 문제를 종합적으로 이해하고 비판적이고 창의적으로 해결하기 위해 참여하고 행동하는 것을 포함한다.

그런데 통합사회에서 강의식 수업을 통해 지식의 전달에 초점을 맞추거나 탐구 학습이나 토의·토론 학습을 통해 사고 능력의 발달에만 초점을 맞추면, 실제 사회생활과 맥락 속에서 실천하고 참여하는 시민을 기르기 어렵다. 통합사회 수업에서 복잡한 사회현상과 문제에 대한 종합적 이해와 비판적으로 성찰하고 창의적으로 해결하는 사고 능력을 획득했지만, 그것을 활용하여 실제 사회생활에서 실천하지 않거나 문제 해결에 참여하지 않으면, 통합사회의 최종적인 목표를 달성하지 못한 것이다.

이런 측면에서 통합사회에서도 복잡한 사회현상과 문제에 대한 종합적 이해와 지식, 기본적 가치, 비판적·창의적 사고 능력의 교육뿐만 아니라 그것을 통합하여 사회에 주체적으로 참여하고 문제 해결을 위해 능동적으로 실천하는 시민을 기르는 행위 교육이 필요하다.

이 장에서는 통합사회에서 행위 교육의 중요성을 검토하고, 행위 교육의 방법으로서 체험 학습과 서비스 학습에 대하여 살펴볼 것이다.

1. 통합사회와 체험 학습의 중요성

대의 민주주의(representative democracy)는 주권자인 시민이 선거를 통해 대통령, 국회의원 같은 대표자를 선출하여 국가 권력의 집행을 위임하는 정치 형태이다. 그래서 정부의 정책 결정은 소수 정치인과 고위 관료에 의해 독점되고, 선거 이외에 일반 시민들이 정책 결정 과정에 참여할 수 있는 통로는 매우 제한된다(박상준, 2020: 64). 그에 따라 대의 민주주의는 2가지 위기에 직면하고 있다.

첫째, 대의제는 **'참여의 위기'**를 맞고 있다. 시민은 대표자의 선거 때만 주권을 행사하고, 선거 이후에 시민은 정책 결정에 직접 참여하기 어렵다. 그래서 대의 민주주의에서 시민들이 자유롭다고 생각하지만 실제로 선거 기간에만 자유를 누릴 뿐이고, 대표자를 선출하자마자 그 대표자의 노예가 되어버린다고 루소(J. J. Rousseau)는 비판했다(박상준, 2020: 130, 재인용).

대의 민주주의에서 대부분의 법과 제도는 시민의 의사와 상관없이 대표자에 의해 결정되기 때문이다. 또한 시민의 수가 급증하면서, 사실상 한 사람의 표가 당락에 미치는 효과는 매우 작다. 그에 따라 시민의 정치 참여의 관심과 의지는 약해지고, 젊은 세대의 투표율이 점차 낮아지는 추세이다.

둘째, 대의제는 **'대표성의 위기'**를 맞고 있다. 대통령, 국회의원 같은 대표자로 선출되기 위해서는 먼저 정당의 공천을 받아야 하고, 또 많은 비용을 들여 선거 운동을 해서 당선이 되어야 한다. 그래서 정치인은 특정한 기업이나 단체로부터 선거 비용과 정치 활동 비용을 후원받을 수밖에 없다. 이러한 정당의 공천과 선거 운동 구조에서, 대표자는 시민의 대리인보다 공천권을 가진 정당이나 정치 후원금을 내는 집단의 이익을 대변하게 된다.

또한 투표율이 낮아지면서 실제로 전체 유권자의 과반수 이하의 득표로 당선되는 경우도 많다. 중앙선거관리위원회의 선거 통계 자료에 의하면, 2008년 18대 국회의원 선거의 245개 지역구 중 43곳의 당선자가 전체 유권자의 25% 지지도 얻지 못하고 당선됐다. 특히 2008년 고성군수 보궐선거에서는 단 1표차로 당락이 결정되었다. 이처럼 시민의 정치적 무관심과 투표율이 낮은 대의제에서는 정당과 후원금을 내는 소수의 개인이나 집단의 지지를 얻으면 당선될 수 있는 구조이기 때문에, 국회의원, 시·도지사 등 대표자가 모든 시민을 신경 쓸 필요가 없는 것이다.

대의 민주주의의 위기를 극복하고 시민의 자유와 권리를 실질적으로 보장하기 위해서는 시민의 적극적 참여가 요구된다. 그래서 최근 사회과와 통합사회에서 정치과정에 주체적으로 참여하여 문제를 비판적이고 창의적으로 해결하는 시민의 역량을 함양하는 것이 요구된다.

그러나 기존의 통합사회 수업은 일반사회, 지리, 역사, 도덕의 주요 지식을 가르치거나 문제를 합리적으로 해결하는 의사 결정력을 향상시키는 데 초점을 맞추었다. 그 이유는 그런 지식이나 사고 능력이 정책 결정이나 사회문제의 해결 등에 참여하거나 실천하는 행동으로 전이될 것이라고 가정했기 때문이다. 하지만 불행하게도 그런 '전이'가 이루어지지 않았고, 그런 가정에 기초한 '지식의 교육' 또는 '사고력의 교육'은 시민의 행동과 참여에 별로 효과를 거두지 못했다.

이런 이유에서 최근 사회과와 통합사회는 사회현상이나 문제에 관한 지식, 사고 능력, 가치·태도 이외에 행동의 교육을 목표에 포함하고, 행동과 참여를 가르치기 위한 프로그램들이 개발되기 시작했다. 문제 해결을 위한 행동과 참여는 교실 밖 일상생활 속에서 직접 체험해 봄으로써 효과적으로 습득될 수 있기 때문이다.

기존의 통합사회 수업이 인간, 환경, 사회생활에 관한 이해와 지식을 증진시켰지만, 그것이 실제 사회생활에 참여하거나 문제를 해결하는 행동으로 연결되지 못한다는 비판이 제기되었다(박상준, 2002: 18-24; 2023b: 128, 134). 그래서 최근 사회적 행동 또는 실천이 사회과의 목표로 강조되고 있다(Banks, 1990: 4-8; 장원순, 2003: 7-24; 차경수·모경환, 2008: 68-70; 강대현, 2021: 152-153; 교육부, 2022b: 6; 박상준, 2023a: 291-303).

사회과 또는 통합사회에서 시민의 행동과 참여를 가르치기 위한 프로그램으로 체험 학습과 서비스 학습(service learning)이 강조되고 있다. 시민의 참여는 교실 밖 실제 사회생활 속에서 직접 경험함으로써 더 효과적으로 습득되고 향상되기 때문이다. Aristotle가 지적했듯이, 시민의 역량은 실제 생활 속에서 어떤 활동을 해봄으로써(learning by doing) 배울 수 있다.

뉴만(F. M. Newmann, 1975)은 기존의 사회과교육이 시민의 행동을 직접적으로 다루지 않았다고 비판하면서 학생들이 공공 정책에 영향을 미치는 방법과 기능을 가르치는 **'시민 행동 교육'**(education for citizen action)을 제안했다. F. M. Newmann, T. Bertocci, R. M. Landsness는 고등학교에서 사회, 영어, 철학, 상담 등 여러 교과를 융합하여 공공 서비스 과정에 영향을 미치는 시민 행동을 가르치는 프로그램을 제안했다(Newmann, et al., 1977: 9-10).

이 프로그램은 '정치적・법적 과정 코스', '의사소통 코스', '지역사회 봉사 인턴십', '시민 행동 프로젝트', ' 문학 행동 프로젝트', '공공 메시지'로 구성되었다. 뉴만은 자신이 개발한 시민 행동 프로그램을 위스콘신주 매디슨의 고등학교들에 적용했다. 프로그램에 참여한 학생은 자발적 지원을 통해 선정되고, 한 학기 동안 매주 2~3회 정도씩 정기적으로 실시되었다.

또한 1980년대 언론과 보수 단체에서 학교 폭력의 증가, 학력 저하, 국제 경쟁력의 약화 등 공교육이 실패했다고 공격하였다. 그래서 학교 교육을 혁신하는 대안으로 사회과에서는 '표준 기반 개혁 운동'이 일어났고 다른 한편으로 **'서비스 학습'**(service learning)이 부각되었다(박상준, 2023a: 33-36). 서비스 학습은 사회과의 학습 내용과 실제 상황의 활동을 연결하여 지역사회의 공공기관이나 시민사회단체에서 서비스 활동을 수행하고, 그런 활동에 대해 비판적으로 성찰하는 과정이다. 서비스 학습은 사회과의 학습 내용과 연계하여 서비스 활동을 수행하고, 서비스 활동에 대해 반성적으로 성찰하는 과정을 거친다는 점에서 단순한 자원봉사 활동과는 구별된다.

서비스 학습은 서비스 활동의 준비 → 교과 학습 관련 서비스 활동의 실천 → 반성적 성찰 → 서비스 활동의 공유로 이루어진다. 이러한 서비스 학습은 사회과에서 학습한 지식과 실제 지역사회의 서비스 활동을 서로 연결하고, 지역사회의 문제를 해결할 때 다른 구성원과 소통하고 협력하며 일하는 방법을 습득하며, 서비스 활동을 통해 효능감, 사회참여 태도 등을 형성함으로써 책임감 있는 시민의 역량을 함양하는 데 기여한다(Fertman, 1994: 28-30). 그에 따라 1992년 메릴랜드 주는 고등학생이 졸업하기 위해 75시간 이상 서비스 활동을 하도록 교육법을 개정했다. 그 밖에 뉴욕, 펜실베이니아, 애틀랜타 주는 서비스 학습을 고등학교 졸업의 필수 요건으로 규정했다.

이처럼 민주주의 사회에서 사회문제에 관심을 가지고 문제 해결에 참여하고 실천하는 시민의 역량을 기르기 위해서 체험 학습 또는 서비스 학습은 매우 중요하다.

그런데 경기도평생교육진흥원이 2022년 10월 도내 중・고등학생 2532명을 조사한 결과에 따르면, '지역사회의 문제에 관심이 많은가'에 대해 긍정 답변 학생은 28%에 불과했고 부정 답변 학생은 29%였다. '지역 발전 활동에 참여하고 싶다'에 대해 긍정 답변 학생은 39%였고 부정 답변 학생은 15%로 나타났다. '사회문제를 개선하는 서명 운동, 캠페인에 적극 나설 의향이 있다'에 대해 긍정 답변 학생은 42%였고 부정 답변 학생은 15%였다. '정당 가입이 허용되어서 정당 활동에 참여하고 싶다'에 대해 긍정 답변 학생은 31%에 불과했고 부정 답변 학생은 26%로 나타났다(김용 외, 2022: 85-88).

지역을 발전시키는 활동에 참여하고 싶다				
매우 그렇다 (10%)	그렇다 (29%)	보통이다 (45%)	그렇지 않다 (11%)	매우 그렇지 않다 (4%)
사회문제를 개선하는 서명운동, 캠페인에 적극 나설 의향이 있다				
매우 그렇다 (42%)	그렇다 (27%)	보통이다 (43%)	그렇지 않다 (11%)	매우 그렇지 않다 (4%)

또한 지난 1년 동안 실제로 참여한 사회 활동은 봉사 활동이 43%로 가장 많았고, 그 밖에 청소년 기관 활동(7%), 마을 연계 교과 프로젝트 활동(2%) 등으로 매우 낮았으며, 참여하고 싶지 않은 경우가 18%로 나타났다. 사회참여를 못

하게 만든 원인은 학업과 시험 부담(48%), 참여 관련 정보의 부족(34%), 참여할 이유와 필요를 못 느낌(25%), 참여 프로그램의 부족(19%), 참여 돕는 단체와 기관의 부족(13%) 등으로 나타났다(김용 외, 2022: 95-96).

1년 이내에 참여했던 사회참여 활동은 무엇인가?(중복 응답)	
봉사 활동	43%
청소년 관련 기관 활동(수련원, 센터)	7%
마을 연계 교과 프로젝트 활동	2%
학생 자치회 임원 활동	14%
정당 활동	1%
시민사회단체 활동	0%
사회참여하고 싶지 않음	18%

이 설문조사 결과를 종합하면, 많은 중·고등학생들이 지역 문제에 무관심하고, 그에 따라 지역 문제의 해결을 위한 서명, 캠페인 등 사회 활동에 참여할 의향이 낮게 나타났다. 또한 2022년 1월 16세 이상 정당 가입이 허용되었지만 정당의 가입 등 정치 활동에 참여할 의사는 낮았고, 반대로 부정적 견해는 비교적 높았다. 지난 1년 동안 참여한 사회 활동은 졸업이나 대학 입학 시험에 필요한 봉사 활동이 대부분을 차지했고, 그 밖의 다른 사회참여 활동이나 체험 활동은 매우 낮았다. 대학 입학을 위한 학업과 시험 부담이 큰 장애요인이 되고 있지만, 사회참여와 관련된 단체 및 참여 프로그램에 대한 정보가 부족하여 참여하지 못하는 경우도 많았다. 그러므로 통합사회에서 민주시민교육의 차원에서 참여할 이유를 못 느끼는 학생들에게 사회참여의 중요성을 깨닫게 하는 교육을 강화할 필요가 있다.

2. 체험 학습의 의미와 효과

1) 체험 학습의 의미

현장 학습은 교실 안에서 배운 내용을 교실 밖 세계에서 경험하게 한다는 점에서 체험 학습과 유사한 교수·학습 방법이다. 하지만 **'현장 학습'**(action learning)은 주로 현장에 가서 보고 듣고 조사하는 활동(action)을 통해 교과서에서 배웠던 지식을 생생하게 이해하도록 하는(learning) 방법이다. 그래서 현장 학습은 실제 현장에 가지 않고 강사 초빙, 모의 게임, 가상 세계 등을 통해 교실 안으로 생활 현장을 가져옴으로써 간접 경험을 하는 학습 방법을 사용하기도 한다(박상준, 2023b: 295-298).

반면에 **'체험 학습'**(experiential learning)은 현장 견학의 수준을 넘어서 사회문제를 해결하는 과정에 직접 참여하는 경험을 통하여 사회에 대한 인식, 가치 체계, 사고 능력, 사회적 기능을 체득해가는(learning) 과정이다. 한마디로 체험 학습은 실제 생활에서 겪는 사회문제를 해결하는 과정에 참여하는 '경험을 통한 학습'이다(박상준, 2023b: 299-300).

예컨대 현장 학습에서 모의재판은 '가짜' 상황을 만들어서 그 상황에서 '가상 시나리오'에 따라 재판을 진행하는 것이다. 따라서 모의재판의 결정은 학생들에게 실제로 영향을 미치지 않는다. 모의재판의 목적은 가짜 상황에서 재판 활동을 통하여 '재판에 관한 지식'을 생생하게 이해시키는 것이다.

반면에 체험 학습에서 학생 자치 법정은 학교에서 '실제' 법적 문제 상황이 발생했을 때 그 문제를 해결하기 위한 재판을 대본 없이 실제로 진행하는 것이다. 그래서 학생 자치 법정의 결정은 학생들에게 실질적으로 영향을 미친다. 학생 자치 법정의 목적은 학교에서 실제로 발생한 교칙 위반 사건을 해결하는 과정에 참여하는 경험을 통해 재판 과정에 대해 이해할 뿐만 아니라 법적 문제를 해결하는 능력과 효능감을 체득하게 하는 것이다.

체험 학습은 대의제의 위기를 극복하여 참여 민주주의를 발전시키기 위한 안전장치가 되고, 투명하고 공정한 사회를 만들 수 있는 토대가 된다. 그러하기에 이미 1970년대 미국사회과협회(NCSS)는 사회과에서 사회참여가 매우 중요하다는 사실을 강조했다(Banks, 1977: 482-483). 또한 R. A. Hill은 시민교육을 "교실, 학교, 지역사회 등에서 학생들에게 효과적인 방식으로 시민의 복지를 존중하고, 동시에 개인적으로 만족을 느끼면서 민주 사회에 참여하도록 가르치고 안내하는 활동이다"라고 보았다(Hill, 1978: 16-18).

선진국에서는 이미 1970년대부터 정부와 교육청 차원에서 사회참여를 통한 시민교육을 활성화하는 프로그램을 실시하고 있다. 또한 미국, 영국, 프랑스, 네덜란드 등은 청소년 위원회를 구성하여 청소년과 관련된 정책의 결정에 참여시키는 제도를 시행하고 있다(김영지, 2004: 12-20).

이처럼 사회과와 통합사회에서 체험 학습을 실시하는 이유는 시민의 역량을 육성하는 것뿐만 아니라 사회참여 자체가 청소년의 권리이기 때문이다. '아동의 권리에 관한 국제협약'(1989) 제12조는 청소년이 자신에게 영향을 미치는 모든 문제에 대하여 자신의 의견을 자유롭게 표현할 권리를 보장하고, 제42조는 정부가 아동의 권리에 관한 국제협약의 내용을 청소년에게 널리 교육할 의무를 진다고 규정하고 있다.

사회참여를 통한 학습은 저절로 이루어지는 것이 아니고 어릴 때부터 사회문제를 해결하는 과정에 직접 참여하는 경험을 통해 이루어진다. 사회참여의 태도와 성향은 교실 안에서 가르칠 수 있는 것이 아니라 실제 생활에서 문제해결의 과정에 참여하여 몸소 체험해 봄으로써 습득될 수 있다. 따라서 통합사회는 학습 주제와 관련해 사회참여의 태도와 성향을 습득할 수 있는 체험 학습의 기회를 많이 제공해야 한다.

D. A. Kolb에 따르면, 체험 학습은 교실과 실제 세계를 연결하고 사회현실의 요구와 교육적 목표를 결합하는 매개체의 역할을 한다. 체험 학습은 교육, 노동, 개인의 발달 사이의 중요한 연결고리를 강화시키는 틀을 제공한다. 모든 학습은 체험의 변형 작용을 통해 지식을 습득하는 과정이고, 체험과 학습은 상호 밀접하게 연결되어 있기 때문이다(Kolb, 1984: 3-4, 38).

이런 맥락에서 체험과 학습의 상호 불가분성을 강조하면서, C. Beard와 J.

P. Wilson은 "체험 학습(experiential learning)이 개인의 내적 세계와 외부 세계 사이의 능동적인 상호작용 관계를 인식하는 과정이다"라고 정의했다(Beard & Wilson, 2007: 19). 체험 학습은 경험을 변형시켜서 그것을 보다 넓은 개념 틀 안에서 통합시키기 때문에, 모든 형태의 학습 과정을 떠받치고 있는 기초적인 것이다.

이런 논의를 종합하여, 필자는 '**체험 학습**'은 실제 사회생활에 참여하는 경험을 통하여 시민의 역량을 형성하고 재구성하는 상호작용의 과정이다"라고 정의할 것이다.

이런 체험 학습은 민주주의에 대한 지식을 실제 생활에서 실천으로 연결하고, 사회의 의사 결정 과정에 참여하는 방법과 기회를 경험할 수 있게 해준다. 이런 측면에서 통합사회는 지역사회의 문제를 해결하는 과정에 직접 참여하는 경험을 통해 시민의 역량을 효과적으로 체득시키는 체험 학습의 기회를 많이 제공해야 한다(박상준, 2023b: 300-301).

2) 체험 학습의 목표와 효과

체험 학습은 사회문제의 해결 과정에 참여하는 경험을 통한 학습이다. 그래서 체험 학습은 교과서 지식을 실제 생활에 적용하여 문제를 해결하는 과정에서 지식의 이해와 적용, 사고 능력(문제 해결력, 의사소통 능력 등), 사회적 기능(의사소통, 협력 등)을 통합적으로 신장시키는 것을 목표로 한다.

이러한 체험 학습은 통합사회의 목표를 실질적으로 달성하는 데 있어서 다음과 같은 교육적 효과를 지니고 있다(박상준, 2023b: 302-303).

① 체험 학습은 교과서 지식과 실제 세계를 연결함으로써 지식을 실제적으로 체득하고, 지식의 적용 능력을 향상시킨다. 학생들은 실제 생활에 참여하고 실천하는 경험을 통해 교실에서 배운 교과서 지식과 기능을 실질적으로 이해하고 적용할 수 있다.

② 체험 학습은 여러 사람이 함께 사회문제를 해결하는 경험을 통해 사고

능력과 사회적 기능을 신장시킬 수 있다. 학생들은 사회문제를 조사하고 해결하는 경험과 그에 대해 반성적으로 성찰함으로써 문제 해결력과 의사 결정력 등을 습득할 수 있다. 또한 학생들은 사회문제를 해결하기 위해 동료 학생 및 지역 주민들과 대화하고 상호작용하는 과정에서 의사소통 기능과 협동 능력 등을 습득할 수 있다.

③ 체험 학습은 학생 자신이 사회문제를 해결할 수 있다는 '정치적 효능감'을 신장시킨다. 체험 학습에 참여함으로써 학생들은 자신이 사회문제의 해결에 영향을 미치고 변화시키는 경험을 할 수 있다. 이런 경험은 자신이 사회문제를 해결하는 데 영향을 미치고 사회의 변화에 기여할 수 있다는 인식과 효능감을 갖게 한다.

④ 체험 학습은 문제를 해결하는 경험을 제공함으로써 사회문제에 대한 관심을 증대시키고, 사회참여의 태도와 성향을 형성시킬 수 있다.

⑤ 체험 학습은 사회문제에 대한 책임감을 증대시킬 수 있다. 사회문제를 해결하는 과정에 참여함으로써 사회문제에 관심을 가지고 그 문제를 해결하는 데 개인이 해야 할 역할과 책임이 있다는 인식을 갖게 한다.

경험적 연구에 의하면, 체험 학습은 교실에서 민주주의에 대한 지식을 주입하는 것보다 민주적 의사결정, 공동체 의식, 참여 의식 같은 시민 역량을 형성시키는 데 더 효과적인 것으로 나타났다(김원태, 2001: 59-61).

3. 체험 학습의 철학적 토대

전통적인 철학은 '이분법'의 틀 속에서 인간의 정신(이성)과 신체(몸)를 별개의 것으로 구분하고, 사고는 이성에, 행위는 몸과 관련된 것으로 간주했다. 같은 맥락에서 교육학자들도 대체로 교육은 신체와 행위가 아니라 이성에 의한 사고의 과정을 통해 이루어진다고 믿었다. 그러나 최근 많은 학자의 이론과 연구 결과에 따르면, 인간의 행위와 사고는 별개로 분리된 것이 아니라 상호작용하면서 서로에게 영향을 미친다. 행위와 사고는 서로 분리된 두 측면이 아니라 구체적인 행위와 그에 대한 반성적 성찰은 서로 밀접하게 연결되어 있다(박상준, 2002: 97-111, 114-116).

오래전에 Aristotle와 J. Dewey는 이성, 사고와 신체, 행위가 상호 연관되어 있음을 인식하고 둘의 통합을 강조했다. 사고와 행위의 통합을 강조했던 Aristotle의 덕 이론과 J. Dewey의 경험론에서 체험 학습의 철학적 토대를 찾을 수 있다.

1) Aristotle의 덕이론

아리스토텔레스는 시민성의 형성에서 체험의 중요성을 잘 제시했다. 그에 따르면, **'덕성'**(virtue)은 사람이 덕스러운 인간이 되고, 자신의 본래의 기능을 잘 수행할 수 있도록 하는 일종의 '성향'(dispositions) 또는 성품(character)이다. 시민이 덕목을 습득하여 덕스럽게 행동하기 위해서는 덕목에 대한 지식을 배우는 것이 아니라 덕스러운 행동에 참여하여 실제로 경험하는 것이 필요하다(Aristotle, Ⅱ.6, 1106a 14-25).

이런 덕목은 우리가 어떤 활동을 체험함으로써 획득, 즉 체득(體得) 될 수 있는 것이다. 우리는 그런 활동을 '해봄으로써' 해야 될 활동과 활동 방식을 배우게 된다. 예컨대, 우리는 정의로운 일들을 해봄으로써 정의로운 사람이 되고, 절제하는 일들을 해봄으로써 절제 있는 사람이 되고, 용감한 일들을 해봄으로써 용감한 사람이 된다(Aristotle, Ⅱ.1, 1103a 30-1103b 2).

이처럼 덕목은 그와 관련된 활동의 '체험'과 연습을 통한 '습관화'에서 생기는 것이다. 사람이 체험하는 활동은 그가 어떤 종류의 성향을 갖게 되느냐를 정한다. 따라서 사람들이 어릴 때부터 어떤 방식으로 행동하도록 습관을 들이는 것이 매우 중요하다(Aristotle, Ⅱ.1, 1103b 21-25, 30-33). 한마디로 덕목은 반복적인 활동 또는 체험에 의해 학습된다(learning by doing)는 것이다.

덕목은 그와 관련된 활동들을 직접 해봄으로써 또는 그 활동들에 참여함으로써 습관화된 행위 성향이라 할 수 있다. 우리가 어떤 활동에 참여하는 경험이나 반복 연습을 통해 습관을 들이게 되면, 그렇게 습관화된 성향은 유사한 상황에서 지속적으로 그 활동을 수행하도록 만들어 준다. 습관화된 행위 성향은 그 성향을 소유한 사람이 덕스러운 또는 적절한 행위를 지속적으로 수행하는 것을 보장해 준다. 이것이 시민교육에서 체험 학습이 강조되는 이유이다.

2) J. Dewey의 경험론

전통적인 학문에서는 지식(앎, 이성)과 행위(행함, 육체)를 별개의 것으로 구분하고 지식(이성)을 후자보다 더 우월한 것으로 간주해 왔다. 그러나 듀이는 이런 전통적인 관점[1]에 반대하여 '아는 것'과 '하는 것'의 통합성을 강조했다. 그는 전통적인 이분법을 거부하고 지식 또는 과학은 사회적 행위 또는 실천에서 파생된다고 보았다(Dewey, 1952: 317).

이런 실용주의적 관점에서 듀이는 우리가 무엇을 '해보는 것'(doing)과 '반성적으로 생각하는 것'(undergoing)이 결합된 것을 **'경험'**이라고 보았다(Dewey, 1952: 219-220). 경험은 무엇을 해보는 것이 어떤 변화를 가져오고, 그 변화는 해보는 것에서 나오는 결과와 '의식적으로' 연관되어 있다. 즉, 활동에 의해 생긴 변화가 우리의 정신에서 의식적으로 일어난 변화와 결합될 때, 비로써 학습이 일어난다.

경험은 단순한 활동이 아니고 그 활동에 대한 반성적 사고가 작동해야 한다(Dewey, 1952: 227-229). 사고는 우리가 해 보는 것과 그 결과로서 일어난 것 사이의 관계를 구체적으로 파악함으로써 양자가 연속적인 것이 되도록 하는 의도적 노력이다. 이런 이유에서 경험은 바로 **'반성적 경험'**이고, 또한 실험이다(Dewey, 1952: 238-239, 417-424). 실험으로서의 경험은 실제로 무엇을 '해보는

---

1) '아는 것'과 '하는 것', 이론과 실천, 지식과 행위를 별개의 분리된 것으로 구분하고, 전자가 후자보다 더 높은 정신적 가치를 지닌다는 사상은 이미 고대 그리스에서부터 나타났고, 그 이후 서양의 자유주의 사상과 학문에도 계속 영향을 미쳤다(Dewey, 1952: 404-407).

것'과 그것에 대해 '반성적으로 생각하는 것'이 결합된 과정을 의미한다. 경험은 사회 안에서 행해지는 실험이고, 교육도 사회 안에서 행해지는 경험(체험)이다.

결국 교육은 경험의 지속적인 재구성 과정으로서 경험의 의미를 확장시키고, 경험의 방향을 결정할 능력을 증대시켜 준다(Dewey, 1952: 122-126). 전자는 우리가 하는 활동들의 관계와 연속성을 더 잘 지각한다는 뜻이고, 후자는 우리가 무엇을 하는지 알고 특정한 결과를 의도적으로 일으키고 미래에 일어날 일을 예측할 수 있다는 뜻이다.

이런 측면에서 미래 사회에서 요구되는 융합적인 시민 역량을 기르는 통합사회에서 '경험을 통한 학습' 또는 '체험 학습'은 매우 중요하다.

4. 체험 학습의 유형과 방법

1) 체험 학습의 유형

앞에서 논의했듯이, 통합사회는 민주주의 사회에 대한 이해와 기본적 가치에 의거해 문제를 비판적으로 성찰하고 창의적으로 해결하는 데 참여하는 융합적 역량을 함양하는 것을 목표로 한다. 2022년 중·고등학생의 설문조사 결과에서 나타났듯이, 통합사회에서 융합적인 시민 역량을 기르기 위해서는 학습 주제와 관련하여 사회참여의 중요성을 깨닫게 하고 시민사회단체의 활동과 사회참여 프로그램을 알려주고 적극적으로 참여할 기회를 제공하는 것이 필요하다.

통합사회에서 활용할 수 있는 체험 학습의 유형을 제시하면 다음과 같다.

▎체험 학습의 유형▎

유형	내용
청소년 유해환경 감시단	유해환경 이해하기, 지역사회에서 유해환경의 조사, 유해환경의 해결 활동(서명 운동, 캠페인, 민원 제기 등)
환경 지킴이	환경오염 이해하기, 생활 주변에서 환경오염의 조사, 환경오염의 해결 활동(서명 운동, 캠페인, 민원 제기 등)
문화유산 지킴이	지역 문화유산의 이해, 지역의 훼손된 문화유산의 조사, 훼손된 문화유산의 보존 활동(캠페인, 민원 제기 등)
청소년 의회	청소년 의회의 조직, 청소년 관련 문제의 토의 및 결정, 청소년 문제 해결에의 참여(캠페인, 민원 제기, 정책 제안 등)
학생 자치 법정	학생 자치 법정의 조직, 교내 법적 문제의 재판, 재판 결과의 공지, 재판 결과에 대한 토론과 반성
시민단체 참여 활동	시민단체의 활동 조사 및 견학, 시민단체의 시민교육에 참가, 시민단체 활동에 참여(캠페인, 서명 운동, 집회 등)
작은 권리 찾기 운동	나의 권리 이해하기, 생활 주변에서 침해된 권리의 조사, 침해된 권리 찾기 활동(서명 운동, 캠페인, 민원 제기 등)
공공기관 인턴십 활동	공공기관 또는 시민사회단체의 견학, 인턴 신청, 직원의 업무 파악, 인턴으로 활동(방과 후 또는 주말), 진로 체험과 연계

2) Kolb의 체험 학습 모형

D. A. Kolb는 J. Dewey의 '경험'과 J. Piaget의 '사회적 상호작용', K. Lewin의 '피드백 과정'을 수용하여 체험 학습의 모형을 제시하였다. 앞에서 살펴보았듯이, J. Dewey는 경험을 어떤 행위와 그에 대한 반성적 사고가 결합된 과정으로 이해했다.

J. Piaget는 아동이 주변 세계에서 타인과의 상호작용을 통해 자신의 인지를 발달시켜 간다고 보았다(Piaget, 1952). 아동의 사고 과정과 현상에 대한 개념 형성은 주변 세계에서 타인과의 상호작용에 의해 조정된다. 아동은 그런 경험에서 얻는 정보를 능동적으로 해석하고 그것을 세계에 대한 지식과 개념에 맞게 재구성한다. 이런 경험에 반응하고 재조직하는 방식이 바로 인지 구조, 즉 '스키마'(schemata)이고, 이것은 행위 패턴의 기초가 된다.

이처럼 실제 세계에서 타인과의 상호작용은 자신과 타인의 인지 구조의 차이를 깨닫는 인지적 불일치와 갈등을 경험하게 함으로써 자신의 인지 구조를 재구성하는 기회를 제공한다. 이런 경험이 인지를 발달시킨다.

Dewey, Piaget, Lewin 등의 이론들에 기초하여, Kolb는 체험을 학습과 지적 발달의 원천으로서 이해하였다(Kolb, 1984: 3-4, 38). 학습과 지적 발달은 경험과 반성, 개념의 형성과 일반화, 적용과 검증의 순환 과정을 거치면서 이루어진다는 것이다. 학습자는 어떤 문제나 현상을 실제로 경험함으로써 구체적 사실들을 인식하고, 그런 인식은 관찰과 성찰을 통해 일반화된 개념으로 형성된다. 그리고 그 개념을 새로운 상황에 적용하여 검증하는 과정을 통해 새로운 지식이나 문제의 해결책을 찾게 된다.

Lewin의 피드백 과정과 유사하게 Kolb는 '체험 학습의 순환 과정'을 다음과 같이 제시했다(Kolb, 1984):

(1) 경험하기 / 인식하기(experience / noticing)
(2) 해석하기 / 반성하기(interpreting / reflecting)
(3) 일반화하기 / 판단하기(generalizing / judging)
(4) 적용하기 / 검증하기(applying / testing)

이 모형은 체험 학습을 통해 학교 교실과 실제 세계 사이를 결합할 수 있는 중요한 연결고리를 강조한다. 학습과 지적 발달은 이러한 체험의 연속적인 순환 과정을 통해 유의미하게 진행될 수 있다는 것이다.

이처럼 체험 학습은 지역사회에서 문제 해결을 위해 다른 사람들과 상호작용하면서 사회현상이나 문제를 더 잘 인식하고, 그런 인식에 기초하여 문제를 합리적으로 해결하는 능력을 신장시키는 데 기여한다.

3) 박상준의 체험 학습 모형

체험 학습은 단순한 현장 견학의 수준을 넘어서 교사와 학생들이 사회문제를 해결하는 과정에 직접 참여하여 긍정적 영향을 미치는 경험을 해보도록 구성되어야 한다. 또한 교사와 학생들이 자기 지역에서 쉽게 활용할 수 있는 구체적인 체험 학습 프로그램을 제시해야 한다.

이런 이유에서 필자는 Aristotle의 덕목론, J. Dewey의 경험론, Kolb의 체험학습 모형을 종합하여 체험 학습의 과정을 다음과 같이 제시하고자 한다(박상준, 2023b: 307- 311).

(1) 체험 학습 준비하기	(2) 체험 문제 인식하기
(3) 체험 활동 계획하기	(4) 사회 참여 체험하기
(5) 사회 체험 반성하기	

통합사회에서 체험 학습을 적용할 수 있는 주제는 매우 다양하다(부록 참고).

▣ **통합사회 1**

2. 인간, 사회, 환경과 행복: "더불어 사는 삶을 위한 도덕적 실천으로 어려운 이웃에게 봉사 활동 또는 기부 활동을 실천한다"
3. 자연환경과 인간: "일상생활에서 환경오염을 줄이는 활동을 실천한다"

▣ **통합사회 2**

1. 인권 보장과 헌법: "청소년의 권리를 보호하기 위한 활동을 실천한다"
5. 미래와 지속 가능한 삶: "기후 변화에 대응하기 위해 일상생활에서 온실 가스 줄이는 활동을 실천한다"

(1) 체험 학습 준비하기

체험 학습이 성공하기 위해서는 교사가 사전에 체계적으로 준비해야 한다. 먼저 교사가 체험 학습에 대해 충분히 이해하고, 자기 지역에서 실시할 수 있는 체험 학습의 유형과 방식에 대해 조사해야 한다.

Kolb의 지적처럼(Kolb, 1984: 3-4, 38), 교사는 교과서의 지식과 실제 사회의 문제 해결 과정이 밀접하게 연결되도록 계획함으로써 학습과 체험이 상호 유기적으로 결합되도록 만들어야 한다. 학생들의 관심, 지역사회의 필요, 교육 여건 등을 고려하여, 교사는 어떤 종류의 체험 학습을 실시할 것인가, 어떤 문제를 조사하고 해결할 것인가, 학생들을 어떻게 지도할 것인가 등에 대한 계획을 구체적으로 세워야 한다. 구체적인 체험 학습의 계획을 세웠다면, 교사는 체험 학습의 의미와 목적, 체험 학습과 시민 역량과의 연관성, 체험 학습의 절차와 방법 등을 학생들에게 자세히 안내한다.

(2) 체험 문제 인식하기

체험 학습이 준비되었다면, 교사는 학생들이 체험할 문제를 선정하여 파악하게 한다. 체험 문제는 일반적인 사회문제보다는 학생들이 주변 지역에서 경험함으로써 관심을 가지고 문제의 해결 과정에 직접 참여할 수 있는 지역사회의 문제가 더 적합하다. 학생들이 자신과 연관되어 있다고 느끼는 문제를 선정해야 참여의 동기와 흥미를 유발할 수 있다.

따라서 학생들은 자유로운 토의를 통하여 지역사회에서 경험했던 문제들 중에서 해결할 문제를 선정한다. 그다음 학생들은 체험할 문제가 무엇이고, 현재 실태는 어떠한가, 관련 법률에서 그 문제의 의미와 유형을 어떻게 규정하는가, 문제의 해결 방안은 무엇인가 등을 파악한다.

(3) 체험 활동 계획하기

체험할 문제를 구체적으로 정했다면, 학생들은 실제로 그 문제를 해결하는 방법과 절차 등 체험 계획을 세운다. 토의를 통하여 학생들은 체험할 문제를 어떻게 조사하고 관련 자료를 수집할 것인가, 수집된 자료와 결과물을 어떻게 처리할 것인가, 문제를 해결하기 위해 어떻게 행동할 것인가 등에 대하여 구체적으로 계획을 세운다.

J. Dewey의 주장처럼(1952: 1-2, 11-12), '체험'은 단순히 보고 듣는 수동적인 견학이 아니라 '능동적으로 해보는 것'과 그런 활동에 대해 '반성적으로 성찰하는 것'이 결합된 복합적인 상호작용의 과정이다. 따라서 체험 학습은 체험할 문제를 파악하여 조사 방법 및 해결 절차에 대해 계획하는 것과 실제 현장에 가서 조사하고 해결하는 활동이 통합되도록 구성되어야 한다. 체험 학습이 성공하기 위해서는 단순한 견학 수준을 넘어서 지역사회에서 문제를 조사하면서 여러 사람과 상호작용하는 활동과 그에 대한 반성적 성찰이 유기적으로 통합되도록 구성되어야 한다.

(4) 사회 참여 체험하기

이제 학생들은 실제 지역사회에 가서 문제를 조사하고 관련 자료를 수집한다. 학생들은 지역사회에서 여러 사람과 상호작용하면서 문제를 조사하고 발견되는 문제 사항들을 기록하고 사진이나 비디오로 촬영한다. 학생들은 조사한 사실과 자료를 정리하여 관련 감독기관에 문제를 해결하도록 요청한다.

Aristotle(II.1, 1103a30-1103b2)가 지적했던 것처럼, 사회문제를 해결하는 과정에 참여하는 경험을 통하여, 학생들은 사회와 민주주의에 대해 더 잘 이해하고 사회의 의사 결정 과정에 참여하는 능력과 태도를 습득하게 된다. 민주시민의 자질은 교실에서 교과서 지식으로 배우는 것이 아니라 실제 사회 속에서 문제의 해결 과정에 참여해 봄으로써 습득될 수 있다.

또한 J. Piaget(1952)가 주장한 것처럼, 체험 학습은 학생들이 실제 사회생활 속에서 다른 사람들과 상호작용하면서 문제 해결에 영향력을 미치는 경험을 통해 사회에 대한 지식과 개념을 재구성하고 자신의 인지 구조와 가치 체계를 재조정하는 것을 도와준다. 또한 B. Swinebart(1992: 11-13)가 제시했듯이, 사회참여의 체험은 학생들의 개인적 능력뿐만 아니라 사회적 기능을 발달시키는 데 효과적이다.

이런 사실은 지난 2008년 미 쇠고기 수입 반대 촛불집회 또는 2017년 박근혜 대통령 탄핵 촛불집회에 참가한 학생들에게서 잘 나타났다. 많은 학생이 자발적으로 촛불집회에 참여해 봄으로써 사회와 민주주의에 대해 더 잘 이해하고, 교과서에서 배웠던 민주주의에 대한 지식과 개념을 재구성하게 된다. 또한 학생들은 정치과정에 자신의 의사를 반영하고 영향을 미칠 수 있다는 정치적 효능감과 사회에 대한 영향력을 자각하게 되고, 문제의 해결 방안을 창의적으로 결정하는 역량이 더욱 신장된다. 이런 사회참여의 체험은 참가자의 사회적 기능을 신장시킬 뿐만 아니라 참여 민주주의를 발전시키는 데 기여했다.

(5) 사회 체험 반성하기

체험 활동을 마친 후에, 교사와 학생들은 그 체험 활동에 대해 반성적으로 성찰하고 토의한다. 교사는 학생들이 체험 활동에서 느낀 점, 체험 학습을 통한 인식과 태도의 변화에 대해 자유롭게 의견을 교환하고, 체험 활동에 대해 반성적으로 성찰하도록 한다. 그다음 학생들은 체험 활동과 반성적 성찰의 결과를 정리하여 체험 학습 보고서를 제출한다. 최종적으로 학생들은 모둠별로 체험 활동의 내용, 문제의 해결 결과, 체험 학습의 소감, 체험 학습 보고서 등을 종합하여 자료집을 만든다.

J. Dewey(1952)의 지적처럼, 사회참여 체험에서 반성적 성찰은 체험 활동의 과정에서 연속적으로 이루어진다. 사회문제를 조사하고 해결하는 활동과 그 활동에 대해 반성적으로 성찰하는 것은 유기적으로 결합되어 일어나는 연속적인 과정이다. 사회문제를 해결하는 과정에 참여하며 생긴 변화가 학생 내부의 의식적인 변화에 반영됨으로써 체험 학습이 일어나는 것이다.

이 단계는 체험 활동의 과정에서 연속적이고 복합적으로 이루어졌던 체험 활동과 그에 대한 반성적 성찰을 다시 체계적으로 정리하는 과정이다. 이러한 반성 과정을 통하여 학생들은 지역사회와 관련된 구체적 사실과 문제들을 인식하고, 사회의 문제 해결 과정과 민주주의에 대한 개념을 재구성한다. 그리고 체험 학습은 학생이 사회문제의 해결 과정에 긍정적 영향을 미칠 수 있다는 효능감과 사회에 대한 영향력의 자각, 문제 해결을 위해 타인과 의사소통하고 협력하는 사회적 기능을 발달시킬 수 있다.

그런데 기존의 체험 학습은 교사 주도로 이루어졌다. 교사가 주로 체험 활동의 내용, 장소 또는 시민사회단체, 방법 등을 정하고, 학생은 그 활동에 참여하는 방식으로 이루어졌다. 이런 교사 주도의 체험 학습은 본래의 목표를 충분히 달성하기 어렵다. 체험 학습의 본래의 목표와 취지에 맞게 교사 주도의 체험 학습을 학생 주도의 체험 학습으로 패러다임을 바꾸어야 한다. 학생 주도의 체험 학습은 학생이 스스로 체험의 주제와 활동 방법을 정하고 체험 활동의 계획을 세우고 주도적으로 체험 활동을 하는 것이다.

▌교사 주도 체험 학습과 학생 주도 체험 학습의 비교▐

과정	교사 주도 탐구 수업	학생 주도 탐구 학습
체험 계획	• 교사가 학습 주제와 관련된 체험 활동의 내용 선정 • 교사가 체험 활동의 장소, 기관, 방법을 결정	• 학생들이 협의해 학습 주제와 관련된 체험 활동의 내용을 선정 • 학생이 체험 활동의 장소, 기관, 방법을 결정(교사의 행정적 지원)
체험 활동	• 교사가 지도교사로 참여해 체험 활동을 감독 • 학생이 교사의 지도하에 체험 활동을 실시	• 학생들이 자율적으로 체험 활동을 실시
평가/피드백	• 학생이 체험활동의 결과물을 발표 • 교사가 학생의 결과물을 평가하고 피드백 제공	• 학생들이 체험 활동의 결과물을 다양한 형태로 작성 • 학생들이 체험 활동 과정과 결과물에 대해 자기 평가 및 동료 평가 실시

제14장 통합사회와 수행평가

통합사회의 평가 방식은 학생들이 통합사회 수업에서 무엇을 어떻게 배울 것인가의 기준을 알려주고, 학습의 방향을 정해준다. 그런데 전통적 평가 방식은 주로 지식의 기억 정도를 측정하는 선택형 검사 중심의 지필 평가를 주로 실시했기 때문에, 학생의 학습 과정과 시민 역량을 평가하는 데에 적합하지 않았다.

이런 이유에서 최근 사회과와 통합사회에서 대안적 평가 방식으로 과정 중심 평가와 수행평가가 강조되고 있다. 과정 중심 평가와 수행평가는 학습의 결과를 평가하는 것이 아니라 학습의 과정에서 학생이 지식과 기능을 활용하는 과정과 다른 학생들과 소통하고 협력하는 정도를 평가하는 것이다.

학교 현장에서 수행평가의 비중이 증가하고 있다. 요즘 통합사회의 평가는 객관식 시험 평가와 수행평가가 6대 4 정도로 이루어지는데, 수행평가는 서술형 및 논술형, 토론 및 발표, 포트폴리오, 연구 보고서 등을 많이 활용하는 것으로 나타났다(모경환 · 박형준, 2021: 78-82). 교사들은 통합사회의 수행평가 방식으로 토의 · 토론, 포트폴리오, 연구 보고서 등을 적절하다고 생각했지만, 내신 성적의 반영, 수행평가의 객관성과 공정성 시비로 인한 민원 때문에 과정 중심 평가에 대한 부담감을 느끼고 있었다.

이 장에서는 통합사회에서 평가 방식의 전환이 필요한 이유를 살펴보고, 통합사회의 평가 도구의 양호도 등을 살펴볼 것이다.

1. 통합사회와 평가 방식의 전환

학교 현장과 대학 입학 시험에서 평가는 주로 객관식 시험을 통해 지식에 대한 기억과 이해 정도를 측정하여 학생을 서열화하고 선발하는 데 주로 사용되었다. 그 결과 교사는 지식을 빠르게 효과적으로 전달할 수 있는 강의식 수업을 주로 실시하였고, 학생들은 교사의 설명을 수동적으로 받아 적고 암기하는 데 길들여졌다. 그래서 많은 학생들이 통합사회를 암기 과목이라고 생각하는 경향이 많다.

이러한 **'전통적 평가 방식'**(traditional assessment approach)은 정답이 정해진 객관식 시험으로 특징지워진다(Duplass, 2004: 407-413). '객관식 시험'은 보통 표준화 검사에서 사용되는 평가 형태이고, 선다형 문제, O·X 문제, 빈칸 채우기 또는 단답형 문제 등의 형태로 실시된다. 이러한 객관식 시험이 학교와 대학 입학 시험에서 많이 사용되는 이유는 쉽게 평가하고 평가 결과를 점수로 계산함으로써, 학생 개인 간 또는 학급 간 점수의 비교가 가능하기 때문이다.

이러한 전통적 평가 방식은 전통적 진리관과 교육의 관념에 기초하고 있다(백순근 편, 1999: 21-33). 전통적 교육은 외부 세계와 그에 대한 지식은 특정한 개인과는 관계없이 독립적으로 존재하고 그래서 특정한 사람이나 시간을 초월하여 진리가 된다는 '절대주의 진리관'에 기초하고 있었다. 교사는 객관적 지식이나 사실을 효과적으로 전달하고, 학생들은 그 지식을 암기하고 재생하는 것이 강조되었다. 학습은 객관적 지식이나 사실을 단계적으로 축적해 가는 과정으로 이해되었다.

이런 절대주의적 진리관에 기초해 전통적 평가 방식은 학생이 객관적 지식을 얼마나 알고 있는가를 평가하는 데 초점을 맞추었다. 그래서 전통적 평가 방식은 지식 이외에 학생이 실제로 어떤 목표 사고 기능이나 태도를 어느 정도 달성했는가 또는 무엇을 어떻게 행할 수 있는가를 평가하기 어려운 한계를 지녔다. 또한 최근에 외부 세계나 지식이 특정한 개인과 별개로 존재하는 것이 아니라 개인에 의해 구성되는 것이라고 생각하는 '구성주의 진리관'이 널리 확산되고 있다. '구성주의'(constructivism)는 학습을 개인이 새로운 지식이나 기능을 경험하면서 기존의 인지와 사고틀에 맞게 구성하고 재조직함으로써 일어나는 것으로 간주한다. 이 이론은 객관적 지식과 정보는 존재하지 않고 개별 학습자가 불완전한 정보와 지식을 자신의 입장에서 이해하고 의미를 구성하는 주체라고 본다.

이처럼 지식과 교육에 대한 관점이 바뀌면서, 전통적 평가 방식의 대안으로 참평가, 수행평가, 과정 평가 등이 제시되었다. 이러한 **'대안적 평가 방식'**(alternative assessment approach)은 서로 교환되어 사용되는 용어들이다(Duplass, 2004: 401). 우리나라에서는 참평가, 과정 평가 같은 대안적 평가 방식을 수행평가로 부르고 있다(남명호 외, 2000: 28-29).

'참 평가'(authentic assessment)는 학습한 지식, 기능, 행동 능력이 교실 밖의 실제 세계에서 어떻게 사용되는가를 보여주도록 요구하는 평가 방식이다. 최근 사회과에서 학습한 지식의 적용, 비판적 사고력, 문제 해결력, 창의적 사고력 등이 실제 생활에서 어떻게 사용되는가를 측정하는 참 평가가 강조되고 있다(남명호 외, 2000: 24-27).

'수행평가'(performance assessment)는 최종적인 결과물의 산출보다는 학습과 활동의 '과정'에서 지식과 기능을 활용하는 것을 직접 보여주도록 요구하는 평가 방식이다. 수행평가는 일반적으로 학생 스스로 자신의 지식이나 기능을 활용하여 문제의 답을 구성하고, 발표하고, 산출물을 만들고, 직접 행동으로 나타내도록 요구하는 평가 방식이다(백순근 편, 1999: 34). 수행평가는 학습자가 스스로 어떤 결과물을 산출하거나 행동으로 나타내는 것을 파악하여 직접적으로 학생의 사고 기능과 행동을 평가하는 것이다.

수행평가의 중요한 특징은 교사가 평가 규칙을 만들고 학생에게 미리 알려준다는 점이다(Duplass, 2004: 401-402). 평가 규칙은 학생들에게 요구되는 평가의 요소, 기준, 방법 등을 미리 규정함으로써, 학생이 해야 하는 활동이 무엇인지 분명하게 알려준다. 평가 규칙을 사용하면, 학생들은 학습에서 기대되는 목표와 성취 기준을 미리 알고, 무엇을 어떻게 활동하며, 학습 결과가 어떻게 평가되고 채점되는지를 사전에 충분히 이해할 수 있다. 그에 따라 학생들은 더 능동적으로 학습 목표를 달성하기 위해 노력할 수 있고, 교사는 수행평가에서 나타날 수 있는 주관성의 개입 정도를 줄일 수 있다.

최근 많은 연구 결과는 단순한 지식이나 인위적인 교실 상황에서 획득된 사고 능력이 실제 생활에서 사회적 행위와 실천으로 연결되지 않는다는 사실을 보여주었다(박상준, 2002: 12-24). 또한 통합사회 교육도 구성주의적 진리관에 기초하여 개별 학습자가 어떤 지식이나 정보를 능동적으로 이해하고 의미를 구성하는 것을 도와주고, 학생 개인의 적성과 능력에 맞는 수준별 학습, 자기 주도적 학습, 교사와 학생의 자유로운 의사소통 등을 강조하고 있다.

2. 통합사회의 수행평가 방법

통합사회는 복잡한 사회현상과 문제에 대한 종합적 이해와 기본적 가치에 기초하여 비판적으로 성찰하고 창의적으로 문제를 해결하는 융합적 역량을 함양하는 것이다. 이런 융합적 역량은 단순히 지식이나 인지적 능력에 한정되는 것이 아니라 맥락 속에서 문제를 종합적으로 이해하고 창의적으로 해결하기 위해 참여하고 행동하는 것을 포함한다.

따라서 이러한 통합사회의 목표가 어느 정도 성취되었는지를 적절하게 평가하기 위해서는 객관식 시험 위주의 전통적 평가보다는 과정 중심의 수행 평가가 필요하다.

통합사회에서 활용될 수 있는 수행평가 방법에는 서술형 및 논술형 검사, 구술 시험, 토론법, 연구 보고서법, 포트폴리오법, 관찰법, 자기 평가법 및 동료 평가법 등이 있다(박상준, 2023b: 318-326).

1) 서술형 및 논술형 평가

주어진 선다형 문제에서 정답을 선택하는 객관식 검사와 달리, 서술형 검사는 정답이 정해지지 않은 주관식 문제에 학생들이 직접 서술하는 평가 방식이다. 서술형 검사는 과거에 지식을 측정하는 것이 대부분이었으나, 최근에는 분석적 사고, 비판적 사고, 창의적 사고 등 고차적 사고력을 측정하는 데 초점을 맞추고 있다.

논술형 검사는 개인이 자신의 생각과 주장을 창의적이고 설득력 있게 조직하여 작성하는 것을 측정하는 평가 방식이다. 논술형 검사는 서술된 내용의 깊이와 넓이뿐만 아니라 글을 조직하고 구성하는 능력을 평가하는 것이다.

논술형 검사의 사례

▣ **자료: 다음의 자료를 읽고 물음에 따라 논술하시오!**

지역이기주의와 공공 정책의 실시 자료: 정부의 쓰레기 처리장 또는 핵폐기물 처리장 건설을 반대하는 지역 주민에 대한 신문기사를 제시한다.

▣ **문제**

1. 위 자료의 내용을 50자 이내로 간략히 요약하시오.
2. 쓰레기 처리장 건설을 반대하는 주민들이 제시하는 근거(가치)와 정부가 제시하는 근거(가치)를 각각 분석하고, 그것의 타당성에 대하여 논술하시오!
3. 지역 이익과 공공 이익이 대립하는 경우, 바람직한 해결 방안이 무엇인지를 논술하시오.

2) 구술 시험

구술 시험은 학생이 교육 내용에 대하여 자신의 생각과 주장을 직접 발표하게 함으로써 학생의 이해력, 사고력, 의사소통 능력 등을 평가하는 방법이다. 구술시험은 주로 대학원생이 학위논문의 심사 과정에서 치루는 시험의 한 형태로 많이 사용되었지만, 초·중등학교에서도 사용될 수 있다. 어느 경우이든 구술 시험을 실시할 때, 교사는 평가 기준표를 작성하여 학생들에게 평가 요소와 내용을 알려주고, 최대한 공정하게 평가하도록 노력해야 한다.

▌구술 시험의 사례▐

> ▣ 다음 문제에 대하여 자신의 생각을 5분 이내로 발표하시오!
> 1. 왜 고조선과 삼국시대의 초대 왕들은 건국 신화를 만들었는가?
> 2. 건국 신화가 왕의 통치에 주는 효과는 무엇인가?

3) 토론법

토론법은 교수·학습 활동 과정을 종합적으로 측정하는 평가 방법으로서, 어떤 주제 또는 문제에 대해 학생들이 토론하는 과정을 평가하는 방식이다. 토론법은 주제나 문제에 대한 탐구력, 비판적 사고력, 문제 해결력 같은 고차적 사고력뿐만 아니라 토론 과정에서 나타나는 의사소통 능력, 협동 능력 등을 파악할 수 있다.

특히 찬반 토론 평가법은 개인별 또는 소집단별로 찬반 토론을 하고, 교사는 자료의 다양성이나 충실성, 토론 내용의 충실성과 논리성, 반대 의견을 존중하는 태도, 토론의 진행 태도 등을 종합적으로 평가하는 방법이다. 찬반 토론법을 시행할 때 평가 기준표를 작성하여 학생들에게 미리 알려주고 공정하게 평가해야 한다.

▌토론법의 사례▐

> ▣ 주제: 학생 인권 조례에 대해 어떻게 생각하는가?
>
> ▣ 토론 문제 :
> 1. 학생인권조례에 찬성하는 입장에서 제시하는 근거는 무엇인가?
> 2. 학생인권조례에 반대하는 입장에서 제시하는 근거는 무엇인가?
> 3. 당신은 학생인권조례의 제정에 찬성하는가 반대하는가를 말하고, 그 이유를 제시하시오!
> 4. 객관적 자료와 근거에 의거하여 상대방의 주장을 반박해 보시오!

4) 연구 보고서법

연구 보고서법은 일반적으로 '프로젝트법'(project)으로 사용되기도 한다. 연구 보고서법은 학생들이 다양한 연구 주제에 대하여 스스로 자료를 수집하여 분석한 후 최종적으로 작성한 보고서를 평가하는 방식이다. 연구 보고서의 작성은 연구의 주제와 범위에 따라 개별적으로 할 수도 있고, 소집단을 형성하여 함께 할 수도 있다. 하지만 통합사회의 성격상 모둠별로 함께 협력하여 과제를 수행하도록 하는 것이 바람직하다.

학생은 연구를 수행하고 보고서를 작성하는 과정에서 주제 선정, 자료 수집과 분석 방법, 결론 도출, 보고서의 작성법을 학습하고, 연구 보고서의 발표나 질의・응답을 통해 의사소통 능력, 토론 능력, 협동 능력 등을 향상시킬 수 있다.

연구 보고서법의 사례

▣ 주제: 인류의 기원과 고대 문명의 형성

▣ 연구 문제:

1. 고대 문명의 발생지는 어느 지역인가를 조사하라!
2. 고대 문명이 발생했던 지역의 특징은 무엇인가를 분석하라!
3. 인류 문명이 발달했던 지역들의 공통된 특성을 일반화시켜 보라!

5) 포트폴리오법

포트폴리오법(portfolio)은 학생이 쓰거나 만든 결과물을 '일정 기간 지속적으로 모아둔' 개인별 작품집 혹은 서류철을 이용한 평가 방법이다. 예컨대 어떤 화가 지망생이 화가에게 지속적으로 지도를 받으면서 자신이 그린 그림을 순서대로 모아둠으로써 자신의 변화 과정을 스스로 파악할 수 있고 그 작품집을 이용하여 평가를 받는 것과 유사하다.

마찬가지로 교사는 학생의 수집 자료, 보고서, 활동사진 등을 정리한 자료집을 이용하여 평가할 수 있다. 포트폴리오법은 특정한 영역에 대해 일회적으로 평가하는 것이 아니라 학생 개인의 변화 과정을 종합적으로 평가하기 위해 일정 기간 동안 지속적인 활동 과정을 평가하는 방법이다. 이처럼 학생이 학습한 과정과 성장의 과정을 평가한다는 점에서 포트폴리오는 과정 중심 평가에 적합하다.

학생들은 자신이 제작한 포트폴리오를 통해 자신의 변화 과정을 쉽게 파악할 수 있으며 자신의 장·단점, 잠재 가능성, 변화 과정 등을 스스로 인식할 수 있다. 교사는 학생들의 과거와 현재 상태를 쉽게 파악할 수 있으며 미래의 발전 방향에 대해 조언하기 위한 자료를 얻을 수 있다.

❙ 포트폴리오법의 사례 ❙

▣ 주제: 내가 사는 지역의 홍보 자료집의 제작

▣ 작성 방법 :

1. 내가 사는 지역의 지리, 역사, 문화 유적지, 경제생활, 행정기관 등에 대한 자료를 수집하라.
2. 수집한 자료를 체계적으로 잘 배열하라.
3. 내가 사는 지역을 알리는 홍보 자료집을 완성하라.

6) 관찰법

관찰법은 교사가 학생의 학습 과정과 활동 내용을 살펴보면서 유의미한 '활동 내용'과 '성장의 정도'를 기록하는 방식이다. 즉, 관찰법은 수업 시간에 교사가 직접 학생의 학습 활동을 관찰하면서 평가하는 방식이다. 교사의 관점에서 학생의 학습 활동을 관찰하여 평가하는 것이기 때문에, 관찰 평가에서는 교사의 주관적 평정이나 편견의 개입을 최소화하기 위하여 체크리스트, 관찰 평가지, 관찰 기록지 등 구체화된 평가 도구를 활용한다.

관찰법을 사용하기 위해서 먼저 교사는 관찰에서 무엇을 어떻게 평가할 것인가를 정하고, 그에 따라 관찰 평가 도구를 사전에 만들어야 한다. 그런 평가 도구에 기초해 객관적으로 학생의 학습 과정과 활동 내용을 관찰하고, 학생의 학습 행동의 변화와 성장의 정도를 기록 또는 측정한다. 성장 지향 평가의 관점에서 최근 '**과정 중심 평가**'가 강조되면서, 관찰법은 우리나라에서도 '학생의 성장 평가'를 위해 기본적으로 활용되는 평가 방법이다.

활동(차시)	역량(기능)	평가 내용		
		우수	보통	미흡
민주 정치과정을 분석하기(1차시)	정보 분석 활용 능력	정치과정을 체계적으로 분석했고, 정치과정에서 투입과 산출의 사례를 구분해 적용하였다.	정치과정을 체계적으로 분석했지만, 정치과정에서 투입과 산출의 사례를 구분해 적용하지 못했다.	정치과정을 체계적으로 분석하지 못했고, 정치과정에서 투입과 산출의 사례를 구분해 적용하지 못했다.
정치참여의 의의와 유형을 분석하기(2차시)	정보 분석 활용 능력	정치참여의 의의를 정확히 설명하였고, 참여 유형을 종류별로 구분해 제시하였다.	정치참여의 의의를 정확히 설명했지만, 참여 유형을 종류별로 구분해 제시하지 못했다.	정치참여의 의의를 정확히 설명하지 못했고, 참여 유형을 종류별로 구분해 제시하지 못했다.
정치 참여를 실천하기(3차시)	창의적 사고력	정치 참여의 유형별로 실천 방안을 작성하였고, 실천 방안을 구체적으로 제시하였다.	정치 참여의 유형별로 실천 방안을 작성했지만, 실천 방안을 구체적으로 제시하지 못 했다.	정치 참여의 유형별로 실천 방안을 작성하지 못했고, 실천 방안을 구체적으로 제시하지 못했다.

7) 자기 평가법(Self Assessment)

자기 평가법은 학생이 자신의 학습 과정 및 결과에 대하여 스스로 평가하는 방식이다. 통합사회 수업의 목표를 어느 정도 달성했는지, 학습의 과정에 어느 정도 참여하였는지, 학습의 과정에서 다른 학생들과 의사소통이 원활하게 이루어졌는지 그리고 어느 정도 협력하여 과제를 완성했는지 등에 대하여 학생이 반성적으로 성찰하여 스스로 평가하는 방식이다.

통합사회에서 자기 평가법은 '학생'이 자신의 '학습 활동 및 과정'을 스스로 성찰하고, 그러한 '자기 성찰'에 기초해 자신의 학습 활동을 개선하도록 도와준다. 이런 점에서 자기 평가법은 '**학습자 중심 평가**'이다.

학생의 자기 평가는 체크 리스트, 학습 일지, 자기 평가지, 평가 보고서 등의 형태로 이루어진다. 자기 평가의 척도는 보통 '우수－보통－미흡(노력 요함)' 또는 '1-2-3-4-5점'에 표시하거나 '학생 평가 보고서'에 자신의 학습 과정 및 결과에 대한 생각을 자유롭게 서술하는 방식으로 실시될 수 있다.

▎자기 평가지(예)▎

활동(차시)	역량(기능)	평가 요소			
		평가 내용	우수	보통	미흡
민주 정치과정 분석하기 (1차시)	이해력	정치과정의 의미를 정확하게 말할 수 있는가?			
	정보분석 활용능력	정치과정을 체계적으로 분석할 수 있는가?			
		정치과정에서 투입과 산출의 사례를 구분해 적용할 수 있는가?			
	협동능력	모둠 활동에 능동적으로 적극 참여하였는가?			
	의사소통 능력	다른 학생의 말을 경청하고 이해하였는가?			
		자신의 주장을 쉽게 논리적으로 표현하였는가?			
활동 중 좋았던 부분은?					
활동 중 어려운 부분은?					
종합 평가					

8) 동료 평가법(Peer Assessment)

동료 평가법은 학생들이 다른 학생의 학습 과정 및 결과에 대하여 평가하는 것이다. 학생이 학습의 과정이나 과제 수행에 얼마나 열심히 참여했는지, 다른 학생들과 원활하게 소통했는지, 다른 학생들과 협력했는지, 학습 결과물이 어느 정도 우수한지 등을 다른 학생들이 객관적으로 평가하는 방식이다.

통합사회 수업에서 동료 평가를 하기 위해서는 수업 전에 학생들에게 동료 평가의 방법 및 기준을 명확하게 설명해 준다. 그래서 학생들이 동료 평가를 한다는 사실을 사전에 인지하고 학습 활동과 과제 수행을 시작하도록 해야 한다. 또한 학생들은 서로 치열한 경쟁자가 아니라 학습의 동료로서 서로의 학습 활동을 도와주는 협력자로서 평가하는 수업 환경과 분위기를 조성하는 것도 중요하다. 그 경우에 동료 평가법은 학생들이 동료 학생의 학습 과정과 결과에 대해 '학습의 협력자'로서 피드백을 제공하고, 학습의 동기와 성취욕을 북돋아줄 수 있다.

❙ 동료 평가지(예) ❙

대상 학생: ______

활동 (차시)	역량 (기능)	평가 내용	우수	보통	미흡
민주정치 과정 분석하기 (1차시)	이해력	누가 정치과정의 의미를 정확하게 말했는가?			
	정보 활용능력/ 비판적 사고력	누가 정치과정을 체계적으로 분석했는가?			
		누가 정치과정에서 투입과 산출의 사례를 구분해 적용했는가?			
		누가 다양한 관점에서 문제를 분석했는가?			
	협동 능력	활동 및 과제 수행에서 협력이 잘 이루어졌는가?			
	의사소통 능력	다른 학생의 말을 경청했는가?			
		누가 주장을 쉽게 논리적으로 표현했는가?			
종합평가					

자기 평가와 마찬가지로 동료 평가는 체크 리스트, 동료 평가지, 동료 평가 보고서에 '평가 척도'를 표시하거나 그림, 보고서, 작품 등 학습의 결과물에 대하여 직접 '우수－보통－미흡(노력 요함) 정도를 평가하거나 우수한 작품에 스티커를 붙이는 방식으로 실시될 수 있다. 또는 동료 평가 보고서에 다른 학생의 학습 과정 및 결과에 대한 평가 내용을 자유롭게 서술하는 방식으로 실시될 수 있다.

참고문헌

강대현(2021). 사회과교육론(시민교육의 이상과 현실). 동문사.
곽한영(2007). 법의식과 법교육. 한국학술정보.
교육부(1992a). 중학교 교육과정. 고시 제1992-11호. 1992. 6. 30.
______(1992b). 고등학교 교육과정. 고시 제1992-19호. 1992. 6. 30.
______(1997). 사회과 교육과정[별책 7]. 고시 제1997-15호. 1997. 12. 30.
______(2015). 사회과 교육과정[별책 7]. 고시 제2015-74호. 2015. 9. 23.
______(2022a). 도덕과 교육과정[별책 6]. 고시 제2022-33호. 2022. 12. 22.
______(2022b). 사회과 교육과정[별책 7]. 고시 제2022-33호. 2022. 12. 22.
교육과학기술부(2012). 사회과 교육과정[별책 7]. 고시 제2012-3호. 2012. 3.
교육인적자원부(2007). 사회과 교육과정[별책 7]. 고시 제2007-79호. 2007. 2. 28.
____________(2009). 사회과 교육과정[별책 7]. 고시 제2009-10호. 2009. 3. 6.
구정화(2009). 학교 토론 학습의 이해와 실천. 교육과학사.
김광웅(2009). 우리는 미래에 무엇을 공부할 것인가. 창조사회의 학문과 대학. 생각의 나무.
김대현 외(2001). 프로젝트 학습의 운영. 학지사.
김영석(2021). 사회과교육론 (2판). 교육과학사.
김영지(2004). 청소년 참여의 동향과 실제. 청소년 문화포럼 제10권.
김용 외(2022). 경기도 청소년 사회참여 활동교육 지원을 위한 기초조사 연구. 경기도평생교육진흥원.
김용찬(2010). 정치 교육과 법 교육(21세기 민주 시민 교육을 위한). 교육과학사.
김정인 외(2022). 2022년도 개정 역사과 교육과정 시안(최종안) 개발 연구 보고서. 교육부.
김진수(2013). STEAM 교육론. 양서원.
김진영・박형준(2004). 학교 경제교육의 문제점과 개선 방안. 시민교육연구. 36(1).
김한종(2007). 역사수업의 원리. 책과 함께.
남명호 외(2000). 수행평가: 이해와 적용. 문음사.
노경주 외(2001). 논쟁 문제 교육의 이론과 실제. 원미사.
니시카와 준 / 백경석 옮김(2018). 함께 배움. 살림터.
문교부(4281). 초중등학교 각과 교수 요목집(12)-중학교 사회생활과. 1948. 12. 24.
문교부(4288a). 중학교 교과과정. 문교부령 제45호. 1955. 8. 1.
문교부(4288b). 고등학교 및 사범학교 교과과정. 문교부령 제46호. 1955. 8. 1.
문교부(1963). 고등학교 교육과정. 문교부령 제121호.
모경환・차경수(2022). 사회과교육(제3판). 동문사.
모경환・박형준(2021). 고등학교 '통합사회' 운영 실태와 2022 개정 교육과정의 개발 방향. 시민교육연구. 53(4).
미래교실네트워크(2015). 거꾸로 교실 프로젝트. 에듀니티.
박병기・추병완(2017). 윤리학과 도덕교육1. (2017년 개정 증보판). 인간사랑.

박상준(2002). 행위성향 중심의 시민교육: 규칙 따르기로서의 사회적 행위를 중심으로. 서울대학교 대학원 박사학위논문.
______(2004). 사회・문화 교육에 대한 학생 인식의 조사 및 사회・문화 교육과정의 개선 방향. 초등교육연구. 15(2).
______(2005). 정치 교육에 대한 행위성향 중심 접근법의 탐구. 사회과교육. 44(4).
______(2006). 비판적 사고와 문답식 수업. 한국학술정보.
______(2009). 다문화사회에서 법 교육의 방향 연구. 법과인권교육연구. 2(2).
______(2012). 국내 법 교육학의 연구 성과와 과제. 2012 연차학술발표회 자료집. 20012. 9.
______(2016). 거꾸로 교실을 넘어 거꾸로 학습으로: 수업의 패러다임을 바꾸자. 교육과학사.
______(2017a). 법 교육과정의 구성 방식 및 초등 사회과 법 교육의 내용 분석. 법과인권교육연구. 10(2).
______(2017b). 주제 중심 융합 교육과정의 구성 방안. 사회과교육연구. 24(3).
______(2020). 역사와 함께 읽는 민주주의 (2020 세종도서). 한울.
______(2021). 코로나 이후 미래교육 (2판). 교육과학사.
______(2022). 메타버스 수업. 미래교육의 방향을 찾다. 교육과학사.
______(2023a). 사회과교육의 이해 (제4판). 교육과학사.
______(2023b). 중등 사회과 교재연구 및 교수법. 교육과학사.
박성혁(2005). 법 교육의 본질관에 입각한 '법과 사회' 교육과정 및 교과서 내용 분석 연구. 시민교육연구. 37(1).
백순근 편(1999). 수행평가의 이론과 실제. 원미사.
서태열(2010). 지리 교육학의 이해(개정판). 한울아카데미.
손봉호 외(1999). 바람직한 한국인상 정립을 위한 기초연구. 교육부 인성교육정책자문위원회, 98 교육정책 연구과제.
안병근(2005). 초등학교 어린이 경제교육 어떻게 할 것인가?. 씨마스.
양호환 외(2010). 역사 교육의 이론. 책과 함께.
옥일남(2016). 2015 개정 교육과정기 '통합사회' 개발 과정과 쟁점. 교육과정평가연구. 19(2).
은지용 외(2022). 2022 개정 사회과 교육과정 시안(최종안) 개발 연구. 교육부.
이광성(2002). 교사의 역할에 따른 논쟁문제 학습의 효과 연구. 시민교육연구. 34(1).
이석진 외(2017). 융합인재교육(STEAM)의 창의성과 문제해결력 효과에 관한 메타 분석. 한국과학교육학회지. 37(1).
장원순(2003). 사회적 실천 중심의 사회과교육에 관한 연구. 서울대 대학원 박사학위논문.
______(2006). 초등 사회・문화 교육의 구체화 연구. 초등사회과교육. 제18권 2호.
전보애 외(2023). 2022 개정 교육과정 수업-평가 안내자료-고등학교 통합사회. 교육부, 대구광역시교육청.
정문성(2006). 협동학습의 이해와 실천 (개정판). 교육과학사.
______(2013). 토의・토론 학습 방법 56. 교육과학사.
정선영 외(2009). 역사 교육의 이해. 삼지원.
정창우(2009). 도덕과 내용구성 원리의 쟁점과 개선 방안. 도덕윤리과교육연구. 제29호.

정창우(2020). 도덕교육의 새로운 해법. 교육과학사.

조철기(2016). 통합사회 교육과정 개발 과정에 대한 탐색. 한국지리환경교육학회지. 24(1).

차경수 · 모경환(2008). 사회과교육. 동문사.

차경수 · 조대훈(2012). 사회과교육의 도전과 전망. 동문사.

최재천 외(2013). 창의 융합 콘서트, 급변하는 세상을 꿰뚫어 보는 힘. 엘도라도.

허수미(2012). 통섭적 사회과교육 실천 방안 탐색. 사회과교육연구. 19(3).

최상훈 외(2010). 역사 교육의 내용과 방법. 책과 함께.

최현섭(1991). 한국 사회 변동과 학교 사회문화 교육. 사회와 교육. 제15집.

______(1994). 국제 경쟁력 강화와 사회문화 교육. 사회와 교육. 제19집.

추병완(2018). 도덕교육의 이해. 인간사랑.

KCEE(2007). '경제교육 표준안'. 재정경제부 · 한국개발연구원 편. 경제교육 표준 정립에 관한 연구. 한국경제교육협의회.

Aristotle. *The Nicomachean Ethics*. S. Broadie & C. Rowe(2002). trans., N.Y.: Oxford U. P.

Balchin, W. G. V.(1976). Graphicacy. The American Cartographer. 3(1).

Banks, J. A.(1977). *Teaching Strategies for the Social Studies: Inquiry. Valuing. and Decision-Making* (2nd ed.). / 최병모 외 공역(1989). 사회과 교수법과 교재 연구. 교육과학사.

Banks, J. A.(1990). *Teaching Strategies for the Social Studies* (4th ed.). New York.: Longman.

Barkley, E. F., Cross, K. P., Major, V. H.(2004). *Collaborative Learning Techniques: A Handbook for College Faculty*. Josseey-Bass.

Beard, C. & Wilson, J. P.(2007). *Experiential Learning* (2th ed.). London: Kogan Page.

Bruffee, K. A.(1998). *Collaborative Learning: Higher Education, Interdependence and the Authority of Knowledge* (2nd ed.). The Johns Hopkins U.P.

Caine, R. N. & Caine, G.(1991). *Making Connections, Teaching and the Human Brain*. VA, Association for Supervision & Curriculum Development.

Coombs, J. R.(1971). Objectives of Value Analysis in L. E. Metcalf (ed). *Value education* / 정선심 · 조성민 역(1994). 가치 교육. 철학과 현실사.

Coombs, J. R. & Meux, M. O.(1971). Teaching Strategies for Value Analysis in L. E. Metcalf (ed). *Value education* / 정선심 · 조성민 역(1994). 가치 교육. 철학과 현실사.

Dewey, J.(1952). *Democracy and Education/* 이홍우 역(2010). 민주주의와 교육. 교육과학사.

Dillon, J. T.(1994). *Using Discussion in Classroom.* Buckingham: Open U. P.

Drake, S. M.(1993). *Planning Integrated Curriculum: The Call to Adventure*. Alexandria: Association for Supervision and Curriculum Development.

Duplass, J. A.(2004). *Teaching Elementary Social Studies*. Boston: Houghton Mifflin Co.

Easterlin, R. A.(1974). Does Economic Growth Improve the Human Lot? Some Empirical Evidence. in P. A. David and M. W. Reder(eds.) *Nations and Households in Economic Growth: Essays in Honor of Moses Abramovitz*. N.Y.: Academic Press.

Fertman, C. I.(1994). *Service Learning for All Students.* Bloomington, Indiana: Phi Delta Kappa Educational Foundation.

Foote, V. J., Vermette, P. J., Battaglia, C. F.(2001). *Constructivist Strategies: Meeting Standards & Engaging Adolescent.* by Eye On Education. Routledge.

Gagne, E. D., Yekovich, C. W., Yekovich, F. R./ 이용남 외 공역(2005). 인지 심리와 학교 학습. 교육과학사.

Gokhle, A.(1995). Collaborative Learning Enhances Critical Thinking. Journal of Technology Education. 7(1).

Gross, R. E. & Dynneson, T. C.(1997). *Social Perspectives on Citizenship Education.* N.Y.: Columbia Teachers College.

Hills, R. A.(1978). A Conceptualization of Citizen Education. ERIC ED180915

Hunt, M. P. & Metcalf, L. E.(1968). *Teaching High School Social Studies.* N.Y.: Harper & Row Pub.

Johnson, D. W. & Johnson, R. T.(1987). *Creative Conflict,* CA.: Sage Publishing.

________________________________(1994). Pro-Con Cooperative Group Strategy Structuring Academic Controversy within the Social Studies Classroom, in R. J. Stahl(ed). *Cooperative Learning in Social Studies: A Handbook for Teachers.* N.Y.: Addison-Wesley Publishing. Co.

Josephson, M. ed.(1992). Joint Issue on Character Education(includes further discussion and elaboration on the 'Aspen Declaration'. Ethics: Easier Said Than Done. 19 & 20.

Katz, L. G. & Chard, S. C.(2000). *Engaging Children's Minds* (2th ed.) / 윤은주・이진희 역(2013). 프로젝트 접근법. 아카데미 프레스.

Kearney, R. / 임헌규 외 공역(2017). 현대 유럽 철학의 흐름. 한울.

Kelly, T. E.(1986). Discussing Controversial Issues: Four Perspectives on the Teachers Role. Theory and Research in Social Education. 14(2).

Killingswortha, M. A., Kahnemanb, D., Mellers, B.(2023). Income and Emotional Well-being: A Conflict Resolved. Psychological and Cognitive Sciences. 120(10).

Kohlberg, L.(1976). Moral Reasoning in D. Purpel & K. Ryan. *Moral Education ...It Comes with the Territory.* Berkeley. CA.: McCutchan Pub. Co.

__________(1981). *The Philosophy of Moral Development* / 김민남 외 공역(2000). 도덕발달의 철학. 교육과학사.

Kolb, D. A.(1984). *Experiential Learning: Experience as the Source of Learning and Development.* Englewood Cliffs: Prentice Hall.

Lickona, T.(1992). An Integrated Approach to Character Development in the Elementary School Curriculum. in J. S. Benninga(ed). *Moral Character and Civic in the Elementary School.* N.Y.: Teachers College Press.

Markham, T., Larmer, J., Ravitz, J.(2003). *Project Based Learning Handbook* (2th ed.) / 노선숙 외 공역(2007). 프로젝트 기반 학습 입문서. 교육과학사.

Massialas, B. G. & Cox, C. B.(1966). *Inquiry in Social Studies*. N. Y.: McGraw Hill Book co.

Masters, K.(2013). Edgar Dale's Pyramid of Learning in medical education: A literature review. Medical Teacher. 35(11).

Matthews, M. H.(1992). *Making Sense of Place: Children's Understanding of Large-Scale Environments*. Lanham, Maryland: Rowman & Littlefield Pubs.

NCSS(1994). *Expectations of Excellence: Curriculum Standards for Social Studies*. Washington. D. C.: NCSS

_____(2010). The National Curriculum Standards for Social Studies: A Framework for Teaching. Learning. Assessment. Silver Spring. MD.

_____(2013). The College. Career. and Civic Life (C3) Framework for Social Studies State Standards: Guidance for Enhancing the Rigor of K-12 Civics. Economics. Geography and History. Silver Spring. MD.

_____(2016). A Vision of Powerful Teaching and Learning in the Social Studies. NCSS *Position St*atement. Social Education. 80(3). pp.180-182.

NEA(National Education Association)(2010). Preparing 21st Century Students for a Global Society: An Educator's Guide to the "Four Cs".

Newmann, F. M.(1970). *Clarifying Public Controversy: An Approach to Teaching Social Studies*. Boston: Little Brown and Co.

_____________(1975). *Education for Citizen Action*: Challenge for Secondary Curriculum. Berkely. CA.: McCutchan Pub. Co.

Newmann, F. M., Bertocci. T., Landsness, R. M.(1977). *Skills in Citizen Action: An English-Social Studies Program for Secondary School.* Skokie. Ill.: National Textbook.

OECD(2005). Definition and Selection for Key Competency: Executive summary.

_____(2018). The Future of Education and Skills. Education 2030.

Oliver, D. W. & Shaver, J. P.(1966). *Teaching Public Issues in the High School*. Boston: Houghton Mifflin Co.

Paulus, T. M.(2005). Collaborative and Cooperarive Approaches to Online Group Work: The Impact of Task Type. Distance Education. 26(1).

Piaget, J.(1952). *The Origins of Intelligence in Children.* N.Y.: International U.P.

P21(2015). P21 Framework Definitions. 2015.5.15.

Relph, E.(1976). *Place and Placelessness* / 김덕현 외 역(2005). 장소와 장소 상실. 논형

Savage, T. V. & Armstrong, D. G.(2000). *Effective Teaching in Elementary Social Studies* (4th ed.). New Jersey: Prentice-Hall Inc.

Schunk, D. H.(2004). *Learning Theories, An Educational Perspective* (4th ed.) / 노석준 외 공역(2006). 교육적 관점에서 본 학습이론. 아카데미프레스.

Sharan, Y. & Sharan, S.(1990). What do we want to study? How should we go about it? Group Investigation in the Cooperative Social Studies Classroom, in *Cooperative Learning in Social Studies: A Handbook for Teachers*. R. J. Stahl (ed.). N.Y.:

Addison-Wesley Publishing. Co.

Sousa, D. A. & Pilecki, T.(2013). *From STEM to STEAM* / 이정규 외 공역(2014). 융합인재교육의 이론과 실제. 다빈치 books.

Swinebart, B.(1992). *Youth Involvement: Developing Leaders and Strengthening Communities*. Colorado: Partners for Youth Leadership.

Thelen, H.(1960). *Education and the Human Quest.* N.Y.: Harper & Row.

Trilling, B. & Fadel, C.(2009). *21st Century Skills: Learning for Life in Our Times* / 한국교육개발원 역(2013). 21세기 핵심 역량. 학지사.

WEF(World Economic Forum)(2015). New Vision for Education: Unlocking the Potential of Technology. October. 2015.

________________(2016). New Vision for Education: Fostering Social and Emotional Learning through Technology. March 2016.

Wilson, E. O.(1998), *Consilience, The Unity of Knowledge.* / 최재천, 장대익 역(2005), 통섭 (지식의 대통합). 사이언스북스.

Woolever, R. M. & Scott, K. P.(1988). *Active Learning in Social Studies Promoting Cognitive and Social Growth*. Glenview. Ill.: Scott. Foresman and Co.

Wraga, W. G.(1993). The Interdisciplinary Imperative for Citizenship Education. Theory and Research in Social Education. 21(3).

[인터넷 검색 자료]

국가교육회의. 2021.6.22. '개정 교육과정 국민참여 설문 결과 발표 및 사회적 협의 시작'. [보도자료]. https://if-blog.tistory.com/12221 (검색일: 2024.2.1.)

연합뉴스. 2018.8.13. [그래픽] 전국 '소멸 위험 지수' 현황. https://v.daum.net/v/20180813156206779 (검색일: 2024.2.1.)

이상호(2018). '한국의 지방소멸 2018'. 한국고용정보원. 고용동향 브리프. 2018년 7월호. https://www.keis.or.kr/user/extra/main/3878/publication/reportList/jsp/LayOutPage.do?pubIdx=4781&reportIdx=4782 (검색일: 2024.2.1.)

통계청 인구상황판. https://kosis.kr/visual/populationKorea/PopulationDashBoardMain.do (검색일: 2024.2.2.)

통계청. 2023.12.14. 장래인구추계: 2022~2072. [보도자료]. (검색일: 2024.2.2.) https://kostat.go.kr/board.es?mid=a10301020600&bid=207&act=view&list_no=428476

◆ 부록: 통합사회의 학습 주제와 교수 · 학습 방법(예시)

❙ 통합사회 1의 학습 주제와 교수 · 학습 방법(예시) ❙

<table>
<tr><th>단원</th><th>교수 · 학습 방법</th><th>성취 기준 / 학습의 주제와 활동 내용</th></tr>
<tr><td rowspan="5">1. 통합적 관점</td><td colspan="2">[01-01] 인간, 사회, 환경을 바라보는 시간적, 공간적, 사회적, 윤리적 관점의 의미와 특징을 사례를 통해 파악한다.</td></tr>
<tr><td>직소 협동 학습
—
협력 학습</td><td>• 통합적 관점, 그것이 알고 싶다!
- 모둠별로 각 학생이 시간적, 공간적, 사회적, 윤리적 관점 중 1개를 선택하기
- 같은 관점을 택한 학생이 전문가 집단에 모여 집중적으로 학습하기
- 모집단에 가서 다른 학생들에게 설명하기
- 4개 관점의 특징과 차이를 비교하고, 통합적 관점의 중요성을 파악하기</td></tr>
<tr><td>협력 학습</td><td>• 통합적 관점에서 ‘저출생’ 문제를 종합적으로 이해하기
- 모둠별로 각자 시간적, 공간적, 사회적, 윤리적 관점 중 하나 선택하기
- 각자 맡은 관점에서 저출생 관련 자료를 조사하기
▹ 통계청, 신문 기사, 논문 등
▹ 자료: 합계 출산율, 총인구수, 생산연령인구, 노년 부양비 관련 연도별 자료, 소멸 위험 지역 자료 등
- 각자 조사한 자료를 분석하고, 각자 선택한 관점에서 저출생 문제를 다른 학생에게 설명하기
- 4가지 관점을 결합한 종합적 관점에서 저출생 문제를 정리하고, ‘코글’(coggle.it)에 마인드맵으로 작성하기</td></tr>
<tr><td colspan="2">[01-02] 인간, 사회, 환경의 탐구에 통합적 관점이 요청되는 이유를 도출하고 이를 탐구에 적용한다.</td></tr>
<tr><td>토의 · 토론 학습</td><td>• 현대 사회에서 통합적 관점이 왜 중요한가?
- 현대 사회와 환경의 특성 관련 자료를 읽고 이해하기
▹ 현대 사회의 특성: 복합성과 다양성, 네트워크 사회, 초연결사회, 다원화된 사회, 다문화사회 등
- 현대 사회와 환경의 특성에 대해 토의하기
- 통합적 관점을 적용해 ‘고령화’ 또는 ‘기후 변화’를 종합적으로 파악하는 방법에 대해 토의하기
- 통합적 관점에서 현대 사회와 환경을 파악하는 이유를 정리하기</td></tr>
</table>

<table>
<tr><th>단원</th><th>교수 · 학습
방법</th><th>성취 기준 / 학습의 주제와 활동 내용</th></tr>
<tr><td rowspan="8">2.
인간,
사회,
환경과
행복</td><td colspan="2">[02-01] 시대와 지역에 따라 다르게 나타나는 행복의 기준을 사례를 통해 비교하여 평가하고, 삶의 목적으로서 행복의 의미를 성찰한다.</td></tr>
<tr><td>프로젝트
학습</td><td>• 부모 세대와 청소년 세대의 행복의 의미와 기준 조사하기
- 모둠별로 조사할 문제와 대상을 선정하기:
▹ 문제: 행복의 의미와 기준 / ▹ 대상: 부모 세대-청소년 세대
- 조사할 문제와 방법 등 프로젝트의 활동 계획 세우기
- 행복의 의미와 기준 관련된 설문지 만들기
- 부모 세대 및 고등학생 대상으로 설문지 조사하기
- 모둠별로 설문지 결과를 분석하기
- 조사 결과를 정리하여 보고서를 작성하고 발표하기</td></tr>
<tr><td>토의 · 토론
학습</td><td>• 내가 생각하는 행복이란?
- 6~8명씩 모둠을 구성하고, 각자 ‘프리즘 카드’를 한 장 선택하여 그와 관련해 “나는 행복을 무엇이라고 생각한다. 그 이유는 ...”라고 발표하기
- 모두 발표한 후, 중복된 단어 빈도수를 정리하여 ‘워드 클라우드’(wordcloud.kr) 만들고, 행복에서 중요한 요소를 정리하기
- 철학자의 행복론과 비교해, 자신의 행복관을 정의하기</td></tr>
<tr><td>탐구
학습
(GI)</td><td>• 시대에 따라 행복의 의미와 기준이 변하는가?
- 모둠별로 시대 흐름과 행복의 의미 · 기준의 관계를 탐구할 문제를 정하기
- 각 학생이 역할 나누어 ‘e-NIE’(enie.forme.or.kr)에서 ‘행복’을 키워드로 검색하여 2010~2024년 행복 관련 기사와 자료를 찾아 정리하기
- 모둠별로 수집한 자료를 시대별로 분석하여 공통된 내용을 정리하기
- 구성원이 협의하여 시대의 흐름에 따라 행복의 의미와 기준이 어떻게 변화되었는지 결론을 도출하기</td></tr>
<tr><td colspan="2">[02-02] 행복한 삶을 실현하기 위한 조건으로 질 높은 정주 환경의 조성, 경제적 안정, 민주주의 발전 및 도덕적 실천의 필요성에 관해 탐구한다.</td></tr>
<tr><td>탐구
학습
(GI)</td><td>• 주거환경, 소득, 민주주의가 행복에서 중요한가?
- 모둠별로 협의하여 탐구 문제를 정하기
▹ 주거환경이 좋을수록, 행복(감)이 증가할 것이다.
▹ 소득이 증가할수록, 행복(감)이 증가할 것이다.
▹ 민주주의가 발전할수록, 국민의 행복(감)이 증가할 것이다.
- 가설 검증에 필요한 자료를 수집하여 분석하기
▹ 통계청 자료, 논문, 신문 기사, 해외 사례, 인터넷
▹ 주택 점유 형태, 이스털린 역설, 민주주의 지수, 세계 행복지수
- 탐구 문제를 검증하여 결론 도출하기</td></tr>
</table>

단원	교수 · 학습 방법	성취 기준 / 학습의 주제와 활동 내용
2. 인간, 사회, 환경과 행복	[02-02] 행복한 삶을 실현하기 위한 조건으로 질 높은 정주 환경의 조성, 경제적 안정, 민주주의 발전 및 도덕적 실천의 필요성에 관해 탐구한다.	
	토의 · 토론 학습	• **행복한 삶을 위해 좋은 주거환경, 높은 소득이 필수적인가?** - 모둠별로 행복한 삶의 의미와 기준을 파악하기 - 행복한 삶과 좋은 주거환경, 높은 소득의 관계에 대해 토의하기 - 행복한 삶을 보장하기 위해 주거환경, 소득을 향상시키는 방안에 대해 토의하기 - 토의 결과를 정리하여 발표하기
	토의 · 토론 학습	• **한국형 지속 가능 발전 목표(K-SDGs)가 국민을 행복하게 만들까?** - 모둠별로 우리나라의 '지속 가능 발전 목표'(K-SDGs) 17가지의 세부 내용을 파악하기 ▹ 자료: '국가지속가능발전포털'(www.ncsd.go.kr/unsdgs) - 지속 가능 발전 목표 17가지를 정주 환경의 조성, 경제적 안정, 민주주의 발전, 도덕적 실천 중 어느 것과 관련되는지 분류하기 - 모든 국민의 행복한 삶을 위하여 우선적으로 개발해야 할 과제를 몇 개 선정하고 그 이유를 토의하기 - 모둠별로 토의 내용을 발표하기
	체험 학습	• **행복과 더불어 사는 도덕적 실천을 위해 봉사 활동 실천하기** - 주변 지역에서 어려운 이웃이나 도움이 필요한 사람에 대해 조사하기 - 어려운 사람을 돕기 위한 활동의 방안을 토의하기 - 어려운 사람을 돕는 시민사회단체와 자원봉사센터를 조사하기 - 시민사회단체, 자원봉사센터와 연계해 방과 후 또는 주말에 봉사 활동에 참여하기 - 봉사 활동 관련 소감문 작성하기

<table>
<tr><th>단원</th><th>교수 · 학습 방법</th><th>성취 기준 / 학습의 주제와 활동 내용</th></tr>
<tr><td rowspan="6">3. 자연 환경과 인간</td><td colspan="2">[03-01] 자연환경이 인간의 생활에 미치는 영향에 관한 과거와 현재의 사례를 조사하여 분석하고, 안전하고 쾌적한 환경에서 살아가는 것이 시민의 권리임을 주장한다.</td></tr>
<tr><td>프로젝트 학습</td><td>• 기후대별로 지형과 기후가 인간 생활에 미치는 영향을 비교하여 조사하기
- 모둠별로 조사할 문제와 대상 선정하기
▹ 기후대: 열대, 온대, 냉대, 한대, 건조 기후
▹ 조사 방법: 인터넷, 구글 타임랩스(Timelapse) 등
- 조사할 대상과 방법 등 프로젝트의 활동 계획 세우기
- 기후 및 지형과 생활 모습의 관계를 시대별로 조사하기
- 기후 · 지형과 생활모습의 관계를 분류하기
- 조사 결과를 정리하여 보고서를 작성하고 발표하기</td></tr>
<tr><td>탐구 학습</td><td>• 자연환경이 인간 생활에 어떤 영향을 미칠까?
- 모둠별로 자연환경의 변화를 조사할 지역과 탐구 문제를 정하기
▹ ○○지역의 자연환경이 변화하면, 지역의 생활방식이 변할 것이다.
- 구글 어스 '타임랩스'(Timelapse)를 통해 지역의 자연환경의 변화를 1990년~현재까지 조사하기
▹ 구글 타임랩스(Timelapse): 자연환경과 인문환경의 변화
- 자료를 분석하여 30년 동안 자연환경의 변화가 지역의 생활방식에 미친 영향을 결론으로 정리하기</td></tr>
<tr><td colspan="2">[03-02] 자연에 대한 인간의 다양한 관점을 사례를 통해 비교하고, 인간과 자연의 바람직한 관계를 제안한다.</td></tr>
<tr><td>토의 · 토론 학습 (PCCL)</td><td>• 개발이냐 보전이냐? 그것이 문제로다!
- 모둠별로 사례 통해 자연의 개발과 보전이 가져올 이익과 문제를 파악하기
▹ 개발 vs. 보전 / 인간중심주의 vs. 생태중심주의
- 개발 대 보전에 대해 2명씩 찬반 입장으로 나누어 토론하기
- 개발 대 보전에 대해 찬반 입장 바꾸어 다시 토론하기
- 모둠에서 자기 입장을 발표하고 구성원과 합의안 도출하기</td></tr>
<tr><td>직소 협동 학습 — 월드카페 토의</td><td>• 인간과 동물이 공존할 수 있을까?
- 모둠별로 각 학생이 반려동물, 가축 동물, 전시 동물, 야생동물 중 하나를 선정해 문제 상황 및 해결 방안을 조사하기
- 같은 동물을 선택한 학생끼리 전문가 집단을 구성해 집중적으로 토의하기
- 모집단으로 가서 자신이 학습한 동물의 문제 상황 및 해결 방안을 설명하기
- 모둠원이 협의하여 각 동물의 문제 상황 및 해결 방안을 정리하여 발표하기</td></tr>
</table>

<table>
<tr><th>단원</th><th>교수 · 학습 방법</th><th>성취 기준 / 학습의 주제와 활동 내용</th></tr>
<tr><td rowspan="4">3.
자연 환경과 인간</td><td colspan="2">[03-03] 환경 문제 해결을 위한 정부, 시민사회, 기업 등의 다양한 노력을 조사하고, 생태 시민으로서 실천 방안을 모색한다.</td></tr>
<tr><td>직소 협동 학습</td><td>• 환경 문제로부터 지구를 구하는 법?
- 모둠에서 각 학생이 환경 문제 1개를 선택하기
▹ 환경 문제: 대기, 토양, 수질 오염, 플라스틱 쓰레기
- 같은 문제를 택한 학생들이 전문가 집단에 모여 집중적으로 학습하기
- 모집단으로 가서 환경 문제의 원인과 해결 방안에 대해 다른 학생들에게 설명하기
- 모둠별로 환경 문제를 해결하기 위해 일상생활에서 가능한 실천 방안 계획하기</td></tr>
<tr><td>체험 학습</td><td>• 일상에서 지구를 지키자!
- 일상생활에서 발생하는 환경오염의 사례를 조사하기
▹ 일회용품, 배달 음식, 플라스틱 쓰레기 등
- 일상생활에서 환경오염을 줄이는 방법을 토의하기
- 일상생활에서 환경오염을 줄이기 위한 실천 계획을 세우기
▹ 실천 계획서 작성 / 체크 리스트 만들기
- 환경오염을 줄이기 위한 캠페인 활동하기
▹ 홍보 포스터, 피켓, SNS 홍보글, 숏폼(Short-form) 등
- 한 달 동안 환경오염을 줄이기 위한 활동의 소감문 및 체크 리스트 작성하기</td></tr>
<tr><td>체험 학습</td><td>• 학교에서 생태 시민으로 살아가는 법
- 모둠별로 학교생활에서 발생하는 환경오염의 사례와 문제점을 유형별로 조사하기
▹ 유형: 교실 내 쓰레기, 급식 잔반, 매점 쓰레기 등
- 학교에서 유형별로 환경오염을 줄이는 방법을 토의하기
- 학교에서 환경오염을 줄이기 위한 실천 방안을 제시하기
▹ 실천 계획서 작성 / 체크 리스트 만들기
- 환경오염을 줄이기 위한 캠페인 활동하기
▹ 홍보 포스터, 피켓, SNS 홍보글, 숏폼 등
- 한 달 동안 환경오염을 줄이는 활동의 결과 및 체크 리스트 발표하기</td></tr>
</table>

<table>
<tr><th>단원</th><th>교수 · 학습 방법</th><th>성취 기준 / 학습의 주제와 활동 내용</th></tr>
<tr><td rowspan="6">4.
문화와
다양성</td><td colspan="2">[04-01] 자연환경과 인문환경의 영향을 받아 형성된 다양한 문화권의 특징과 삶의 방식을 탐구한다.</td></tr>
<tr><td>프로젝트 학습</td><td>• 세계 문화권별로 환경이 삶의 방식에 미치는 영향을 조사하기
- 모둠별로 조사할 대상과 문제를 1개 선정하기
▹ 조사할 문화권: 동양, 유럽, 아프리카, 아메리카, 오세아니아
- 조사할 대상과 방법 등 프로젝트의 활동 계획 세우기
- 모둠별로 각 문화권의 기후, 지형, 종교, 산업이 삶의 방식에 미치는 영향을 역할 분담하여 조사하기
▹ 지역/국가의 실제 크기를 비교 확인하기(www.thetruesize.com)
▹ '구글 어스'(www.google.co.kr/intl/ko/earth)에서 문화권의 주요 지역을 찾고 3D 보기 통해 기후, 지형, 건축, 산업 등의 모습을 조사하기
- 모둠 구성원과 협력하여 조사 결과를 항목별로 정리하기
- 조사 보고서를 작성하고 발표하기: 보고서 / PPT, 영상 등</td></tr>
<tr><td colspan="2">[04-02] 문화 변동의 다양한 양상을 이해하고, 현대 사회에서 전통문화가 지니는 의의를 탐색한다.</td></tr>
<tr><td>프로젝트 학습</td><td>• 문화 변동이 삶에 가져온 변화 조사하기
- 모둠별로 조사할 문제 선정하기
- 조사할 문제와 방법 등 프로젝트의 활동 계획 세우기
- 모둠별로 문화 병존, 문화 융합, 문화 동화가 삶에 가져온 변화를 역할을 분담하여 조사하기
▹ 자료 조사: 인터넷, 논문, 신문 기사 등
- 모둠 구성원과 협의하여 조사 결과를 유형별로 정리하기
- 조사 보고서를 작성하고 발표하기</td></tr>
<tr><td colspan="2">[04-03] 문화적 차이에 대한 상대주의적 태도의 필요성을 이해하고, 보편 윤리의 차원에서 자문화와 타문화를 평가한다.</td></tr>
<tr><td>토의 · 토론 학습 (PCCL)</td><td>• 여성 히잡, 여성 조혼을 인정할 것인가?
- 모둠별로 히잡, 조혼의 역사적 배경과 전통을 파악하기
- 모둠에서 히잡과 조혼에 대해 2명씩 찬반 입장으로 나누어 토론하기
- 히잡과 조혼에 대해 찬반 입장 바꾸어 다시 토론하기
- 모둠에서 자기 입장을 발표하고 구성원들과 합의안 도출하기</td></tr>
</table>

단원	교수 · 학습 방법	성취 기준 / 학습의 주제와 활동 내용
4. 문화와 다양성		[04-04] 다문화사회의 현황을 조사하고, 문화적 다양성을 존중하는 태도를 바탕으로 갈등 해결 방안을 모색한다.
	프로젝트 학습	• **소수자에 대한 편견과 차별 해결하기** - 모둠별로 조사할 대상과 문제를 1개 선정하기 ▹ 소수자: 외국인 노동자, 다문화 학생, 장애인, 비정규직 등 - 조사할 대상과 방법 등 프로젝트의 활동 계획 세우기 - 유형별로 소수자에 대한 편견과 차별의 실태를 조사하기 - 모둠 구성원과 협의하여 조사 결과를 정리해 보고서 작성하기 - 소수자의 편견과 차별 예방 캠페인 자료 만들기: SNS 홍보글, 숏폼 등
	토의 · 토론 학습	• **찾아라, 미디어 속 소수자의 편견과 차별** - 모둠별로 미디어의 제작과 재현의 특징과 문제점에 대해 파악하기 ▹ 미디어: 신문, 방송, 소셜 미디어 - 드라마/영화, 예능, 광고, 웹툰 중 미디어 1개를 선정하여 외국인 노동자, 다문화 학생, 여성에 대한 편견과 차별 사례를 조사하기 - 미디어에 나타난 외국인 노동자, 다문화 학생, 여성, 장애인, 노인 등에 대한 편견과 차별의 해결 방안을 토의하기 - 모둠별로 미디어에 나타난 편견과 차별의 문제점과 해결 방안을 발표하고 공유하기

단원	교수 · 학습 방법	성취 기준 / 학습의 주제와 활동 내용
5. 생활 공간과 사회		[05-01] 산업화, 도시화로 인해 나타난 생활공간과 생활양식의 변화 양상을 조사하고, 이에 따른 문제점의 해결 방안을 제안한다.
	탐구 학습	❏ 산업화와 도시화가 생활방식을 어떻게 변화시켰을까? - 탐구 문제를 설정하기 ▹ 산업화가 진행될수록 농촌 인구는 감소하고 서비스업의 비중은 증가할 것이다. ▹ 도시화가 진행될수록 도시의 불투수 면적률과 교통 혼잡 비용은 증가할 것이다. - 관련 자료를 수집하여 분석하기: 통계청 자료, 논문, 인터넷 - 탐구 문제를 검증하여 결론 도출하기
	프로젝트 학습	❏우리 지역은 우리 손으로 살리자! '지역 재생 프로젝트' - 모둠별로 도시 재생의 의미와 사례에 대해 조사하기 - 우리 지역/도시의 재생할 지역을 정하고 프로젝트 계획 세우기 - 산업화 또는 도시화로 인해 변화된 지역의 문제점을 역할 분담하여 조사하기(인구 공동화, 원도심 폐교, 환경오염 등) - 브레인 라이팅 토의를 통해 우리 지역의 발전 방안을 창의적으로 제시하기('도시재생 활성화 및 지원에 관한 특별법') - 우리 지역의 재생 방안을 정리하고 발표하기: PPT, 영상 등

<table>
<tr><th>단원</th><th>교수 · 학습 방법</th><th>성취 기준 / 학습의 주제와 활동 내용</th></tr>
<tr><td rowspan="6">5. 생활 공간과 사회</td><td colspan="2">[05-02] 교통 · 통신 및 과학 · 기술의 발달과 함께 나타난 생활공간과 생활양식의 변화 양상을 조사하고, 이에 따른 문제점의 해결 방안을 제안한다.</td></tr>
<tr><td>프로젝트 학습</td><td>• 교통 · 통신 및 과학 · 기술 발달에 따른 생활방식의 변화 조사하기
- 모둠별로 교통, 통신, 과학, 기술 중 조사 대상을 1개 선정하기
▹ 교통, 통신: 지역 인구 유출, 지역 격차, 지역 소멸, 교통 약자
▹ 과학, 기술: 사생활 침해, 사이버 범죄, 디지털 격차 등
- 조사할 문제와 방법 등 프로젝트의 활동 계획 세우기
- 모둠별로 교통, 통신, 과학, 기술이 생활방식의 변화와 사회문제에 미친 영향을 역할 분담하여 조사하기
- 모둠 구성원과 협의하여 조사 결과를 유형별로 정리하기
- 조사 보고서를 작성하고 발표하기</td></tr>
<tr><td>토의 · 토론 학습</td><td>• 정보의 홍수 시대, 팩트체크는 기본!
- 모둠별로 자신이 겪은 인포데믹(infodemic)의 사례를 발표하기
▹ 인포데믹 사례: 허위 정보, 가짜 뉴스, 왜곡 정보 등
- 모둠별로 언론, 소셜 미디어에서 인포데믹의 사례와 피해 상황을 조사하기
- '팩트체크 사이트'(factcheck.snu.ac.kr) 통해 사실 여부 확인하기
- 모둠별로 인포데믹의 피해를 예방하기 위한 방안을 토의하고 발표하기</td></tr>
<tr><td colspan="2">[05-03] 자신이 거주하는 지역을 사례로 공간 변화가 초래한 양상 및 문제점을 탐구하고, 공동체의 구성원으로서 지역사회의 변화를 위한 방안을 모색한다.</td></tr>
<tr><td>토의 · 토론 학습</td><td>• 지역 문제는 우리 힘으로 해결하자!
- 모둠별로 우리 지역 문제를 파악하기
- 지역 문제의 원인과 실태를 파악하기
▹ 시 · 군청 누리집, 신문 기사, 인터넷
- 지역 문제의 해결 방안을 토론하기
- 토론 결과를 정리하여 발표하기</td></tr>
<tr><td>프로젝트 학습
—
토의 · 토론 학습</td><td>• 모두를 위한 도시 만들기 프로젝트
- 모둠별로 도시권에 대한 자료 읽고 세부 내용을 파악하기
▹ '도시권에 관한 세계 헌장'(World Charter on the Right to the City)
- 조사할 문제와 방법 등 프로젝트의 활동 계획 세우기
- 모둠별로 우리 지역이 도시의 기능을 수행하는지, 주민의 도시권을 보장하는지 역할 분담해 조사하기
- 브레인 라이팅을 통해 지속 가능하고 정의로운 도시를 만들기 위한 방안을 창의적으로 제시하기
- 조사 보고서를 작성하고 발표하기: 보고서, PPT 등</td></tr>
</table>

❙ 통합사회 2의 학습 주제와 교수 · 학습 방법(예시) ❙

<table>
<tr><th>단원</th><th>교수 · 학습 방법</th><th>성취 기준 / 학습의 주제와 내용</th></tr>
<tr><td rowspan="6">1.
인권
보장과
헌법</td><td colspan="2">[01-01] 근대 시민혁명 등을 통해 확립되어 온 인권의 의미와 변화 양상을 이해하고, 현대 사회에서 주거, 안전, 환경, 문화 등 다양한 영역으로 인권이 확장되고 있는 사례를 조사한다.</td></tr>
<tr><td>프로젝트 학습</td><td>• 주거, 안전, 환경, 문화, 가상 세계 등에서 인권이 확장된 사례를 조사하기
- 모둠별로 조사할 영역을 1개 선정하기:
▹ 조사 영역: 주거, 안전, 환경, 문화, 가상 세계
▹ 새로운 인권: 안전권, 문화권, 잊혀질 권리, 디지털 초상권 등
- 조사할 인권과 방법 등 프로젝트의 활동 계획 세우기
- 모둠별로 주거, 안전, 환경, 문화, 가상 세계와 관련된 새로운 인권의 의미와 사례를 조사하기
- 모둠 구성원과 협의하여 조사 결과를 정리하기
- 조사 보고서를 작성하고 발표하기: 보고서, PPT 등</td></tr>
<tr><td>프로젝트 학습</td><td>• 새로운 청소년 인권을 찾아라!
- 모둠별로 국가인권위원회 인권교육센터-[교재 · 교육 자료실]에서 ‘아동 · 청소년 인권 발달의 역사’ 동영상을 보고 내용 정리하기 (https://edu.humanrights.go.kr/academy/contents/bbsContentsView.do)
- ‘유엔 아동 권리 협약’을 조사하여 ‘아동의 권리’를 항목별로 정리하기
- 모둠별로 과학 · 기술이 발전하면서, 현대 사회에서 새롭게 보장해야 할 청소년의 인권이 무엇인지 토의하기
- 새로운 청소년 인권 관련 사례를 조사하기
- 모둠별로 새로운 청소년 인권 보호를 홍보하는 작품 만들기: 포스터, SNS 홍보글, 숏폼 등</td></tr>
<tr><td colspan="2">[01-02] 인간 존엄성 실현과 인권 보장을 위한 헌법의 역할을 파악하고, 시민의 권익을 보호하기 위한 다양한 시민 참여의 방안을 탐구하고 이를 실천한다.</td></tr>
<tr><td>체험 학습</td><td>• 우리의 권리는 우리 힘으로!
- 모둠별로 청소년의 권리가 침해되는 사례를 유형별로 조사하기
▹ 학생 인권, 학교 밖 청소년 인권, 아르바이트생 인권의 침해 사례
- 침해된 청소년의 권리를 보호하기 위한 방안을 토론하기
- 청소년의 권리를 보호하는 인권 단체 조사하기
- 인권 단체와 연계해 청소년의 권리를 보호하기 위한 활동에 참여하여 실천하기
▹ 캠페인, 서명 운동, 권리 청원, SNS 홍보글 등
- 체험 활동 관련 소감문 작성하기</td></tr>
</table>

<table>
<tr><th>단원</th><th>교수 · 학습 방법</th><th>성취 기준 / 학습의 주제와 내용</th></tr>
<tr><td rowspan="6">1.
인권
보장과
헌법</td><td colspan="2">[01-02] 인간 존엄성 실현과 인권 보장을 위한 헌법의 역할을 파악하고, 시민의 권익을 보호하기 위한 다양한 시민 참여의 방안을 탐구하고 이를 실천한다.</td></tr>
<tr><td>토의 · 토론 학습 (PCCL)</td><td>• 의무 투표제(투표 불참시 벌금 부과) 필요한가?
- 모둠별로 의무 투표제의 의미와 적용 사례를 파악하기
▹ 호주, 벨기에 등 투표 불참 시 벌금 부과 사례
- 모둠별로 의무 투표제에 대해 2명씩 찬반 입장으로 나누어 토론하기
- 모둠별로 의무 투표제에 대해 찬반 입장 바꾸어 다시 토론하기
- 자기 입장을 발표하고 구성원들과 합의안 도출하기</td></tr>
<tr><td colspan="2">[01-03] 사회적 소수자 차별, 청소년의 노동권 등 국내 인권 문제와 인권 지수를 통해 확인할 수 있는 세계 인권 문제의 양상을 조사하고, 이에 대한 해결 방안을 모색한다.</td></tr>
<tr><td>토의 · 토론 학습</td><td>• 소수자의 인권 침해를 어떻게 해결할 것인가?
- 소수자가 겪는 인권 침해 사례를 유형별로 확인하기
▹ 소수자: 외국인 노동자, 다문화 학생, 장애인, 비정규직, 미혼모, 여성 등
- 소수자의 인권 침해 문제의 해결 방안을 토론하기
- 토론 결과를 정리하여 발표하기</td></tr>
<tr><td>프로젝트 학습</td><td>• 혐오와 차별을 넘어서
- 모둠별로 일상생활에서 접하는 소수자의 혐오와 차별 언어/표현 조사하기
- 혐오와 차별 언어의 문제점을 분석하고 해결 방안을 토의하기
- 혐오와 차별 언어/표현에 대항할 새로운 언어/표현 만들기
- 소수자 혐오와 차별 없애는 새로운 언어/표현을 알리는 작품 만들기: 포스터, SNS 홍보글, 숏폼 등</td></tr>
</table>

<table>
<tr><th>단원</th><th>교수 · 학습 방법</th><th>성취 기준 / 학습의 주제와 활동 내용</th></tr>
<tr><td rowspan="2">2.
사회
정의와
불평등</td><td colspan="2">[02-01] 정의의 의미와 정의가 요구되는 이유를 파악하고, 다양한 사례를 통해 정의의 실질적 기준을 탐구한다.</td></tr>
<tr><td>토의 · 토론 학습 (찬반 토론)</td><td>• 학력에 따른 임금의 차등 지급은 정의로운 제도인가?
- 학력(고졸/대졸)에 따른 임금의 차이 관련 자료를 파악하기
- 학력에 따른 임금의 차등 지급이 차별인지 정의인지 토론하기
- 학력에 따른 임금의 차등 지급의 해결 방안을 토론하기
- 토론 결과를 정리하여 발표하기</td></tr>
</table>

단원	교수 · 학습 방법	성취 기준 / 학습의 주제와 활동 내용
2. 사회 정의와 불평등	**[02-01]** 정의의 의미와 정의가 요구되는 이유를 파악하고, 다양한 사례를 통해 정의의 실질적 기준을 탐구한다.	
	토의 · 토론 학습 (찬반 토론)	❏ 부자세 부과 또는 법인세 인하는 정의로운 정책인가? - 부자세 부과하는 국가와 사례를 확인하기 - 부자세 부과가 재산권의 자유 침해인지 정의의 실현인지 또는 법인세 인하가 특혜인지 분배 정의인지 토론하기 - 부자세 부과 또는 법인세 인하 문제의 해결 방안을 토론하기 - 토론 결과를 정리하여 발표하기
	[02-02] 개인과 공동체의 관계를 기준으로 다양한 정의관을 비교하고, 이를 구체적인 사례에 적용하여 설명한다.	
	직소 협동 학습 (Jigsaw)	• **꼬리에 꼬리를 무는 정의 이야기** - 모둠별로 각 학생이 롤즈, 노직/드워킨, 왈저, 샌델의 정의관 중 하나를 선택하기 - 같은 인물 택한 학생이 전문가 집단에 모여 집중적으로 학습하기 - 모집단에 가서 다른 학생들에게 각 인물의 정의관을 얘기하기 - 4명의 정의관의 공통점과 차이점, 적용 사례 등을 비교해 정리하기 - 모둠별로 돌아가며 한 명의 정의관에 대해 발표하고 질의 · 응답하기
	토의 · 토론 학습 (찬반 토론)	• **의대와 지방 공공기관에서 지역 인재 선발 30% 제도는 정의로운가 역차별인가?** - 의대 또는 지방 공공기관의 지역 인재 선발 실태를 확인하기 - 의대 또는 지방 공공기관의 지역 인재 선발 할당제가 정의인지 역차별인지 토론하기 - 지역 소멸 문제의 해결과 지역 균형 발전 측면에서 지역 인재 할당제를 토론하기 - 토론 결과를 정리하여 발표
	[02-03] 사회 및 공간 불평등 현상의 사례를 조사하고, 정의로운 사회를 만들기 위한 다양한 제도와 시민으로서의 실천 방안을 제안한다.	
	토의 · 토론 학습	• **지구촌의 기후 불평등을 찾아라!** - 모둠별로 기후 변화로 인한 자연재해와 기후 난민의 사례 조사 ▹ 투발루, 인도 기후 난민, 수단 다르푸르 분쟁, 사하라 가뭄, 미국과 호주의 산불, 중국 홍수 등 - 조사한 내용을 지역별 또는 재해별로 정리하여 세계지도에 '인포그래픽'으로 표시하기 - 기후 위기로 인한 지역/국가, 계층 간 불평등이 심화되는 이유와 해결 방안에 대해 토의하기 - 모둠별로 돌아가며 한 지역 또는 재해에 대해 발표하고 질의 · 응답하기

<table>
<tr><th>단원</th><th>교수 · 학습 방법</th><th>성취 기준 / 학습의 주제와 활동 내용</th></tr>
<tr><td rowspan="2">2.
사회
정의와
불평등</td><td colspan="2">[02-03] 사회 및 공간 불평등 현상의 사례를 조사하고, 정의로운 사회를 만들기 위한 다양한 제도와 시민으로서의 실천 방안을 제안한다.</td></tr>
<tr><td>프로젝트 학습</td><td>• 불평등을 넘어 평등 사회로
- 모둠별로 조사할 불평등의 유형을 1개 선정하기:
▹ 불평등 유형: 소득, 교육, 공간, 계층/계급, 성 불평등 등
- 조사할 유형과 방법 등 프로젝트의 활동 계획 세우기
- 모둠별로 소득, 교육, 공간, 계층/계급, 성 불평등의 원인과 실태를 조사하기
- 우리나라가 불평등을 해소하기 위해 만든 ‘적극적 우대 조치’ 또는 ‘소수자 우대 정책’의 사례와 효과를 조사하기
- 모둠 구성원과 협의하여 조사 결과를 정리하기
- 조사 보고서를 작성하고 발표하기: 보고서, PPT 등</td></tr>
</table>

<table>
<tr><th>단원</th><th>교수 · 학습 방법</th><th>성취 기준 / 학습의 주제와 활동 내용</th></tr>
<tr><td rowspan="5">3.
시장
경제와
지속
가능
발전</td><td colspan="2">[03-01] 자본주의의 역사적 전개 과정과 그 특징을 조사하고, 시장과 정부의 관계를 중심으로 다양한 삶의 방식을 비교 평가한다.</td></tr>
<tr><td>토의 · 토론 학습 (찬반 토론)</td><td>• 시장의 자유와 효율성을 위해 공기업을 민영화해야 하는가?
- 공기업의 민영화 사례와 문제점을 확인하기
▹ YTN, 한국전력, 코레일, 가스공사, 수력원자력의 민영화?
- 공기업의 민영화가 시장 자유와 경제성장에 기여하는지 토론하기
- 공익 · 사회 정의 실현과 경제성장을 조화시키는 방안을 토론하기
- 토론 결과를 정리하여 발표</td></tr>
<tr><td colspan="2">[03-02] 합리적 선택의 의미와 그 한계를 파악하고, 지속 가능 발전을 위해 요청되는 정부, 기업가, 노동자, 소비자의 바람직한 역할과 책임에 관해 탐구한다.</td></tr>
<tr><td>프로젝트 학습</td><td>• 기업의 사회적 책임(CSR), 그것이 알고 싶다!
- 모둠별로 기업의 사회적 책임의 유형 및 사례를 파악하기
▹ 사회적 책임의 유형: 경제적, 법적, 윤리적, 자선적 책임
▹ ISO 26000 / ESG 경영 사례 조사
- 조사할 유형과 방법 등 프로젝트의 활동 계획 세우기
- 모둠 구성원과 협의하여 조사 결과를 유형별로 정리하기
- 조사 보고서를 작성하고 발표하기: 보고서, PPT 등</td></tr>
<tr><td>토의 · 토론 학습 (PCCL)</td><td>• 경제 안정을 위해 부실기업에 정부가 지원해야 하는가?
- 모둠별로 부실기업의 사례와 문제점을 파악하기
- 부실기업의 지원에 대해 2명씩 찬반 입장으로 나누어 토론하기
- 부실기업의 지원에 대해 찬반 입장 바꾸어 다시 토론하기
- 모둠에서 자기 입장을 발표하고 구성원들과 합의안 도출하기</td></tr>
</table>

단원	교수 · 학습 방법	성취 기준 / 학습의 주제와 활동 내용
3. 시장 경제와 지속 가능 발전	[03-02]	합리적 선택의 의미와 그 한계를 파악하고, 지속 가능 발전을 위해 요청되는 정부, 기업가, 노동자, 소비자의 바람직한 역할과 책임에 관해 탐구한다.
	체험 학습	• **지구를 살리는 윤리적 소비** - 모둠별로 각자 자신의 소비 활동을 성찰하기 - 모둠별로 과잉 생산, 과소비, 과시 소비, 충동구매 등의 문제점을 조사하기 - 하나의 상품을 정하고 그것의 생산-판매-소비-쓰레기 처리 과정별로 관련 기업, 노동자, 판매자, 소비자가 받는 영향을 조사하기 - 일상생활에서 윤리적 소비를 실천하는 방안을 제시하기 ▹ 실천 계획서 작성 / 체크 리스트 만들기 - 윤리적 소비를 실천하는 캠페인 활동하기 ▹ 홍보 포스터, SNS 홍보글, 숏폼 등 - 한 달 동안 윤리적 소비의 실천 결과를 발표하기
	[03-03]	금융자산의 특징과 자산 관리의 원칙을 토대로 금융 생활을 설계하고, 경제적, 사회적 환경의 변화가 금융과 관련한 의사결정에 미치는 영향을 탐구한다.
	토의 · 토론 학습 (PCCL)	• **고소득 증대를 위해 주식, 코인 등 위험 자산에 투자해야 하는가?** - 모둠별로 주식, 코인 투자의 사례와 문제점을 파악하기 - 주식, 코인 투자에 대해 2명씩 찬반 입장으로 나누어 토론하기 - 주식, 코인 투자에 대해 찬반 입장 바꾸어 다시 토론하기 - 모둠별로 자기 입장을 발표하고 구성원들과 합의안 도출하기
	[03-04]	자원, 노동, 자본의 지역 분포에 따른 국제 분업과 무역의 필요성을 이해하고, 지속 가능 발전에 기여하는 국제무역의 방안을 탐색한다.
	프로젝트 학습	• **3고(高) 시대, 탈출구를 찾아라!** - 모둠별로 조사할 문제 1 개 선정하기: 고유가, 고금리, 고환율, 수출/수입 - 조사할 문제와 방법 등 프로젝트의 활동 계획 세우기 - 모둠별로 유가, 금리, 환율의 변동 추이와 그에 따른 수출, 수입, 물가, 실질임금의 변동을 역할 분담하여 조사하기 - 모둠 구성원과 협의하여 조사 결과를 정리하기 - 조사 보고서를 작성하고 발표하기

<table>
<tr><th>단원</th><th>교수 · 학습
방법</th><th>성취 기준 / 학습의 주제와 활동 내용</th></tr>
<tr><td rowspan="6">4.
세계화
와
평화</td><td colspan="2">[04-01] 세계화의 다양한 양상을 살펴보고, 세계화 시대의 문제점과 그에 대한 해결 방안을 제안한다.</td></tr>
<tr><td>프로젝트
학습</td><td>• 세계화의 빛과 그늘
- 모둠별로 조사할 세계화의 문제 1개 선정하기
▹ 국가 간 빈부격차, 문화의 획일화, 다국적 기업의 횡포, 무역 불균형
- 조사할 문제와 방법 등 프로젝트의 활동 계획 세우기
- 유형별로 세계화의 문제 및 실태를 조사하기
- 모둠 구성원과 협의하여 조사 결과를 정리하기
- 조사 보고서를 작성하고 발표하기: 보고서, PPT 등</td></tr>
<tr><td>토의 · 토론
학습
(배심
토의)</td><td>• 모의 유엔 회의
- 의장 1명, 대표 위원 4~6명을 정하여 모의 유엔 회의 준비하기
- 모든 학생이 다국적 기업의 문제점 및 해결 방안과 관련된 자료를 조사하여 내용을 파악하기
▹ 애플, 넷플릭스, 유튜브, 페이스북, 삼성, 현대자동차 등
- 의장과 대표 위원들이 앞에 나와서 다국적 기업의 문제점과 해결 방안에 대하여 토의하기
- 참석 학생들이 다국적 기업과 관련해 질문하고, 관련 대표 위원이 답변하기
- 의장이 토의 내용을 정리하기</td></tr>
<tr><td colspan="2">[04-02] 평화의 관점에서 국제 사회의 갈등과 협력의 사례를 조사하고, 세계 평화를 위한 행위 주체의 바람직한 역할을 탐색한다.</td></tr>
<tr><td>프로젝트
학습</td><td>• 세계는 지금, 분쟁 중
- 모둠별로 조사할 국제 분쟁의 지역과 유형을 1개 선정하기
▹ 분쟁 유형: 자원, 민족/부족, 종교, 국경/영토, 무역
- 조사할 지역과 방법 등 프로젝트의 활동 계획 세우기
- 지역과 유형별로 국제 분쟁의 사례 및 해결 방안을 조사하기
- 모둠 구성원과 협의하여 조사 결과를 정리하기
- 조사 보고서를 작성하고 발표하기: 보고서, PPT 등</td></tr>
<tr><td>프로젝트
학습</td><td>• 장벽 깨기 프로젝트
- 모둠별로 지구촌에 존재하는 장벽을 지역별/유형별로 조사하기
▹ 물리적 장벽: 남 · 북한 휴전선, 이스라엘-팔레스타인 장벽, 북아일랜드-아일랜드 장벽, 미국-멕시코 국경 장벽
▹ 사회적 · 심리적 장벽: 미국의 흑인 장벽, 유럽의 아프리카 난민 장벽, 한국사회의 학력/학벌 장벽, 유리 천장 등
- 모둠별로 1가지 장벽을 정하여 프로젝트 활동 계획 세우기
- 지역과 유형별로 장벽의 문제점 및 해결 방안을 조사하기
- 모둠 구성원과 협의하여 조사 결과를 정리하기
- 조사 보고서를 작성하고 발표하기: 보고서, PPT, 숏폼 등</td></tr>
</table>

단원	교수 · 학습 방법	성취 기준 / 학습의 주제와 활동 내용
4. 세계화와 평화		[04-03] 남북 분단과 동아시아의 역사 갈등 상황을 분석하고, 이를 토대로 우리 나라가 세계 평화에 기여할 수 있는 방안을 제안한다.
	토의 · 토론 학습 (PCCL)	**• 남북 통일, 왜 하지?** - 모둠별로 남북 분단의 원인과 문제점을 파악하기 - 남북 통일에 대해 2명씩 찬반 입장으로 나누어 토론하기 - 남북 통일에 대해 찬반 입장 바꾸어 다시 토론하기 - 모둠에서 자기 입장을 발표하고 구성원들과 합의안 도출하기
	프로젝트 학습	**• 동아시아의 역사 갈등, 그것이 알고 싶다!** - 모둠별로 조사할 역사 갈등의 사례 1개 선정하기 ▹ 역사 갈등 사례: 일본의 역사 왜곡(일본군 위안부, 강제 징용 노동자), 일본의 독도 영유권 주장, 중국의 동북공정 - 조사할 갈등 및 방법 등 프로젝트의 활동 계획 세우기 - 역사 갈등 사례의 문제점 및 해결 방안을 조사하기 ▹ 역사적 자료와 지도 확인하기 - 모둠 구성원과 협의하여 조사 결과를 정리하기 - 조사 보고서를 작성하고 발표하기: 보고서, PPT 등

단원	교수 · 학습 방법	성취 기준 / 학습의 주제와 활동 내용
5. 미래와 지속 가능한 삶		[05-01] 세계의 인구 분포와 구조 등에 대한 이해를 토대로 현재와 미래의 인구 문제 양상을 파악하고, 그 해결 방안을 제안한다.
	프로젝트 학습	**• 인구 절벽의 탈출구를 찾아라!** - 모둠별로 조사할 문제 1개 선정하기: 저출산, 고령화 중 선택 - 프로젝트의 활동 계획 세우기 - 저출산, 고령화의 문제점 및 대응 방안을 조사하기 ▹ 자료: 통계청 인구상황판, 신문 기사, 해외 사례 - 모둠 구성원과 협의하여 조사 결과를 정리하기 - 조사 보고서를 작성하고 발표하기: 보고서, PPT, 숏폼 등
	토의 · 토론 학습 (PCCL)	**• 외국인 이민, 허용할 것인가?** - 모둠별로 저출생, 인구감소, 고령화로 인한 문제점을 조사하기 ▹ 자료: 생산연령인구 감소, 노년 부양비 증가, 소멸 위험 지역, GDP 감소 - 외국인 노동자의 이민 허용에 대하여 모둠에서 2명씩 찬반 입장으로 나누어 토론하기 - 외국인 노동자의 이민 허용에 대하여 찬반 입장 바꾸어 다시 토론하기 - 모둠에서 자기 입장을 발표하고 구성원들과 합의안 도출하기

<table>
<tr><th>단원</th><th>교수 · 학습 방법</th><th>성취 기준 / 학습의 주제와 활동 내용</th></tr>
<tr><td rowspan="7">5. 미래와 지속 가능한 삶</td><td colspan="2">[05-02] 지구적 차원에서 에너지 자원의 분포와 소비 실태를 파악하고, 기후 변화에 대한 대응과 지속 가능한 발전을 위한 제도적 방안과 개인적 노력을 탐구한다.</td></tr>
<tr><td>프로젝트 학습</td><td>• 화석 연료 계속 태우면, 지구는 어떻게 될까?
- 모둠별로 화석 연료(석탄, 석유, 천연가스) 중 조사할 문제 1개 선정하기
- 조사할 대상과 방법 등 프로젝트의 활동 계획 세우기
- 화석 연료 사용의 문제점 및 대응 방안을 조사하기
- 모둠 구성원과 협의하여 조사 결과를 정리하기
- 조사 보고서를 작성하고 발표하기</td></tr>
<tr><td>체험 학습</td><td>• 온실가스 줄이고 지구 살리기
- 온실가스 증가의 원인과 문제점을 조사하기
- 온실가스를 줄이기 위한 방안을 토론하기
- 환경단체와 연계해 온실가스 줄이는 활동에 참여하기
▹ 캠페인, 서명 운동, 권리 청원, SNS 홍보 등
- 일상생활에서 온실가스 줄이는 활동 실천하기
▹ 스마트폰 사용, 플라스틱/일회용품 줄이기, 대중교통 이용하기, 육식 줄이기, 배달 음식 줄이기 등
- 한 달 동안 체험 활동 후 소감문 작성하기</td></tr>
<tr><td colspan="2">[05-03] 미래 사회의 모습을 다양한 측면에서 예측하고, 이를 바탕으로 세계시민으로서 자신의 미래 삶의 방향을 설정한다.</td></tr>
<tr><td>프로젝트 학습</td><td>• 백 투 더 퓨처, 미래 예측 프로젝트
- 모둠별로 조사할 미래 영역 1개 선정하기:
▹ 경제, 정치, 교육, 일상생활 등
- 조사할 대상과 방법 등 프로젝트의 활동 계획 세우기
- 과학 · 기술의 발달에 따른 미래 사회의 변화 모습을 조사하기
▹ AI 로봇, 생성형 AI, 자율 주행차, 드론, 메타버스, 전자 투표, 1인 미디어, AI 교과서, 스마트 홈, 사물인터넷(IoT) 등
- 모둠 구성원과 협의하여 조사 결과를 정리하기
- 조사 보고서를 작성하고 발표하기</td></tr>
<tr><td>진로 교육</td><td>• 나의 미래 직업은?
- 미래에 사라질 직업과 유망한 직업/일자리를 조사하기
- 내가 하고 싶은 일/직업을 정하고 10년, 20년, 30년 뒤 나의 모습을 상상하여 제시하기
- 미래에 하고 싶은 일을 위해 대학과 진로를 어떻게 준비해야 하는지 '미래 진로 로드맵' 작성하기
▹ 로드맵 요소: 1) 나의 꿈/비전, 2) 나의 SWOT 분석, 3) 대학 준비 사항, 4) 취업 준비 사항, 5) 나이별 로드맵(20세→24세→30세→40세→50세)</td></tr>
</table>

지은이 소개

박 상 준

서울대학교 대학원에서 사회과교육 및 사회 철학을 전공했으며, 배재고등학교 교사를 거쳐 2004년부터 전주교육대학교 사회교육과에서 가르쳤으며, 현재 한국교원대학교 일반사회교육과 교수로 재직하고 있다.

교육부의 민주시민교육 자문위원, '2022 개정 사회과 교육과정' 시안 개발 연구원, 교육과정 심의회(사회) 심의위원으로, 그리고 전북교육청의 인성교육 진흥위원회 위원장, 인정도서(사회문제 탐구) 심의회 위원장 등으로 활동했다.

• 주요 저서

「중학교 사회 1, 2」(비상교육) (2009 ~ 현재)
「초등학교 사회 3~6학년」(미래엔) (2025 ~)
「사회과교육의 이론과 실제」(4판) (2011)
「거꾸로 교실을 넘어 거꾸로 학습으로」(2016)
「역사와 함께 읽는 민주주의」(2020 세종도서)
「코로나 이후 미래교육」(2판) (2021)
「메타버스 수업, 미래교육의 방향을 찾다」(2022)
「사회과교육의 이해」(4판) (2023)
「사회과 교재연구 및 교수법」(4판) (2023)
「중등 사회과 교재연구 및 교수법」 (2023)

통합사회 교육의 이해

2024년 4월 10일 1판 1쇄 인쇄
2024년 4월 15일 1판 1쇄 발행

저 자 : 박 상 준
발행자 : 한 정 주
발행처 : 교 육 과 학 사

경기도 파주시 광인사길 71
전화(031)955-6956~8/팩스(031)955-6037
Home-page : www.kyoyookbook.co.kr
E-mail : kyoyook@chol.com
등록 : 1970년 5월 18일 제2-73호

낙장 · 파본은 교환해 드립니다.
Printed in Korea.

정가 **18,000** 원
ISBN 978-89-254-1888-9